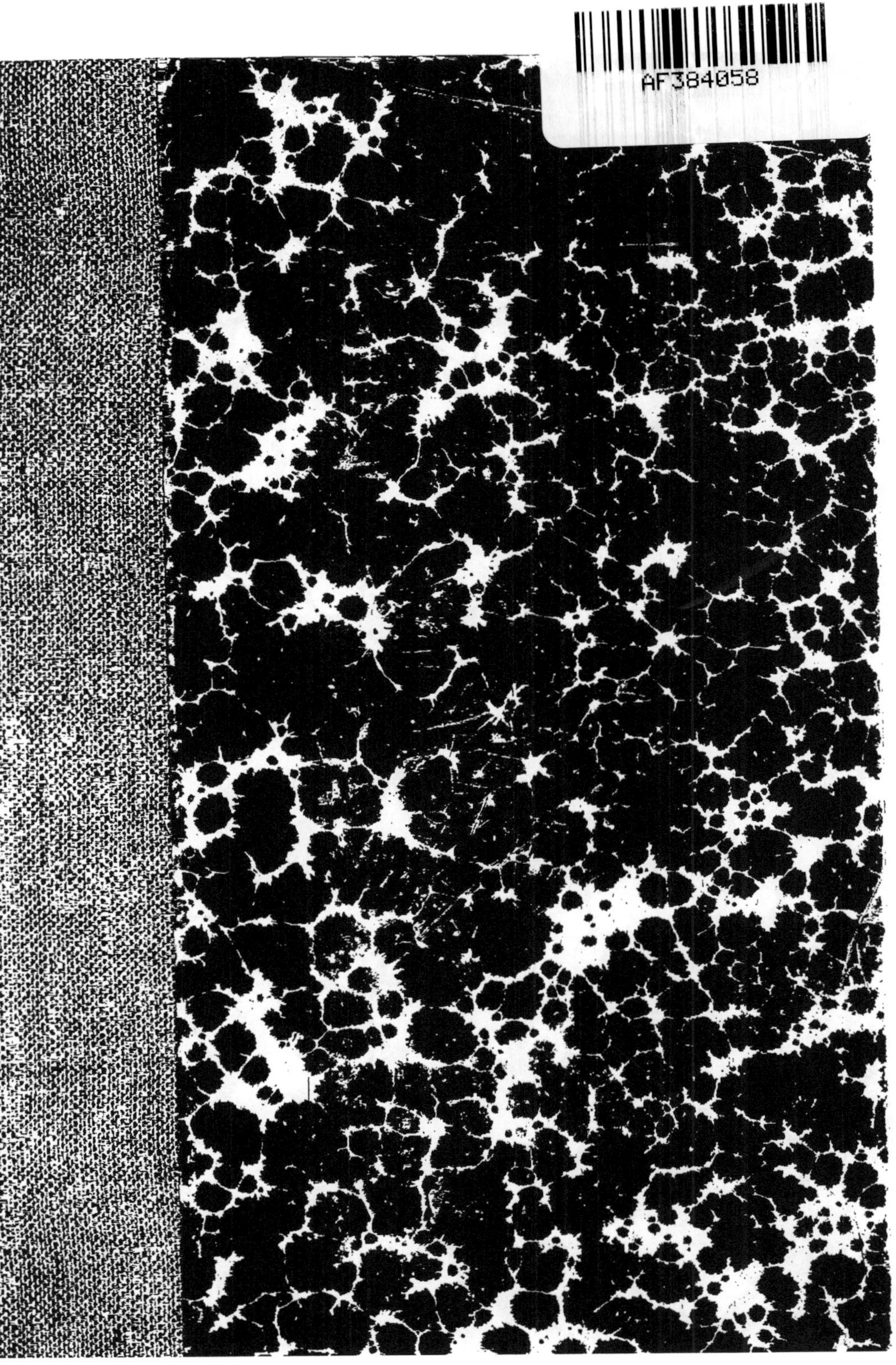

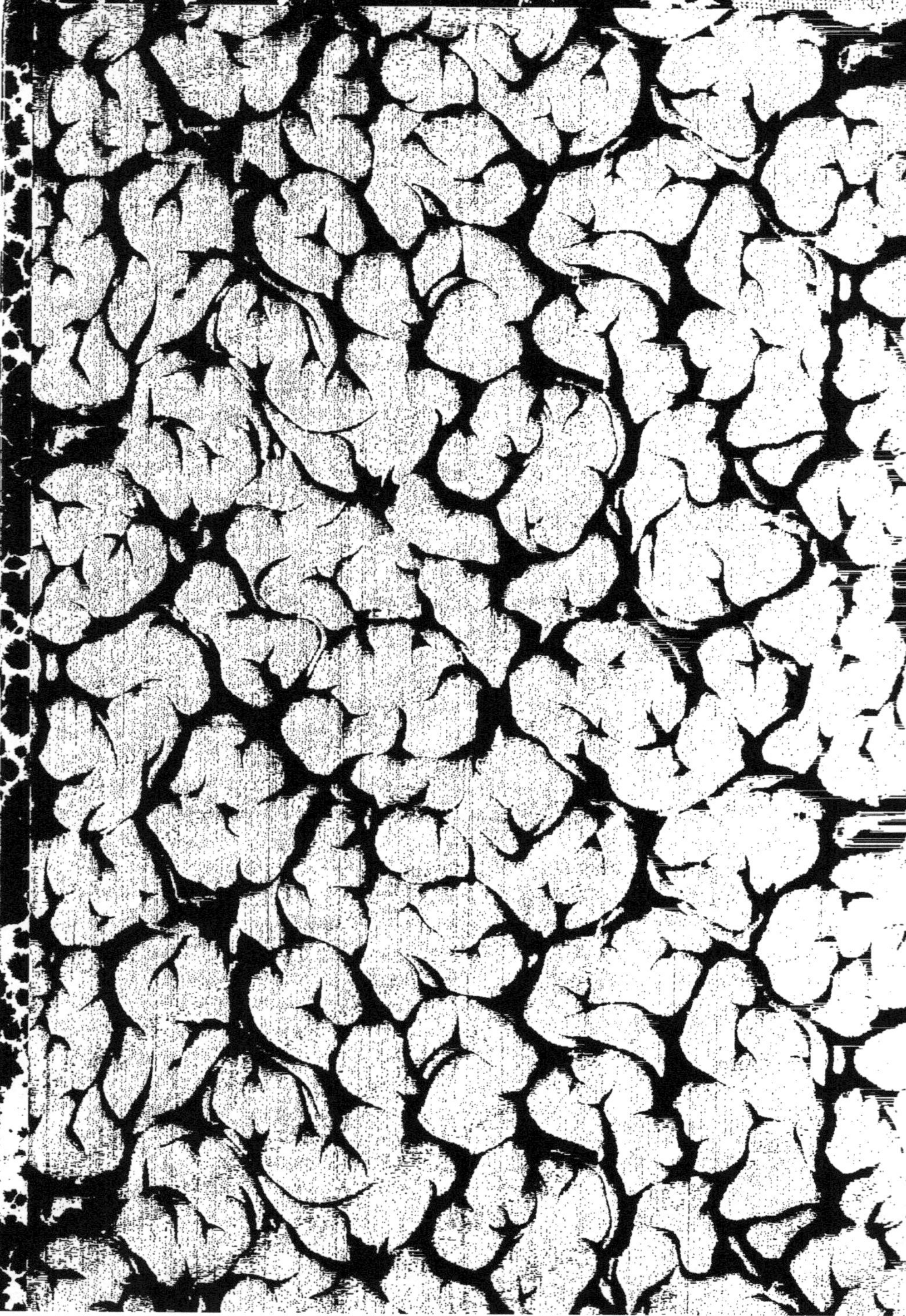

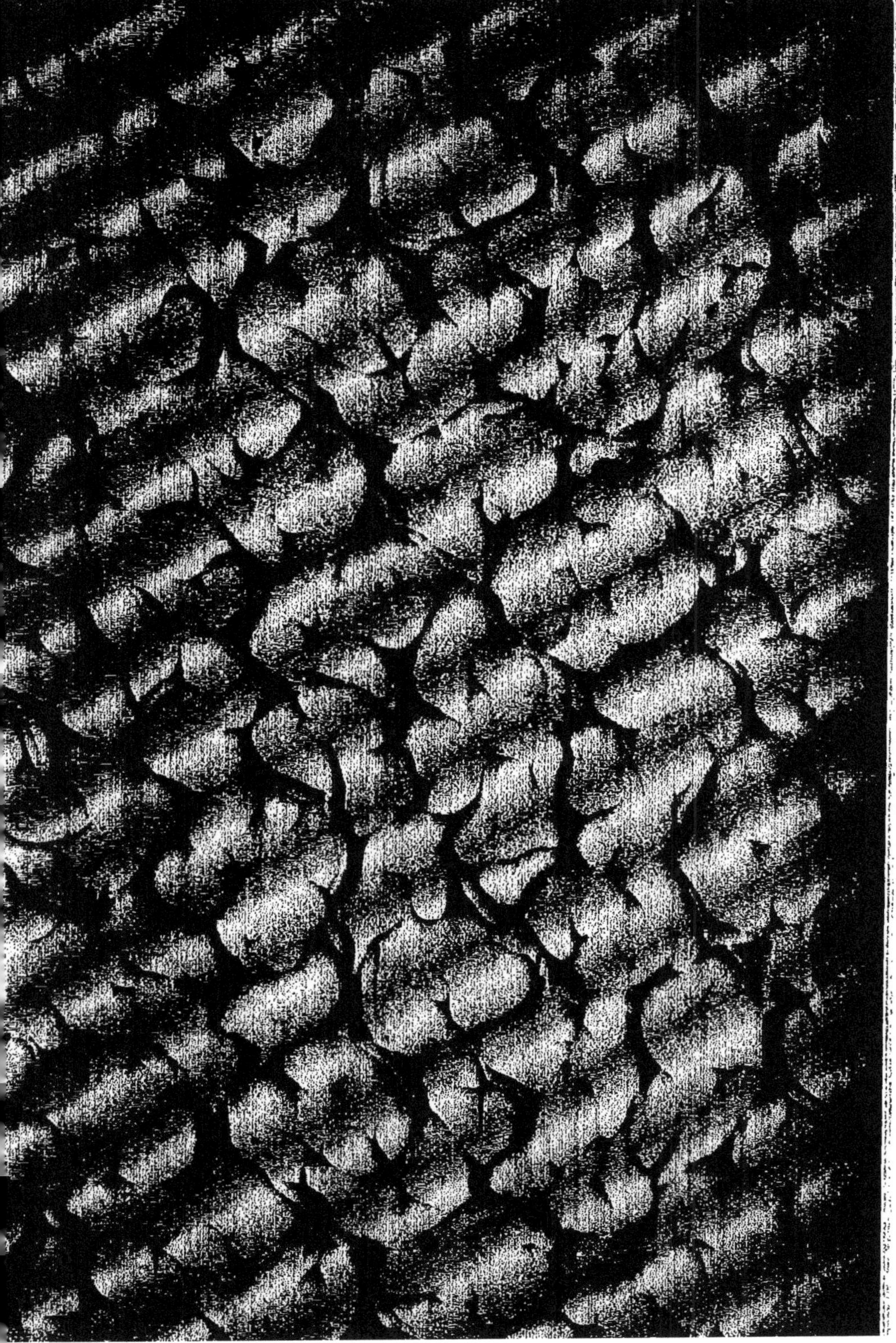

H. DE LA MARTINIÈRE

LIEUTENANT DE VAISSEAU

LA
MARINE FRANÇAISE
EN CRÈTE

PARIS

LIBRAIRIE MILITAIRE R. CHAPELOT ET Cie

IMPRIMEURS-ÉDITEURS

30, Rue et Passage Dauphine, 30

1911

LA

MARINE FRANÇAISE
EN CRÈTE

Extrait de la **REVUE MARITIME**
(1910-1911)

H. DE LA MARTINIÈRE

LIEUTENANT DE VAISSEAU

LA

MARINE FRANÇAISE

EN CRÈTE

PARIS

LIBRAIRIE MILITAIRE R. CHAPELOT et Cie

IMPRIMEURS-ÉDITEURS

30, Rue et Passage Dauphine, 30

1911

TABLE DES MATIÈRES

Pages.

Avant-propos.. 1
La Crète avant 1896.. 3
La Crète en 1896 :
  I. Les habitants.. 7
  II. Les ressources de l'île. Le climat. Les mouillages.......... 11
  III. La domination turque..................................... 14
  IV. L'insurrection crétoise................................... 15

PREMIÈRE PARTIE.

L'INSURRECTION DE 1896.

CHAPITRE Ier.

L'Insurrection (mai-juin 1896).

  I. Situation politique. Turkhan-Pacha. Anarchie. Blocus de Vamos.. 23
  II. Massacres du 24 mai; le *Cosmao* et le *Neptune*............... 24
  III. Abdoullah-Pacha débloque Vamos. Le *Cosmao* à Réthymno...... 26
  IV. Incertitudes. Les cordons militaires. Intervention des Puissances.. 27

CHAPITRE II.

L'Anarchie (juillet-août 1896).

  I. Berovitch-Pacha. Concessions. Armistice...................... 30
  II. Rupture d'armistice à Khalyvès. Agissements helléniques........ 32
  III. Troubles de Candie.. 34
  IV. Atermoiements et pourparlers............................... 35

CHAPITRE III.

Le Règlement (25 août 1896).

Notification. Acceptation. Promulgation........................... 37

CHAPITRE IV.

Les Embarras financiers (septembre-décembre 1896).

Pages.
I. Difficultés.. 39
II. Complications.. 41

DEUXIÈME PARTIE.

LES AMIRAUX.

CHAPITRE Ier.

Les Troubles de février 1897.

I. Galata.. 43
II. Le 4 février à la Canée.................................... 44
III. L'*Hydra*... 48

CHAPITRE II.

Débarquements.

I. Le prince Georges. Le *Fuad*. Fuite de Berovitch-Pacha......... 50
II. Occupation de la Canée. Débarquement du colonel Vassos........ 52
III. Protection des villes du littoral........................... 55

CHAPITRE III.

Hostilités.

I. Le commodore de Reineck...................................... 58
II. Bombardement de Korakiès.................................... 60
III. Kandano.. 62
IV. Mutinerie de gendarmes turcs................................ 64

CHAPITRE IV.

Les Français à Sitia (18 février 1897).

Paraspori. Roukaka. Ziro. Le capitaine Korakas.................. 66

CHAPITRE V.

Le Blocus. Les troupes internationales

I. Le blocus de l'île. Proclamation de l'autonomie.............. 70
II. Les troupes. Les renforts.................................. 73

CHAPITRE VI.

La Guerre gréco-turque (17 avril-21 mai 1897).

Pages.
I. La guerre 77
II. La Crète pendant la guerre 78
III. Le départ des troupes grecques 80
IV. Prévisions et préparatifs 82

CHAPITRE VII.

L'Attente (mai 1897-mai 1898).

I. Faits divers 85
II. Élections. Assemblée. Autonomie et pavillon crétois .. 88
III. Mutations diverses. Répartition des secteurs 89
IV. Premiers résultats de l'occupation 92

CHAPITRE VIII.

Le Secteur français (mars 1897-août 1898).

I. Sitia 98
II. Spinalonga 102
III. Les visites. Le canal de Poro. La justice à Sitia .. 106
IV. Hiérapétra. Le secteur. Le 14 juillet 1898 111

CHAPITRE IX.

Djevad-Pacha (24 juillet 1897-11 octobre 1898).

I. L'arrivée 117
II. Attitude des troupes ottomanes. Les cordons militaires 119
III. Les revues 122
IV. Les mouvements de troupes. Le départ 124

CHAPITRE X.

Le Gouvernement provisoire (août 1898).

I. Projets et propositions. L'amiral Pottier président du Conseil des
Amiraux 126
II. Le comité exécutif. Les difficultés financières 129

CHAPITRE XI.

Le Massacre de Candie (6 septembre 1898).

I. Le Guet-apens 133
II. Première impression. Premières mesures 138

Pages.
III. L'écho du massacre dans le secteur français.................. **142**
IV. Les Candiotes désarmés. Les meneurs arrêtés. Les renforts. Faits
    divers **144**

CHAPITRE XII.

Le Départ des Turcs (19 octobre-15 novembre 1898).
Le Gouvernement des Amiraux (4 novembre).

  I. Négociations... 147
 II. Prévisions et préoccupations............................ 150
III. Les condamnés de Candie................................ 153
 IV. Tergiversations.. 156
  V. Le 4 novembre.. 158
 VI. L'ultimatum du 15 novembre........................... 162

CHAPITRE XIII.

Le Haut Commissaire (21 décembre 1898).

  I. Le pavillon ottoman. La nomination du prince Georges........ 164
 II. Désarmement et détente.................................. 167
III. Dernières dispositions. Le pavillon crétois. L'arrivée du prince... 171

TROISIÈME PARTIE.

L'AUTONOMIE.

***

CHAPITRE Ier.

Le Prince Georges.

  I. Lune de miel. La léproserie de Spinalonga.................. 175
 II. Premiers nuages. Menées princières. Mort de l'amiral Pottier.... 178
III. Tournée annexionniste. La note des Puissances............ 181

CHAPITRE II.

Le Mouvement de Thérisso (23 mars-25 novembre 1905).

  I. L'Assemblée de Thérisso. L'entrevue........................ 183
 II. Essais de cordons militaires. Escarmouches................ 186
III. L'émigration musulmane. Réoccupation du secteur français. Action
     militaire des Russes et des Anglais........................ 191
IV. Situation générale. Revendications justifiées. Négociations. La fin
     de la sédition................................ ,... 194

CHAPITRE III.

Pages.
Le Départ du Prince Georges (25 septembre 1906).... 198

CHAPITRE IV.

Vers l'Annexion.................. 203

CHAPITRE V.

L'Affaire du Pavillon (18 août 1909).......... 206

CHAPITRE VI.

Quelques faces de la Question crétoise.

I. Attitude de l'Europe............................. 213
II. Aspirations diverses............................ 216
III. La situation actuelle.......................... 223

APPENDICES.

I. Le siège de Vamos............................... 229
II. Règlement du 25 août 1896...................... 232
III. Expédition de Paraspori....................... 234
IV. Expédition de Roukaka.......................... 239
V. Expédition de Ziro.............................. 244
VI. Expédition de Kandano.......................... 255
VII. Proclamation des Amiraux (18 mars 1897)....... 260
VIII. Effectifs européens et ottomans en Crète..... 261
IX. La marine crétoise (1867)...................... 268
X. Occupation militaire de la Canée................ 269
XI. Situation financière et budget de la Crète..... 272

LA

MARINE FRANÇAISE

EN CRÈTE

AVANT-PROPOS.

Le touriste qui débarque à la Canée ne considère pas sans quelque surprise les noms qui se présentent à lui. Dans cette ville, au cachet levantin si appréciable encore, trois artères aboutissent à la place des Monténégrins qui en est le centre : rue Amiral-Pottier, rue Amiral-Canevaro, rue Amiral-Noël, portant le nom des hommes qui ont le plus fait pour la pacification de l'île, semble-t-il, d'après ce témoignage de gratitude. Et pourtant, aujourd'hui comme alors, comme jadis, on nous dit l'île en ébullition, prête à se soulever et à reprendre les armes pour sa liberté. Est-ce donc que ces marins ont failli à leur tâche ? Est-ce donc que l'apaisement obtenu était superficiel ? Où donc est la vérité ?

L'indécision peut être brève et l'on est vite fixé en examinant les faits. Ils parlent d'eux-mêmes, disant ce que ces hommes ont opéré ici et comment il n'a pas tenu à eux que le retour des troubles fût à jamais évité. Bien plus, à l'étudier, leur œuvre devient captivante et mérite grandement d'être connue. Elle est intéressante par les difficultés de toute sorte qu'elle a rencontrées, et curieuse en ce que les résultats ont été obtenus sans avoir recours, que bien exceptionnellement, à la force brutale qui aurait pu être la base de l'argumentation.

La relation de cette œuvre pour être complète, serait bien longue, embrassant la Crète, la Turquie, la Grèce, la diplomatie, les marines et les troupes étrangères, l'armée et la marine françaises. Mais l'horizon exploré ici sera beaucoup moins vaste; la part de la marine française est assez belle pour qu'on s'y arrête volontiers.

La marine française a traversé plus d'une heure sombre depuis quelques années. Ce n'est pas ici le lieu de les rappeler en détail, mais du moins est-il réconfortant, par contre, de mettre en lumière le rôle particulièrement heureux joué par elle sur un théâtre où elle a tenu tout à son honneur les premiers rôles.

Le théâtre était modeste sans doute, si modeste qu'au travers de ses planches mal jointes le faux pas était plus que probable; les acteurs ont presque toujours su l'éviter. Ils n'en ont eu que plus de mérite et c'est simple justice de reconnaître les services que ces marins ont rendus à leur pays en même temps qu'à l'humanité, travaillant à délivrer des opprimés, faisant aimer la France autant que la pouvaient aimer des enfants auxquels elle tendait la main.

Une plume d'une rare élégance a déjà conté en partie, avec ce pittoresque d'idées et de style qui lui est propre, l'œuvre de l'amiral Pottier en Crète. Mais s'il est juste que le marin le plus éminent ait ainsi reçu les honneurs de l'apothéose, il ne convient pas de laisser dans l'oubli ses collaborateurs, pas plus que ceux qui l'ont précédé. On ne saurait citer tous leurs noms, obligé déjà, non sans regret et pour ne pas trop allonger ces pages, de passer presque complètement sous silence le précieux concours de l'infanterie de marine, le rôle heureux de l'armée métropolitaine; et trop nombreuses seront les lacunes dans ces modestes lignes consacrées à remémorer un geste de la marine française. D'autre part, les faits racontés sont encore bien récents; la documentation, forcément incomplète, sera parfois volontairement écourtée. Tel quel, ce simple aperçu pourra peut-être intéresser les camarades qui, de près ou de loin, ont suivi la Crète depuis une quinzaine d'années. D'autres viendront qui feront mieux.

LA CRÈTE AVANT 1896.

Au mois de mai 1896, la Crète est en insurrection. Non pour la première fois, certes, et pour comprendre comment cette convulsion est devenue chronique nous sommes obligés de jeter un coup d'œil en arrière. Il n'est pas question de faire ici un cours d'histoire; quelques jalons rapidement plantés nous suffiront à repérer le passé.

Si la population actuelle de la Crète nous intéresse, nous pouvons sans difficulté faire crédit à Homère qui lui prête un peuple innombrable et cent villes bâties par diverses nations, les Achéens, les Crétois indigènes, hommes fiers, trois tribus doriennes, les Cydoniens et les nobles Pélasges. Les dimensions du palais de Cnossos nous autorisent à penser que ces villes étaient de modestes villages, mais qu'importe?

Qu'importe également à la question crétoise que le roi Minos ait été le sage législateur qu'ont connu nos pères ou au contraire un souverain très modern-style écrivant ses aventures sur des tablettes en terre cuite? Tables de la loi ou récits familiers des fredaines du monarque, elles ont jusqu'ici gardé leur secret. Il est possible d'ailleurs que ce soient de vulgaires comptes d'épicerie, la récolte et la conservation de l'huile ayant joué un rôle important dans ce palais de Cnossos où le pressoir occupe une place d'honneur vraiment inattendue. Les mauvaises langues racontent bien que Minos aurait dû consacrer quelques instants à la surveillance de Pasiphaé et de sa sympathie exagérée pour les bêtes à cornes; mais on ne saurait penser à tout.

Les Crétois d'autrefois n'ont pas bien mérité de la Grèce. Celle-ci leur rendra le bien pour le mal au XIXe siècle, car, au moment de la conquête de l'Achaïe (146 A. C.), la Crète ne songe pas un instant à la nation sœur. Elle est trop occupée à tenter un essai de fédération, excellent prétexte à minuscules escarmouches avec razzias de village à village. Son tour arrive quatre-vingts ans plus tard et, conquise sans difficulté sérieuse en huit ans, elle connaît sa première annexion en 69 A. C.

Les Romains entendaient mal la plaisanterie et désiraient le calme dans leurs colonies. Aussi mirent-ils bon ordre aux essais de fédération. La Crète dut se contenter d'être simple partie d'une province et de retrouver la prospérité..., comme, depuis lors, à chaque pacification.

Une caractéristique de la période romaine fut la prépondérance de la partie méridionale de l'île. La côte sud de Crète, presque sans découpures, est particulièrement inhospitalière ; avec nos idées et notre marine, nous concevons difficilement qu'on ait délaissé la côte nord à son avantage. C'est que la Crète, dépendant de la Cyrénaïque, chercha forcément à s'orienter vers la capitale de la province, et que les galères, faciles à haler au sec, n'exigeaient pas des ports très abrités. On n'habitait d'ailleurs pas volontiers le bord de la mer Gortyne et Phaestos, villes nouvelles, s'élevèrent dans la plaine de la Messara.

Lors du démembrement du monde romain, la Crète passe tout naturellement à l'empire d'Orient.

Des Sarrasins, retour du Languedoc, attaquent l'île ; puis en 825, Abou-Hafs-Omar s'en empare et fonde Candie (Kandak, le rempart). Les Sarrasins occupent la Crète pendant cent trente-cinq ans et font souche dans le district d'Abadia où on les retrouve de nos jours.

En 961 Nicéphore Phocas reprend Candie, et l'île rentre dans l'empire d'Orient. C'est la décadence du Sud au profit du Nord, d'autant plus rapide que la situation précédente était toute factice.

En 1204, la 4e croisade donne en partage la Crète à Boniface de Montferrat qui la vend aussitôt à Venise. Une période de prospérité commence au profit des Vénitiens qui, trop heureux de posséder cette belle colonie, la couvrent de fortifications : Grabusa, la Canée, l'îlot de la Sude, Candie, Spinalonga... Le lion de Saint-Marc étend sa griffe partout. Elle est acérée, cette griffe, et les révoltes commencent : quatorze en quelque cent soixante ans, sans parler des suivantes.

La Sérénissime République, qui ne flirte qu'avec l'Adriatique, se décide à les réprimer avec sa dureté réfléchie, enlevant aux insurgés toute velléité de recommencer de longtemps. La Crète doit ronger son frein, mais quand les Turcs se présentent, en 1645, les Crétois

ne les reçoivent pas avec toute l'horreur que l'on pourrait supposer.

En 1645, 50,000 Turcs débarquent en Crète[1]. Ils s'emparent de
la Canée en deux mois, puis de Rethymno l'année suivante. L'Europe s'émeut de la chute possible du dernier boulevard de la chré-
tienté en Orient — qui n'est en l'espèce qu'un comptoir fortifié. —
Clément XI envoie de l'argent, Louis XIV des hommes et des vaisseaux au secours de Candie assiégée. La guerre dure vingt-cinq ans,
le siège treize ans. Malgré l'héroïsme de Morosini, malgré la folle
bravoure de La Feuillade et du duc de Beaufort, malgré les
10,000 hommes et les 30 bateaux de ces derniers, Candie capitule le
6 septembre 1669.

Il semble bien que pendant le siège les Vénitiens conservèrent la
liberté, au moins partielle, des communications par mer; les Turcs
n'avaient par de marine sérieuse. Candie investie par terre et par
mer n'aurait pas tenu plus de deux ans. L'empire de la mer lui valut
ravitaillements et renforts, pendant que la neutralité bienveillante
des Crétois permettait aux assiégeants de subsister.

L'îlot de la Sude tient vingt-cinq ans encore; mais Venise a déjà
perdu l'île et les Turcs se désintéressent de ce rocher qui ne leur est
d'aucune menace.

Quel a été le rendement des « points stratégiques » choisis par les
Vénitiens? On répète volontiers qu'avec Grabusa, l'îlot de la Sude et
Spinalonga, Venise tenait la Crète. Il serait plus exact de dire que
les Vénitiens s'y tiennent et s'y cramponnent..., jusqu'au jour où il
faut bien les lâcher. Grabusa ne commande rien et n'a jamais empêché au siècle dernier les entrées d'armes et de volontaires venant de
Cérigotto. L'îlot commande la baie de la Sude sans importance jusqu'en 1870. Spinalonga est un peu mieux placé à l'entrée du golfe
de Mirabello; encore le golfe est-il d'une belle largeur pour de
simples caïques. Si les occupants de ces trois rochers ne peuvent
pas grand'chose avec leurs canons portant à 500 mètres, il est en
revanche essentiel qu'ils ne se laissent pas couper de leur point
d'appui. La conclusion est qu'ils n'en bougent guère, et pendant ce
temps, les Turcs occupent l'île. Si bien qu'au bout de quelque vingt-
cinq ans, le gouverneur de l'îlot, sentant son inutilité, vend sa

---

[1] A Platania près de l'île Théodoro, où nous retrouverons le colonel Vassos en 1897.

forteresse aux Ottomans. Venise, après réflexion, imite le geste pour Grabusa et Spinalonga.

Les Crétois ont changé de maîtres, ils garderont les nouveaux jusqu'au 4 novembre 1898.

Lors des guerres de l'Indépendance grecque, l'île ne reste pas étrangère au soulèvement hellénique. Mais les gouvernements européens veulent une Grèce ni trop grande ni trop libre ; ils rognent donc à celle-ci territoires et institutions. La Crète n'échappe pas au Croissant.

De 1830 à 1841 une côte mal taillée la rattache temporairement à la vice-royauté d'Égypte, après quoi elle fait retour à Constantinople. Bref, de 1669 à 1898 la Crète demeure sous le joug des Turcs.

LA CRÈTE EN 1896.

I. — LES HABITANTS.

Et les Turcs sont nombreux, sans doute, installés peu à peu en maîtres dans ce pays conquis ? Erreur complète ; il y a fort peu de Turcs dans l'île.

On n'y distingue pas, en effet, les chrétiens et les Turcs, mais les chrétiens [1] et les musulmans qui sont pour la plupart des Crétois renégats ou leurs descendants. Les apostasies, suivirent la conquête; les unes, rares, sincères et respectables ; les autres, nombreuses et utilitaires. Sans parler des arrivistes qui fleurissent en tous pays, les pauvres diables désirant la paix pensèrent qu'elle valait bien un fez. Et l'on eut des musulmans à la foi douteuse qui, tels certains Albanais, mettaient leurs petites affaires en règle avec le pappas à la dernière minute. Les fils de ces néophytes perdirent de vue ces subtilités qui conciliaient si bien le spirituel et le temporel, gardèrent le fez et lâchèrent le pappas.

Bien mieux, comme en ces doux pays d'Orient, le zèle religieux se manifeste tout d'abord par la brimade du dissident, ces musulmans de contrebande négligèrent la lecture du Coran pour fusiller et razzier leurs frères de la veille. Aussi bien, comment auraient-ils étudié le Coran ? Ils ne savaient pas lire. Les chrétiens non plus, ce qui leur laissa des loisirs pour riposter. Et l'on retrouva le beau temps d'autrefois, avec cette nuance que l'on se battait jadis au nom du fédéralisme, et, désormais, au nom de la religion. La partie n'était toutefois pas égale, car si les musulmans étaient en minorité, ils avaient pour eux le pouvoir qui rétablissait l'équilibre et au delà [2].

---

[1] Chrétiens de religion grecque orthodoxe.

[2] Des villages, chétiens pensaient ainsi, tel celui de Touzla, auquel, un beau jour, son pappas déclara qu'il valait beaucoup mieux embrasser en bloc l'islamisme et passer du bon bord. Ainsi fut fait pour le plus grand avantage des navires de guerre mouillant en baie de la Sude, auxquels le minaret de Touzla fournit un excellent amer.

De sorte que, pendant deux siècles, ce furent les musulmans et les Turcs qui massacrèrent et pillèrent les chrétiens. Il y eut peu de familles chrétiennes dont quelque membre ne fut pendant ce temps plus ou moins torturé, brûlé ou mutilé ; l'on conçoit quelle haine s'amassait au cœur des victimes, faisant de temps à autre explosion dans une insurrection. Nous ne l'oublierons pas quand, en 1896, nous verrons les orthodoxes se conduire avec une énergie voisine de la cruauté.

Mais revenons à nos habitants et à leur répartition. Nous avons déjà mentionné les Abadiotes, descendants des Sarrasins, ayant hérité de leurs ancêtres une bravoure fanatique. Nous trouvons encore dans les rangs musulmans un certain nombre d'Africains importés de la Tripolitaine, en nombre restreint, connus sous le nom de Benghaziotes et installés à Koum-Kapou, faubourg de la Canée, élément turbulent, sauvage et peu intéressant.

Ajoutons à ces trois catégories de musulmans quelques Turcs parmi les « beys » qui possèdent des domaines et, naturellement, une partie des fonctionnaires et des troupes de l'île. Négligeons les rares Européens, hors de cause. Nous arrivons en 1896 sur le total des quelque 300,000 habitants de l'île, à un peu moins de 100,000 musulmans contre plus de 200,000 chrétiens.

Dans quels termes vivent ces deux éléments de même race, que divise la seule religion ? Le régime « chien et chat » règne dans l'île, mais non d'une façon uniforme. Mieux qu'une description fastidieuse, le tableau et la carte ci-joints disent quel peut être le *modus vivendi* des diverses provinces. Il est évident que dans les régions à villages mixtes les haines ne peuvent être bien vives. Il est vrai que quand la bête humaine est lâchée, quand ces hommes ont un fusil entre les mains, qu'ils soient chrétiens ou musulmans[1].....

Il ne faut pas oublier, dit Aali-Pacha en 1868, qu'en Crète il y a aux prises des hommes, musulmans et chrétiens, rapprochés de l'état de nature, incapables par conséquent d'imposer silence à leurs passions et à leurs intérêts pour mettre en pratique la tolérance et la charité qui font l'essence de leurs religions respectives.

---

[1] Le 24 mai 1896, à la Canée, un famille chrétienne voit six des siens massacrés « par des voisins musulmans avec lesquels on vivait en bons termes ».

Répartition des chrétiens et des musulmans en Crète avant et après 1896.

RECENSEMENT de 1900.		PROVINCES	COMPOSITION DE LA POPULATION avant 1896.	MUSULMANS RESTANT en 1910.
Préfecture de Lassithi (Néapolis) 54,487 (San-Nicolo depuis 1903).	15,481	Sitia	Villages mixtes, majorité musulmane	400 à 500 musulmans à Sitia même.
	8,524	Hierapetra	» faible majorité chrétienne	400 musulmans à Hierapetra.
	7,213	Vianos	» forte majorité chrétienne	»
	5,058	Lassithi	Population exclusivement chrétienne depuis 1821.	»
	17,341	Mirabello	Villages mixtes, majorité chrétienne	Les propriétés musulmanes se sont bien vendues.
	24,874	Pediada	Villages mixtes, chrétiens, musulmans, majorité chrétienne	150, quelques propriétaires aux environs de Agiès Paraskiés.
Préfecture de Candie 91,224.	9,262	Monophatsi	Villages chrétiens et musulmans, majorité musulmane, renégats récents et fanatiques	200, disséminés, grandes fortunes en liquidation.
	11,027	Kenourgio	Villages chrétiens et musulmans majorité chrétienne	50, disséminés.
	5,101	Pyrgiotissa	Quelques musulmans	»
	12,642	Malevisi	Villages chrétiens et musulmans, majorité chrétienne	»
	5,841	Temenos (+Candie 22,481).	Villages chrétiens et musulmans, majorité chrétienne dans la campagne	12,000 à Candie même.
	19,027	Mylopotamo	Quelques musulmans	»
Préfecture de Rethymno 60,977.	7,939	Amari	Villages mixtes sauf en Abadia (Sarrasins braves et fanatiques)	Les Abadiotes sont à Candie.
	10,254	Agios-Vassilios	Villages mixtes, majorité chrétienne	Quelques fortunes musulmanes gérées par des isolés
	14,449	Rethymno (+ville de Rethymno 9,308)	Villages mixtes, musulmans, chrétiens, majorité chrétienne	4,000 à Rethymno même.
Préfecture de Sphakia (Vamos 24,897).	5,394	Sphakia	Population exclusivement chrétienne.	»
	19,503	Apokorona	Quelques musulmans à Khalyvès, Armenous	»
Préfecture de la Canée 72,964.	22,638	Kydonia (+ La Canée 21,001).	Villages chrétiens et musulmans, majorité chrétienne	11,000 à la Canée.
	7,937	Sélino	Villages chrétiens, musulmans, mixtes, majorité chrétienne	Quelques musulmans de la Canée y viennent temporairement.
	21,188	Kissamo	Villages chrétiens, musulmans, mixtes, majorité chrétienne	»
Total.....	304,549 y compris chrétiens et musulmans.			Total : 28,000 environ.

Nota. — D'une façon générale, dans les provinces où existait la propriété musulmane, il reste encore quelques domaines ; les musulmans viennent les exploiter avec le concours des chrétiens, y conduisent même temporairement leurs familles en été quand le pays est calme, mais n'y habitent pas complètement.

Variations de la population crétoise.

	MUSULMANS.	CHRÉTIENS.		MUSULMANS.	CHRÉTIENS.
1760[1]............	200,000	60,000	1847[3]............	40,000	120,000
1821[1]............	99,964	113,320	1881[1]............	73,000	205,000
1834[2]............	40,000	90,000	1901[1]............	33,500	303,500

Inutile d'insister sur l'incertitude de ces chiffres qui montrent seulement la dimimution progressive des musulmans, l'augmentation continue de la population chrétienne.

[1] A.-J. Reinach (la question crétoise).
[2] Pashley.
[3] Hitier (consul de France à la Canée).

Cette opinion d'un homme éminent[1] résume la situation. Nous sommes au pays de la vendetta[2], de l'agitation et..... du pronunciamiento. Nous n'oublions pas qu'il y a ici des opprimés, parfois des victimes. Mais, dès qu'éclatent les troubles ou l'insurrection, la cruauté est égale dans les deux camps. En vain quelques natures d'élite cherchent à s'interposer pour adoucir les horreurs de la guerre ; on reconnaît immédiatement la lutte sans pitié entre frères de même race. Trop souvent, d'ailleurs, la discorde règne entre chrétiens, entre montagnards et gens de la plaine, entre clans, entre habitants de villages voisins, et les discussions ne s'arrêtent pas aux paroles. L'orgueil du Crétois le rend querelleur et difficile à vivre[3]. Qu'il survienne un agitateur, il n'aura pas de peine à fomenter des troubles. Sans doute la majorité le suivra à contre-cœur. Sans doute les braves gens désireraient voir assurer autrement la sécurité après laquelle ils soupirent.

[1] Aali-Pacha (1814-1872), cinq fois grand-vizir, pacificateur de la Crète en 1868, a laissé le souvenir d'une haute intelligence alliée à un grand caractère. Son testament politique (*Revue de Paris*, 1910) est des plus intéressants.
[2] En janvier 1910, un Sphakiote tue un Séliniote. On l'emprisonne. Il paraît un instant à la lucarne de sa prison et reçoit une balle du *milicien factionnaire* parent de sa victime. Quelques jours plus tard, à la Canée, deux parents du milicien sont tués à coups de revolver dans un magasin par un cousin du Sphakiote ... Tous les acteurs sont chrétiens, naturellement. — Sommes-nous en Crète ou en Corse ? Le cousin est à son tour emprisonné à Izzeddin, d'où il s'évade tranquillement peu après, grâce à la complicité des factionnaires.
[3] Telle Cyclade, qui hébergea des réfugiés crétois pendant les insurrections garde un souvenir vivace de leur turbulence.

ILE DE CRÈTE

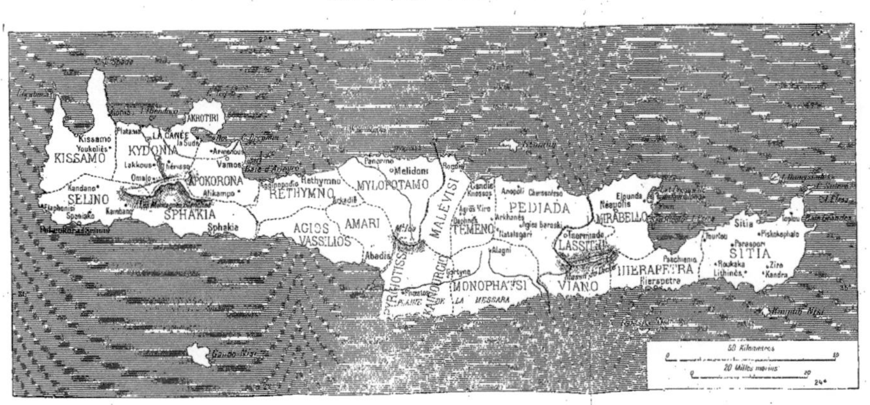

Marine française en Crète.

Mais le respect humain paralyse les protestations et les exaltés mènent le pays.

Ils l'égarent dans le maquis de la politique, constituant avec joie des comités de deux membres, des assemblées générales de dix personnes où l'on discutera pêle-mêle le connu et l'inconnu (celui-ci de préférence), prenant les chimères pour des réalités, n'admettant pas plus que des enfants la contradiction ou l'obstacle. Et l'électeur, complètement désorienté, mais prenant son rôle au sérieux, remercie ses représentants pour un oui pour un non. Est-ce que les élections ne sont pas encore occasions à palabres et à coups de fusil ? Mais, pendant ce temps, le travail.... ? Le travail, c'est l'affaire des femmes [1].

C'est dommage, car ces enfants terribles ont, à côté de leurs défauts, un fonds de qualités séduisantes. Ces hommes, de la plus belle race qui se puisse voir, fiers mais polis, hospitaliers et complaisants, sobres et rustiques, intelligents, adroits, courageux, sont certes plus sympathiques que bien des civilisés.

II. — LES RESSOURCES DE L'ÎLE. — LE CLIMAT. — LES MOUILLAGES.

La Crète est-elle un pays riche ou un pays pauvre ? La question n'a pas rencontré l'unanimité d'opinion.

Le statisticien classe comme pays médiocre une île de 8,600 kilomètres carrés possédant 300,000 habitants, soit 35 au kilomètre. Le Turc célèbre sa fertilité. L'Européen la dédaigne comme variété de ces îles demi-arides dont s'enorgueillit la Grèce. On n'y trouve ni commerce, ni industrie ; c'est le pays du gagne-menu.

De fait, cette longue crête rocheuse présentant les trois massifs des montagnes blanches (2,500 mètres) de l'Ida (2,500 mètres), du Dicté (2,100 mètres) presque complètement dénudés, n'offre qu'une surface cultivable restreinte. Dans les replis de terrain et les quelques plaines où l'on trouve un peu de terre, le Crétois écorche le sol et récolte une pauvre moisson. L'olivier, la vigne, le caroubier,

---

[1] Musulmane ou chrétienne, la femme a une rude existence en Crète. L'Orient a mis son cachet sur sa condition, et si sa jeunesse peut lui valoir, avec les faveurs du maître, quelques adoucissements, ceux-ci disparaissent avec elle, et de bonne heure. L'égalité n'existe pas, même chez les chrétiens. La loi grecque. qui punit l'adultère de la femme, admet celui du mari... hors du domicile conjugal.

l'oranger, le mandarinier rapportent davantage, mais ces cultures demandent de l'eau et leur zone est limitée. La pomme de terre, qui a contribué à l'indépendance des montagnards, pourrait rendre de plus grands services, mais comment être à la fois à l'agora et aux champs ?

Tout ceci, joint à l'élevage des troupeaux de chèvres et de moutons, ne conduirait pas l'Occidental à la richesse. Telle est la rusticité du Crétois [1] que la paix lui ramène une certaine aisance, assez appréciable pour que le Vénitien ait su jadis en prélever sa bonne part, pour que le Turc proclame la Crète la terre du sorbet.

Le « bey » trouve en effet quelque charme à habiter sa villa arrosée d'eau courante, entourée d'arbres fruitiers, de vignes et d'oliviers qui lui rapportent une somme rondelette. Que le montagnard vive dans une tanière ou sous la pluie et la neige, que le cultivateur peine pour gagner sa vie, il n'en a cure. Le climat de la plaine est doux, les femmes y sont jolies ; la Crète n'est pas encore le paradis, mais on peut l'y attendre tranquillement, s'il plaît à Dieu.

Qui n'a visité la Crète qu'en été ne connaît qu'une face de la médaille, tenté de croire que ce pays est voué à la poussière, au soleil et au ciel bleu perpétuel. Tout au plus y peut-on risquer quelque orage égaré, quelques brises d'Ouest ou de Nord fraîches, parfois un siroco venu d'Afrique.

En hiver, le décor change. Des pluies modérées d'équinoxe ont amené un automne agréable qui se prolonge cahin-caha jusque vers la fin de décembre. Mais alors, la Crète commence à faire sa provision d'eau pour l'année ; n'ayant que deux ou trois mois pour cette opération, elle ouvre en grand les cataractes. La température n'est pas rigoureuse (minimum $+$ 6 ou 7°), mais quand les vents de nord de l'Archipel, prédominants en cette saison, accompagnent le déluge, le climat est froid, humide et maussade à souhait.

Les montagnes Blanches font en même temps leur provision de neige pour 6 mois..., et pour les habitants (pas de glace à la Canée ; la corporation des âniers marchands de neige a fait la vie trop dure

---

[1] Le Crétois, dit un voyageur du XVIIIe siècle, vit où un âne ne peut subsister, car l'âne ne mange que l'herbe, et le Crétois mange encore la racine.

à une fabrique qui a dû fermer). Ce massif forme réfrigérant pour toute vapeur qui passe, et la Sude située à proximité n'en perd pas une goutte, non plus que des violents courants d'air qui accom·pagnent cette condensation. La caractéristique du temps en hiver est, par suite, une inconstance capricieuse extrême.

Dans le courant de mars, les pluies s'espacent puis disparaissent; deux mois de printemps charmant; en mai ou juin, l'été est de retour. Le règne des vêtements blancs s'étend du commencement de mai à la fin d'octobre.

Il n'existe en Crète qu'un mouillage vraiment sûr, la Sude (on y passe plus d'une nuit à veiller sa chaîne avec la deuxième ancre en mouillage); Poro est bon pour un ou deux bâtiments; le mieux qu'on puisse dire de Sitia est qu'il ne vaut pas cher. Partout ailleurs, à la Canée, Réthymno, Candie (l'îlot de Standia n'existe que pour caïques et petits bâtiments), Hiérapétra..., on est à l'abri derrière sa chaîne, et le mouillage n'est pas tenable quand la brise souffle en côte.

Le 16 février 1897, le *Forbin* et le *Fearless* cassent chacun leurs deux chaînes par bonne brise de N.-E. devant Rethymno. En mars, le *Trafalgar* perd une ancre à Candie. Le 1er avril, dans un coup de vent du Sud (siroco), 11 navires sur 23, mouillés à la Sude, chassent sur leurs ancres. A Candie, un bateau anglais casse ses deux chaînes.

L'escadre internationale essayera de séjourner en été devant la Canée, y sera gênée dans ses communications 20 jours sur 40 et obligée de revenir à la Sude.

Cette baie de la Sude, un des meilleurs, des plus sûrs mouillages du Levant, a pris très tard de l'importance. La raison en est fort simple; elle ne convient pas aux voiliers qui ne peuvent perdre des journées à louvoyer sous les brises folles pour entrer ou sortir. Au temps des galères et des caïques, le petit port de la Canée pouvant abriter des navires de 2m,50 de tirant d'eau suffisait parfaitement, et la Sude ne recevait que quelques voiliers fuyant devant le temps. Si la ville était à construire aujourd'hui, la Sude l'emporterait sans conteste. Cette baie n'est pourtant pas encore la perfection. Les fonds supérieurs à 10 mètres y occupent 4 milles (E.-O.) sur 1 mille 1/2 (N.-S.), mais les profondeurs exagérées (50 à 200 mètres) y restrei-

gnent singulièrement le plateau de mouillage qui présente à peine
1 mille de côté.

Ce n'est qu'après l'insurrection de 1866-1868 que les Turcs
installèrent, à la Sude, une station navale permanente et y construi-
sirent un arsenal. En 1875, on y trouvait une frégate (chose
incroyable ! mettons : une corvette) en construction. La Turquie
hésitait à y installer un bassin ou un dock flottant.

Ce beau zèle dura peu. Dès 1882, les travaux sont arrêtés faute
d'argent. L'amiral Hussein-Pacha, qui connaît son pays, est parti
lui-même sur un aviso pour Smyrne, Chio, Mytilène, percevoir les
fonds attribués à son service. Les aura-t-il ainsi ? Peut-être ! autrement, sûrement pas.

En 1893, on parle encore de la construction du bassin dans l'est
de l'arsenal, puis... on n'en parle plus et l'arsenal s'achemine vers
cet état de ruine qui lui donne dès maintenant un aspect séculaire.

III. — LA DOMINATION TURQUE.

La domination turque est ici semblable à elle-même, ni meilleure
ni pire qu'ailleurs. Les principes en sont plutôt libéraux, respectant
la religion, les coutumes, les biens des habitants. Les impôts, détail
important, sont des plus modérés. Si le pouvoir était fort, assez fort
pour appliquer ces sages principes, la Crète serait plus heureuse
qu'au temps des Vénitiens.

Il n'en est rien malheureusement. Ici, comme ailleurs, la Turquie
souffre de sa maladie chronique, la faiblesse causée par le manque
d'argent, et son bel ordre administratif n'est qu'une façade derrière
laquelle tout est gabegie.

Les finances, la justice sont en déroute ; les travaux publics
n'existent pas ; l'ordre hiérarchique n'est plus là que pour mémoire ;
l'impôt ne rentre pas ou s'arrête en route. Les fonctionnaires et les
troupes non payés par Constantinople en sont réduits à vivre sur
l'habitant ; n'étant pas assurés du lendemain, ils se servent largement quand l'occasion est bonne. De plus, avec Abdul-Hamid, le
pouvoir officiel est surveillé par un pouvoir occulte ; le vali [1] est à la
merci de subordonnés qui prennent leur mot d'ordre à Yldiz-Kiosk

---

[1] Gouverneur général.

et dont un rapport peut le faire disgracier ; il en est de même de ses inférieurs. D'un bout à l'autre de la chaîne les anneaux sont désarticulés. Pourquoi obéir à un chef impuissant qui ne fournit même pas le pain quotidien ? C'est le régime de l'arbitraire et du bon plaisir. Le chrétien en pâtit grandement ; aussi, exaspéré, a-t-il la main lourde quand il trouve le moyen de se venger.

Qu'on lui fournisse les appuis nécessaires, sa révolte se groupe en insurrection et la Turquie doit ramener l'ordre dans l'île. Elle y parvient d'une façon plus ou moins heureuse, promettant plus qu'elle n'a l'intention de tenir, changeant les hommes quand il faudrait modifier les institutions. Parmi ses fonctionnaires se trouve d'ailleurs plus d'un homme éminent dont l'arrivée est généralement bien accueillie (le goût du changement !). Puis, après épreuve faite, le nouveau venu constatant son impuissance doit avoir recours aux mêmes procédés obliques et tout recommence.

IV. — L'INSURRECTION CRÉTOISE.

Il faudrait des volumes pour conter sans grands détails toutes les insurrections crétoises. Sans parler de celles, nombreuses, qui ont précédé, nous constatons depuis trente ans les insurrections de 1866, 1878, 1896 ; les troubles de 1884, 1886, 1889, 1894.

Mais la répétition même a engendré une certaine uniformité et la Crète s'est constitué un modèle, une insurrection-type dont elle ne s'écarte guère et qui se peut résumer comme suit :

I. *Période d'agitation.* — Les chrétiens n'ont pas obtenu assez ou n'ont pas touché ce que la Turquie avait promis, ou veulent davantage. Ou bien encore les musulmans trouvent les chrétiens trop bien servis. Provocations de part ou d'autre, premiers assassinats (peu importe de quel côté), panique, représailles immédiates. Un simple meurtre devrait relever de la justice, mais la justice en Crète....!

II. *Troubles ou insurrection.* — Si la Grèce n'est pas en fonds [1], le

---

[1] En février 1893 les élections sont proches, qui ne vont jamais sans désordres. Mais on prévoit que cette fois tout se bornera à de l'agitation, les Grecs n'ayant plus d'argent et les chrétiens étant divisés.

En décembre 1893, la Grèce a fait faillite : conséquence : tranquillité de la Crète.

La Turquie ne s'y méprend pas et met ce temps à profit pour disputer les privilèges

mouvement s'arrête après de simples troubles. Si elle a quelque argent par elle-même ou par les comités philhellènes, elle [1] attise

déjà accordés aux Crétois. Elle pose en 1893 ce dilemme : Assemblée sans protestation contre l'iradé de 1889 (restrictif des libertés de Halépa), ou ... pas d'Assemblée... En 1894, Turkhan-Pacha remplace Mahmoud-Pacha comme vali ; son firman d'investiture oublie les demandes des chrétiens (impôts, assemblée, gouverneur chrétien). Le commodore turc de la Sude est, à la même époque, un doux philosophe. « Votre arsenal est bien désert, lui dit quelqu'un. — Nous n'avons rien à faire ; les Grecs n'ont plus d'argent ».

[1] La nation grecque, car le gouvernement hésite entre ce chapitre du rêve de la plus Grande Grèce et : 1° la crainte de s'aliéner les Puissances ; 2° le souci d'introduire dans le concert panhellénique des éléments qui ne concourraient pas toujours à y maintenir l'harmonie. Une campagne de presse bien conduite a raison de cette hésitation et, finalement, le gouvernement grec laisse faire, quand il n'agit pas lui-même.

Et les agissements de la Grèce ne sont pas ceux d'une nation sœur compatissant aux souffrances des victimes. Elle songe beaucoup moins à soulager ses frères malheureux qu'à profiter d'une bonne occasion pour réaliser l'annexion rêvée. Son dévouement serait admirable s'il se bornait à recueillir les réfugiés, à ravitailler les chrétiens en vivres et médicaments malgré le blocus, à réclamer de toute l'éloquence de ses journaux la sympathie de l'Europe pour la Crète. Mais il va souvent un peu plus loin. Trop faible pour prendre hardiment ce qu'elle convoite, elle emploie des moyens détournés d'arriver à ses fins, fomentant les troubles, envoyant des armes, des munitions, des volontaires, des vivres pour ceux-ci. Sa presse relate les nouvelles avec moins d'exactitude que d'enthousiasme, cherchant à entretenir un espoir chimérique au cœur des insurgés.

En 1866-67, la Grèce expédie des corps de volontaires sous les ordres de nombreux officiers de l'armée. « Une compagnie de 126 hommes part de Syra pour la Crète le 31 octobre 1866. Elle est composée, en partie, d'étudiants et d'employés, et aussi de garçons de café et de domestiques d'hôtels. Avouons-le, il y avait aussi quelques libérés des prisons de Nauplie. » (*Journal* d'un volontaire garibaldien.)

Ce même volontaire classe ses compagnons en trois catégories :

L'élément sérieux ayant appartenu ou appartenant encore à l'armée grecque ;

L'élément enthousiaste, l'étudiant, l'employé, le désœuvré ;

L'élément nuisible comprenant un certain nombre d'anciens brigands.

En 1878, les témoins de l'insurrection estiment que les chrétiens s'accommoderaient d'une autonomie genre Samos, avec représentation municipale proportionnelle entre chrétiens et musulmans, et se demandent combien d'entre eux voudraient vraiment l'annexion à la Grèce.

En janvier 1886, l'insurrection est organisée et n'attend plus que le signal d'Athènes. L'enthousiasme panhellénique n'est pas universel ; il y aurait bien à perdre à l'annexion grecque, et le mieux serait peut-être le protectorat turc, acheminement vers l'indépendance. Mais on marchera au signal. Les chefs de l'insurrection sont naturellement de jeunes avocats grecs. Les rapports entre le gouvernement grec et les chefs crétois sont fréquents ; une somme de 14,000 francs a déjà été remise comme acompte.

Toutefois, les Crétois deviennent méfiants et l'isolement de la Grèce (événements de Bulgarie) les préoccupe. En cas de conflit gréco-turc, ils verraient d'abord la tournure des choses.

En 1889, au contraire, il faut rendre justice à la sagesse du gouvernement grec dont le calme évite à la Crète une insurrection générale.

Les agités ne suivent pas ce bel exemple, et en juillet-août 1890, une bande de repris de justice expédiés de Grèce par le comité crétois dissident, trouble l'île. Traqués, affamés, mais insaisissables dans la montagne, les bandits demandent leur rapatriement au consul de Grèce. M. Blanc, consul de France sert d'intermédiaire avec le vali, Djevad-

le feu, importe des armes, et des [volontaires qui portent la bonne parole, réchauffent les tièdes, mobilisent les indécis. Le trouble tourne à l'insurrection.

Les musulmans de la campagne se réfugient alors dans les villes, sous la protection des troupes turques (leurs coreligionnaires y sont d'ailleurs en majorité); les chrétiens gagnent la montagne pour s'organiser à l'abri des Turcs. Les villages abandonnés ont passé un mauvais quart d'heure, chacun pillant les biens de l'ennemi, les musulmans brûlant les maisons des chrétiens qui leur rendent la monnaie de leur pièce. Les récoltes et les oliviers pâtissent moins que les habitations. Les chrétiens, maîtres de l'intérieur, pourraient cependant perfectionner leur besogne après le départ des musulmans; c'est que la maison incendiée ou non, devra quelque jour, être rendue à son propriétaire; autant vaut la brûler; tandis que si l'insurrection dure assez longtemps, la récolte ne sera pas perdue pour tout le monde. Les chrétiens des villes préfèrent abandonner leurs domiciles qu'occupent aussitôt les musulmans et se réfugient partie à la montagne, partie dans les Cyclades et en Grèce.

III. *Préparatifs de répression.* — Le Sultan déplace le vali, le mouchavir[1], quelques mutessarifs[2]... Les renforts turcs arrivent. Les troupes qui comprenaient de 7,000 à 12,000 hommes, sont portées à 15,000, 20,000, 25,000 hommes. Si la chance favorise les Crétois, le seraskiérat, désigne des réguliers relativement modérés ou disciplinés; sinon, gare aux fanatiques, gare aux bachi-bouzoucks dont le nom (les mauvaises têtes) dit tout le caractère. Ces irréguliers indisciplinés, secondés d'ailleurs par les musulmans crétois, remplacent la bravoure par la férocité, le combat par le meurtre et le pillage. Leur exemple contamine peu à peu les réguliers qui, sans solde depuis de longs mois, finissent par se payer sur l'habitant.

Pendant ce temps les insurgés achèvent de s'organiser en bandes

Pacha, qui ferme les yeux sur leur embarquement discret, trop heureux d'en être débarrassé.

En 1894, la Grèce sans argent est désarmée.

En 1896, le gouvernement hellénique montre encore de la sagesse, mais c'est la fin de sa provision; il va se trouver débordé par l'opinion publique.

[1] Mouchavir, sous-gouverneur général.

[2] Mutessarif, gouverneur de sandjak ou province; trois sandjaks, la Canée, Rethymno, Candie.

comprenant beaucoup de chefs et peu de soldats. Ils nomment une épitropie[1] ou une assemblée générale. Tout est prêt pour la lutte à outrance.

IV. *Les opérations militaires.* — Elles sont très simplifiées. La Turquie ne pouvant songer avec 15,000, 20,000, 25,000 hommes à occuper toute l'île, se contente de garder les villes et les fortins, et chacun reste sur ses positions. Les Turcs n'ont pas plus envie d'aller à la montagne que les chrétiens ne peuvent songer à prendre les villes[2]. Les insurgés escarmouchent de temps à autre pour alimenter les journaux grecs et entretenir la générosité des comités philhellènes. Ils décorent du nom de combat des rencontres insignifiantes où l'on tiraille de part et d'autre, pendant des heures, sans grands dommages[3]. Ces combats se terminent d'ailleurs assez régulièrement par la retraite des insurgés.

Si les hostilités se bornaient là, elles pourraient durer longtemps sans résultat fâcheux pour personne.

V. *Les crimes.* — Malheureusement, les énergumènes des deux partis se chargent de corser le programme. Avec une cruauté égale, musulmans et chrétiens se livrent à des attentats et à des massacres qui gaspillent beaucoup plus d'existences que la guerre elle-même. Les musulmans réfugiés, comprimés, affamés dans les villes, sortent, appuyés par les bachi-bouzoucks, pour razzier la campagne voisine, ce à quoi les chrétiens répondent en saccageant ce qui peut rester de propriétés musulmanes à proximité des villes ; le tout avec accompagnement d'assassinats et de mutilations. Les musulmans ont la gracieuse habitude de couper... le nez et les oreilles de leurs victimes, et les chrétiens ne sauraient leur être inférieurs. Pour les

---

[1] Épitropie, variété de comité insurrectionnel.

[2] Exception est faite en 1867. Omer-Pacha disperse les insurgés à Rethymno, Mylopotamo, Lassithi, Sphakia. Les bandes se reforment derrière lui et ses succès ne donnent aucun résultat décisif.

[3] A Kissamo, en novembre 1866, trois jours de combat durant plusieurs heures chaque jour. Résultats : 2 morts et 6 blessés chez les chrétiens; 1 mort et 10 blessés chez les Turcs.

A Agia-Rouméli, en janvier 1867, quinze heures de combat; 1,500 Turcs soutenus par 3 avisos, 500 ou 600 insurgés : 1 chrétien blessé par ricochet, 4 ou 5 Turcs blessés.

Le 15 août 1889, 200 ou 300 insurgés ouvrent le feu sur les troupes turques du cordon militaire : pas un blessé.

femmes, c'est un délicat plaisir de leur ouvrir le ventre. Ces bandits ne relèvent que de la potence, indignes du nom de soldats ou d'insurgés[1].

VI. *Les cordons militaires.* — Malgré son désarroi, le pouvoir conserve une ombre de responsabilité. Il cherche à empêcher ces horreurs et installe les cordons militaires. Le cordon militaire fait partie intégrante de toute insurrection. Il se compose essentiellement de postes aussi faibles que nombreux, échelonnés en arc de cercle autour et à quelques kilomètres de chaque ville. Il permettra aux musulmans de se détendre un peu entre lui et les remparts; il les contiendra et il empêchera les insurgés de venir razzier cette région. Que voilà bien un remède efficace[2]! Le malheur est que le cordon n'empêche rien du tout. Fort sur toute la ligne, il est faible en chaque point et les belligérants passent par maille sans la moindre difficulté.

La situation peut durer quelque temps. Les villes se ravitaillant par mer ne connaissent qu'une demi-famine. Le blocus que les Turcs font de l'île n'est pas assez rigoureux pour briser la résistance, et maints chargements d'armes, de vivres, parviennent aux insurgés. Au temps où les vapeurs étaient rares et les voiliers petits, Cérigotto était le point de départ de cette contrebande[3]. Cette île grecque est à 20 milles de la Crète; on en partait un soir avec un vent favorable et le débarquement était terminé avant le jour. Depuis lors, les bateaux ont allongé leurs jambes; les départs se font directement de Grèce et les débarquements un peu partout.

---

[1] En février 1897, les chrétiens se livrent à ces petits jeux au village de Roukaka (Sitia). « Ils ont couché par terre Halimeh femme de Mehemedakis; à coups de couteau ils lui ont ouvert le ventre; elle était enceinte, ils ont tiré l'enfant. Ils ont ouvert aussi Fatimeh, fille d'Effendakis; ils l'ont fendue depuis la poitrine jusqu'au milieu du dos. Ils avaient poussé les hommes dans la mosquée, et, à mesure qu'on les tuait, on les jetait dans le minaret auquel on mit le feu avec du pétrole. Les chiens couraient dans le village, emportant des mains et des pieds à demi-brûlés. Les enfants ont été tués à coups de couteau. Ceux qui tuaient n'étaient pas du pays; ils étaient de Kritcha, et quelques-uns, tout à fait étrangers, ne parlaient pas le dialecte crétois. » (Déposition, devant les Français, d'Emineh, fille de Miraboutakis, sauvée par un chrétien, Skizachilis, qu'elle a épousé un mois après.)

[2] Il n'en faut pas sourire; la défense des côtes de la France repose sur le principe du cordon militaire. Le principe est malade, sans doute, mais son application n'est pas encore abandonnée.

[3] La Turquie fut plus d'une fois tentée d'en faire le blocus pour cette raison.

VII. *La misère. La fin de l'insurrection.* — Cependant le pays s'épuise, les ruines s'accumulent, la misère est extrême car le gaspillage est partout. Les volontaires quittent la Crète comme les rats le navire qui va couler. Il faut négocier[1]. On recourt alors aux bons offices des consuls dont on dédaignait naguère les conseils d'apaisement. De son côté le Sultan a une « mauvaise presse » et n'en voudrait pas, obligé de ménager un peu l'opinion européenne. Il fait donc des concessions et des promesses avec l'intention assez arrêtée d'oublier les unes et les autres. Il sait que le temps est un grand maître, et que promettre n'est pas tenir.

On élabore alors longuement un « Règlement[2] » d'après lequel les chrétiens, les Crétois gagnent quelques fiches. L'armistice survient ; les armes sont déposées, les derniers Grecs congédiés[3], les musul-

---

[1] La population de la Crète peut être rangée en trois catégories : la première, la plus nombreuse, fatiguée du désordre auquel elle n'a pris aucune part active, sincèrement désireuse de voir l'ordre rétabli ; la seconde, hésitante et timorée, craignant par-dessus tout la vengeance et les représailles dont la révolte menace sa soumission ; la troisième, réunissant tous les individus intéressés au désordre. (Aali-Pacha, 1er mars 1868.)

[2] Toute insurrection se termine par un règlement. Le plus important est celui du 3 octobre 1878, connu sous le nom de pacte ou convention de Halépa, complétant le règlement organique de 1868 et faisant à la Crète une situation parfaitement enviable, s'il était respecté.

Les avantages concédés par la convention de Halépa peuvent se résumer comme suit :

Vali nommé pour cinq ans, assisté d'un conseiller chrétien s'il est musulman et inversement.

Assemblée générale comprenant 49 chrétiens, 31 musulmans ; session annuelle de quarante à soixante jours. Elle élaborera code de procédure et règlement communal ; pourra ensuite présenter des modifications d'intérêt local.

Réforme des conseils d'administration, des tribunaux. Préférence aux indigènes pour les emplois.

Usage de la langue grecque à la Chambre et au Tribunal. Correspondance et procès-verbaux en deux langues.

Formation d'une gendarmerie indigène.

Budget séparé en deux parties :

1° *Budget d'empire :* armée, douanes, taxes sur le sel et le tabac, recettes et dépenses des biens vacoufs ;

2° *Budget de l'île :* portant sur les autres revenus, versant moitié de ses excédents au Trésor impérial, et, inversement, complété par lui en cas de déficit jusqu'à concurrence du demi-revenu des douanes de l'année pour payer les appointements.

Prohibition du papier-monnaie ; liberté de la presse, conforme aux lois de l'empire.

Caïmakans chrétiens plus nombreux que les musulmans selon les besoins.

[3] Ce dernier chapitre de leur odyssée manque parfois de confortable. En 1867, la *Salamandre* (300 tonneaux) étant trop petite pour transporter 600 volontaires, on embarque ceux-ci sur deux bâtiments turcs que l'aviso français escortera au Pirée. Au débarquement, la populace égarée et fanatisée par le comité crétois accueille ces pauvres diables comme des traîtres vendus à la Turquie, les jette à l'eau et tente de les massa-

mans renvoyés dans les villages, les chrétiens réfugiés rappelés. A la paix acceptée il manque un complément essentiel, un peu d'argent pour éloigner la misère ; mais l'argent est plus rare que les bonnes paroles et les Crétois se contenteront encore une fois de celles-ci. La paix ne saurait être de longue durée.

crer. Les embarcations des navires de guerre français, anglais et russes en sauvent la majeure partie. C'est au lazaret de Salamine que ces volontaires grecs peuvent enfin débarquer sains et saufs dans leur propre pays. (*Journal* d'un volontaire garibaldien.)

PREMIÈRE PARTIE.

L'INSURRECTION DE 1896.

CHAPITRE PREMIER.

L'insurrection.

I. Situation politique. — Turkhan-Pacha. — Anarchie. — Blocus de Vamos.
= II. Massacres du 24 mai. — Le *Cosmao* et le *Neptune*. =
III. Abdoullah-Pacha débloque Vamos. — Le *Cosmao* à Rethymno. =
IV. Incertitudes. — Les cordons militaires. — Intervention des
puissances.

I.

Au mois de mai 1896, la Crète est en insurrection ; l'orage qui couvait depuis longtemps a fini par éclater.

Mahmoud-Djelaleddin-Pacha a quitté la Crète le 6 août 1894 à la suite d'un attentat dirigé contre lui ; son successeur Turkhan-Pacha, musulman comme lui, est arrivé précédé d'une réputation de modération et de droiture. Turkhan-Pacha, ami personnel de M. Cambon, notre ambassadeur à Constantinople, était certainement ce qu'on pouvait attendre de mieux, à défaut d'un gouverneur chrétien.

Mais il est des situations devant lesquelles un homme est impuissant. Abdul-Hamid qui a fait des concessions en 1878, qui a cherché à les reprendre en 1889, et a dû en rétrocéder quelques-unes, ne peut désirer bien vivement que tout aille pour le mieux en Crète. Ce serait la condamnation de sa politique, et ses émissaires comprennent tout leur devoir. Une légère accalmie, s'est produite à l'arrivée de Turkhan-Pacha, puis les assassinats ont repris de part et d'autre. L'envoi en Crète, le 5 mars 1895, de Karatheodori-Pacha, prince de Samos, est encore une excellente occasion d'attiser le feu. La Porte a nommé un vali chrétien ; il lui reste à démontrer qu'il ne peut faire œuvre utile. Le comité musulman de la Canée multiplie ses excitations ; le vali est en désaccord avec le commandant militaire et son autorité est méconnue ; les gendarmes n'obéissent plus ; la troupe est insubordonnée[1]. Karatheodori-Pacha, est rappelé. Turkhan-Pacha reprend son poste de vali le 8 mars 1896.

Le malheureux pays se trouve tiraillé entre le pouvoir impuissant, les musulmans surexcités par les avantages accordés aux chrétiens, les réclamations des chrétiens encore une fois frustrés de leurs privilèges, les agitations du dehors, tant de Constantinople que d'Athènes. Il lui faudrait une bien grande sagesse pour conserver le calme, et il ne la possède pas. Les divisions sont toujours aussi profondes entre les musulmans et les chrétiens de même sang, cherchant les uns et les autres à accaparer les places. Elles se sont accentuées entre chrétiens[2]. C'est l'équilibre parfaitement instable.

Puisque Constantinople ne veut pas entendre leurs revendications, les chrétiens ont pris les armes. L'Épitropie s'est divisée cette fois en trois sections : Sphakia, Agios Vassilios, Apokorona. Les musulmans se sentant soutenus sont plus disposés que jamais à faire un peu de guerre sainte et profitable. Des deux côtés on s'observe ; il ne manque plus que l'étincelle qui causera l'explosion.

Le 16 mai, les insurgés attaquent le fortin de Vamos dans l'Apokorona (27 kilomètres de la Canée), où ils bloquent 1,000 soldats turcs. Les troupes essayent vainement, le 21, de secourir ce village.

II.

Dans ce pays, impressionnable à l'accès, où le « coefficient » atteint des valeurs inusitées, l'effet de cet échec est immense. Aussi, quand le dimanche 24 mai, on annonce que les chrétiens ont massacré une famille turque dans l'intérieur, les musulmans de la Canée se jettent

---

[1] Deux bataillons de rédifs venus d'Asie-Mineure se sont mutinés. On a dû y mettre des formes pour les éloigner et ne les désarmer qu'en Asie-Mineure ; après quoi les principaux coupables ont été ramenés et emprisonnés en Crète.

[2] Maintenant qu'il y a une petite place à l'assiette au beurre, les chrétiens se divisent en deux partis rivaux : les « va-nu-pieds » et « ceux qui mangent à la gamelle » (ce qui est le dernier cri du confortable pour le Crétois, dédaigneux de nos raffinements de civilisés). Aux élections, chaque parti a ses candidats, et le va-nu-pieds ne saurait pactiser avec un adversaire. « Va-nu-pieds je suis, va-nu-pieds je reste. » Pauvre va-nu-pieds ! Cela lui fait bien des ennemis : les chrétiens, les musulmans, les fonctionnaires, le vali, le Sultan lui-même, et, quand il aura vaincu tout cela, ses compagnons de la veille... Il est à craindre qu'il n'atteigne pas le bonheur en ce monde, ce bonheur qui consisterait, on s'en doute, à cesser d'être va-nu-pieds.

à la porte de la ville sur les chrétiens et en massacrent cinq, dont les deux cavas des consulats de Grèce et de Russie. Le cavas du consulat de Grèce est littéralement déchiqueté. A un autre malheureux on a coupé le nez, arraché les yeux avant de l'égorger comme un animal.

Panique en ville. La fusillade éclate, les chrétiens tirant des fenêtres sur les soldats et les musulmans qui ripostent. Le feu dure tout l'après-midi et une partie de la nuit. Il recommence le lundi pour finir à 2 heures. On tire encore le mardi pendant deux ou trois heures.

Cette fois, l'Europe est en éveil[1] ; elle envoie des navires pour protéger ses nationaux. Le 26, arrive le *Cosmao* (commandant Dufayot de la Maisonneuve).

Il convient d'ouvrir ici une parenthèse. Jusqu'à ce jour, la Crète a été accidentellement visitée par nos bâtiments de guerre. Quand des troubles se manifestaient, quelque bateau en station dans le Levant y paraissait le temps nécessaire, puis continuait sa tournée. Il n'en sera plus de même désormais. L'anarchie est telle que l'Europe, obligée d'abord de veiller à la protection de ses nationaux, devra prendre ensuite en main la direction des événements. Ses bâtiments de guerre ne quitteront plus la Crète. Mais avant cette intervention effective qui débutera avec les amiraux en février 1897, il faut doubler un cap délicat. La Crète n'est pas bien séduisante pour une nation européenne ; elle possède toutefois une baie merveilleuse, la Sude, à peu près équidistante de Malte, de l'Égypte et des Dardanelles, qui, par ce temps de points et de triangles stratégiques, peut éveiller des convoitises. Dieu garde de soupçonner qui que ce soit ! Mais enfin les intentions de chacun ne sont pas forcément désintéressées. Voici bien des côtés épineux à cette nouvelle question : le turc, le crétois (dédoublé en chrétien et en musulman), le grec, le français, d'autres encore. Le consul, M. Blanc, les commandants qui se succéderont pendant huit mois, et plus spécialement le commandant Bénier, le commandant de la Maisonneuve, le commandant Hennique, auront un rare mérite à ne pas faire un faux pas sur ce terrain varié, à mener à bien une tâche des plus délicates.

---

[1] Grâce à l'opinion publique indignée encore des massacres arméniens de 1895.

Le *Cosmao* arrive le 26 mai ; le cuirassé anglais *Hood* (comman-dant Drury) a mouillé le matin même devant la Canée.

500 chrétiens se sont réfugiés à la mission française, 100 au consulat. Le commandant du *Cosmao* les rassure et leur envoie quelques vivres. La ville est occupée militairement ; les maisons sont fermées ; on ne rencontre dans les rues que de nombreuses patrouilles.

Les consuls et les commandants conviennent d'abord : 1° d'exercer une pression morale sur les autorités turques, les avisant que si elles sont impuissantes à protéger les nationaux, les bâtiments de guerre assureront cette protection et agiront sans hésiter ; 2° de recevoir à bord les chrétiens qui se verraient obligés d'évacuer la ville, en commençant par les nationaux. Turkhan-Pacha garantit la sécurité des Européens. Un peu de calme renaît en ville.

Le *Tchernomoretz* [1] arrive le 27 ; le *Neptune* (commandant Bénier) et le *Piemonte*, le 28 ; la *Maria-Theresia*, le 29. Le commandant Bénier se préoccupe de suite de suggérer discrètement l'idée de conférences des commandants à bord du plus ancien (*Hood*) pour assurer l'ordre, l'entente et l'orientation parallèle des actes de chacun, et, par là même, renforcer l'autorité du corps consulaire.

III.

La garnison de Vamos est bloquée par les insurgés depuis 12 jours. On craint que sa capitulation n'entraîne son massacre qui aurait une répercussion terrible dans les villes. Les consuls proposent dans un but humanitaire d'intervenir auprès des insurgés pour négocier sa sortie. Cette démarche d'une belle ampleur, très séduisante en principe, est passablement risquée, concernant des gens sur la parole desquels on ne peut guère compter. Qu'arriverait-il si l'un ou l'autre des belligérants ou tous les deux venaient à enfreindre les stipulations acceptées ? On prévoit cependant l'appareillage du *Cosmao* qui porterait à la Sude le corps consulaire et le commandant Drury désireux de présider lui-même à l'évacuation.

Heureusement, le 30 mai, le nouveau vali, général Abdoullah-

Remplacé peu après par le *Groziastchy*.

Pacha, débloque Vamos [1]. Cette solution dispense le corps consulaire de la délicate réalisation d'un beau projet et le commandant du *Hood* d'un service à rendre à la Turquie pendant que le pavillon français perdrait la confiance des insurgés. Nos couleurs sont déjà suspectes à d'autres pour avoir été choisies par les réfugiés.

. Le *Neptune* profite de cette détente pour aller charbonner [2] au Pirée [3] et le *Cosmao* reste seul en Crète. Abdoulla-Pacha, homme énergique, espère rétablir complètement l'ordre en 5 jours, bien que plusieurs villages, tant chrétiens que musulmans, soient encore bloqués. Le *Cosmao* fait le 2 juin une rapide apparition à Rethymno où des malfaiteurs ont incendié deux villages chrétiens. Le commandant militaire de Rethymno, Chefki-Bey, mutessarif intérimaire (le titulaire a été destitué il y a 8 jours), garantit la sécurité des protégés français. Il n'est toutefois pas assez sûr de ses troupes pour les envoyer dans l'intérieur au secours des villages menacés. Si peu sûr, que le 20 juin, il demande son changement pour impuissance devant la situation.

IV.

Le 8 juin les incendies de villages se rapprochent de la Canée. Le *Neptune* y revient le 13. L'Épitropie a répandu le bruit que l'assemblée générale demanderait une occupation anglaise. Les agents grecs combattent ce projet.

---

[1] Voir *Appendice* I, le siège de Vamos, page 341.

[2] Il n'y a pour le moment, en Crète, aucun dépôt de charbon. Cette importante question sera traitée pour la première fois par l'amiral Pottier en février 1897.

[3] C'est à cette époque qu'un journal grec publie un interwiew de M. Bourée, ministre de France à Athènes : « Est-il vrai, M. le Ministre, que vous ayez déclaré à notre gou-
« vernement que vous feriez poursuivre l'escadre grecque si elle se rendait en Crète?
« — Non seulement je récuse un tel langage, mais je n'ai jamais eu pareille pensée.
« Voici exactement ce que j'ai dit dans un but tout à fait amical pour la Grèce :
« Je ne crois pas qu'il soit aujourd'hui prudent de provoquer la Turquie en envoyant
« votre escadre en Crète. La Turquie n'a en ce moment aucune affaire avec l'étranger.
« L'arrivée de votre escadre à la Canée serait une provocation à la guerre qui ne saurait
« avoir une heureuse issue pour la Grèce, étant donné son état actuel. Il serait aisé à la
« Turquie d'envoyer une forte armée menaçant vos frontières. »
Ne dirait-on pas la réponse à la phrase du roi Georges au même ministre de France en décembre 1895 : « Vous savez que les Turcs envoient cinq bataillons en Crète; si les
« choses prennent cette tournure, je vous déclare que je ne pourrai plus répondre de
« rien ici et que les événements suivront leur cours. »

Aldoullah-Pacha ne fait aucun progrès. Les soldats turcs plus pillards que disciplinés[1] ont éprouvé quelques petits échecs qui, grossis par leurs adversaires, ont encouragé les insurgés. Le « cordon militaire » est installé autour de la Canée. Les acteurs du massacre du 24 mai sont encore en liberté.

Le 16 juin, à la suite de démarches des ambassadeurs à Constantinople, proclamation du vali : après la déclaration de soumission des insurgés, l'assemblée générale sera convoquée pour présenter ses demandes que la Porte étudiera.

L'impression sur les chrétiens est nettement mauvaise ; ils n'accepteront certes pas la soumission préalable pour voir « étudier » leurs demandes. Ils prétendent avoir davantage et ne quitteront leurs armes qu'après satisfaction avec garanties. Les musulmans, de leur côté, ne sont pas rassurés. Les « beys » conviennent que la cruauté est la même dans les deux partis, mais ils reprochent aux chrétiens d'avoir profité de leur majorité (49/31) dans l'assemblée pour accaparer toutes les places. Ils se défendent de songer à fomenter des troubles à la Canée où, propriétaires de la majorité des immeubles, ils auraient trop à craindre des incendies et des explosions.

En réalité, ni l'Épitropie, ni le comité musulman ne représentent les vœux du pays qui désire la paix. L'administration ottomane, sans autorité ni argent, est discréditée, et l'île accepterait l'intervention d'une puissance étrangère. Laquelle ? La Grèce ? Mais celle-ci redoute la Turquie et les représentations des puissances. L'Angleterre, qui seule a paru vouloir intervenir ? Les Grecs la combattent, les musulmans lui reprochent ses accusations[2], les chrétiens s'en méfient et ne s'accommoderaient de son intervention qu'à défaut de toute autre. — Bref, l'émancipation de la Crète paraît dès maintenant probable. Par quels moyens et au bénéfice de qui se fera-t-elle ?

---

[1] Il y a parmi les troupes trop de soldats venant d'Arménie et accoutumés à la licence. Plusieurs d'entre eux cherchent à se défaire d'objets volés.

[2] Les musulmans sont très montés contre M. Bourchir, correspondant du *Times*, qui vit à bord du *Hood* et qui, après que l'Angleterre a abandonné son attitude turcophile (Vamos), les a représentés comme des barbares, dédaignant de recevoir les beys pour entendre leurs justifications.

Le 20 juin, nouvelle volte-face anglaise : « Le correspondant du *Times* a peut-être trop malmené les musulmans, trop exalté les chrétiens ».

Le rôle de la marine française reste le plus discret possible[1]. Les bâtiments s'abstiendront de toute action militaire sauf en cas de nécessité pour protéger nos nationaux. Ils imiteront seulement le débarquement éventuel des autres puissances. Toutefois, pour ne pas abandonner toute la tâche au prochain, le *Cosmao* et le *Lévrier* (commandant de Marolles) s'attacheront à aider la *Sybille* et la *Blanche* dans la surveillance des points intéressants. Le commandant Drury et M. Billiotti, consul d'Angleterre, en découvrent chaque jour de nouveaux.

Cependant la situation du gouvernement empire. La campagne de presse est active dans les journaux d'Europe, représentant les nations comme acquises à la cause de l'indépendance. Des chefs insurrectionnels, des munitions[2], des vivres arrivent de Grèce, principalement dans l'ouest de l'île où l'on se bat depuis plusieurs jours. Abdoullah-Pacha avait sans doute ses raisons pour isoler par des cordons militaires les provinces de Kydonia et de Kissamo de la montagne et de l'Apokonora centre de la résistance ; mais, en éparpillant ses forces, en évitant de courir sus aux insurgés avec vigueur, il a encouragé ceux-ci, il leur a laissé recevoir armes et munitions. Il oblige à se prononcer la masse des indécis qui, craignant maintenant de se joindre trop tard à l'insurrection triomphante, se tournent vers elle. Le 24 juin, Abdul-Hamid, n'ignorant pas quelle forme va revêtir l'intervention des puissances, et sentant la parole lui échapper, envoie au vali l'ordre de convoquer l'assemblée générale sans conditions.

La Porte reçoit en effet, le lendemain même, la communication sui-

---

[1] On remarquera, au mois d'août, qu'il y a eu trois phases dans la ligne de conduite de la marine française depuis le 24 mai :

1° Protéger les nationaux ;

2° Appuyer par la force morale les concessions de la Turquie ; les faire accepter pour la pacification ;

3° Quand l'anarchie survient, assurer la sécurité de tous les chrétiens de l'île, le consul de Grèce ayant demandé avec raison qu'on protège ses nationaux puisqu'on ne veut pas de navires grecs. Tous les chrétiens de l'île « nationaux grecs… !!! » Enfin, M. Cambon a accepté.

[2] M. Soutzo, ancien député de Syra, membre des comités grecs annexionnistes déclare : Nous envoyons notamment des armes et des munitions en Crète. Dans une dizaine de jours les insurgés auront deux millions de cartouches et alors ils prendront l'offensive. La convocation de l'assemblée a lieu dans le but de nous faire déposer les armes en nous promettant des réformes, mais nous ne tomberons pas dans ce piège. Nous n'avons aucune confiance dans la paroles des autorités turques.

vante des ambassades : « La Sublime Porte a demandé le concours
« des consuls des grandes Puissances pour l'apaisement des troubles
« en Crète. Les six gouvernements, également soucieux de voir
« mettre un terme à une situation aussi grave, ont été unanimes à
« charger leurs représentants de conseiller à la Porte l'application
« immédiate des mesures suivantes :

« 1º Nomination d'un gouverneur général chrétien ;

« 2º Remise en vigueur du régime de 1878, en exécution de l'acte
« de Halépa;

« 3º Convocation générale de l'assemblée. — Amnistie générale ».

Que va faire le Sultan ? Son acceptation spontanée des concessions
conseillées par les Puissances porterait un coup sérieux à l'insurrection et paralyserait les immixtions étrangères ; arrachée, elle
l'exposera à une nouvelle intervention de l'Europe. On peut déjà
prévoir ce qu'il en sera.

En attendant, le calme ne renaît pas. L'on redoute des agressions
à Candie et Rethymno où les navires anglais et français constatent,
le 30, un calme de surface. Les musulmans des campagnes ne se
sont pas encore repliés sur Candie ; l'est de l'île n'a pas bougé ;
l'insurrection n'a pas gagné toute la Crète. Le pays est pourtant si
peu sûr que les députés chrétiens ne se hâtent pas vers l'assemblée.
Lord Salisbury s'inquiète des moyens de communication à leur faciliter pour venir à la Canée. Ce n'est pas le manque de communications qui s'oppose à la venue des députés et à la pacification du pays :
c'est le manque de confiance.

CHAPITRE II.

L'anarchie.

I. Berovitch-Pacha. — Concessions. — Armistice. = II. Rupture d'armistice à Khalyvès. — Agissements helléniques. = III. Troubles de
Candie. = IV. Atermoiements et pourparlers.

I.

Le 28 juin, première concession du Sultan ; Berovitch-Pacha,
chrétien, prince de Samos, est nommé vali ; il prend son poste
le 30. Abdoullah-Pacha, promu maréchal, sera commandant mili-

taire. Hassan-Pacha, mutessarif de Candie, est nommé mouchavir.
Ces choix sont accueillis avec faveur. Berovitch-Pacha, qui a été
plusieurs années mouchavir en Crète, passe pour un homme modéré
et circonspect. Hassan-Pacha, musulman estimé de ses coreligionnaires et des chrétiens, a su maintenir l'ordre dans le sandjak de
Candie. Il est regrettable toutefois, que l'ex-vali passe en sous-
ordre ; ceci pourrait bien créer des difficultés entre les deux hauts
fonctionnaires.

Dans les premiers jours de juillet arrivent à la Canée quelques
députés de Candie et de Rethymno. Ils attendent des instructions dès
chefs insurgés. Il n'est d'ailleurs pas certain que l'Épitropie accep-
tera l'arbitrage de l'assemblée. L'impression nette est que le pays ne
veut plus entendre parler d'un arrangement direct avec le gouvernement sans une sanction ou une garantie des Puissances. La Turquie ergote. Pendant ce temps les initiatives se manifestent à la
Canée.

C'est d'abord M. Billiotti qui propose de partir dans l'intérieur
avec un des commandants anglais pour procéder à une enquête et
constater les dégâts commis. N'est-ce pas la saison des promesses ?
Il reçoit même l'autorisation d'exécuter son projet. Ce rôle d'arbitre
paraît quelque peu étrange aux Français, mais comme l'idée et son
exécution comportent des risques matériels.... et moraux, chacun
en prendra sa part. Ce sera donc une expédition d'ensemble. On va
partir sur la *Blanche*, le 9 juillet pour débarquer à Khalyvès quand
un mot des ambassades, considérant le projet du consul anglais
comme inopportun, arrête ce bel élan.

C'est ensuite le commandant Drury qui propose au commandant
du *Neptune* de faire figurer un certain nombre de marins au service
religieux à la mémoire des deux cavas tués le 24 mai. Le commandant Bénier pense préférable d'y paraître seulement avec des officiers
pour éviter de transformer ce témoignage de sympathie donné à des
victimes en une manifestation internationale qui pourrait être mal
interprétée. Il doit être extrêmement persuasif, car, à la cérémonie
qui a eu lieu le 3 juillet, il se trouve bien, outre les consuls, des
officiers français et russes, mais ni un Italien, ni un Autrichien... ni
un Anglais.

Tout arrive, même en Turquie ; le 3 juillet, le vali annonce
l'amnistie générale ; le 5, la convention de Halepa est remise en

vigueur; le 6, la Porte accepte sans conditions les propositions des Puissances. L'ordre est donné aux autorités militaires de garder la défensive.

Il s'agit maintenant de faire comprendre aux Crétois que de nouvelles prétentions de leur part n'obtiendraient pas l'appui des ambassades, et que leur refus d'accepter les concessions actuelles compromettrait leurs droits aux sympathies de l'Europe. Il faut aussi modérer les députés, leur apprendre à distinguer les chimères de la réalité.

Un premier résultat est obtenu. L'Épitropie consent à un armistice de fait. Les députés des provinces, ceux réfugiés en Grèce arrivent. L'assemblée ouvre la session le 13 juillet.

II.

Un malheureux incident vient tout remettre en question. Le 12 juillet un croiseur turc a envoyé une embarcation visiter un navire chrétien en territoire insurgé, près de Khalyvès. Les chrétiens embarqués ont fusillé l'armement. Un combat s'en est suivi qui dure quatre jours au bout desquels 3,000 Turcs, appuyés par un navire de guerre, finissent par reprendre la chaloupe avec les corps des marins et rentrent dans leurs lignes. Il n'a pas tenu à la sentimentalité britannique de hâter les obsèques de ces marins. Pendant le combat, M. Billiotti engageait M. Blanc à se joindre à lui pour demander l'envoi à Khalyvès d'embarcations anglo-françaises qui ramèneraient les corps.

Cette rupture d'armistice, imputable aux Turcs, a aggravé la situation, les députés se refusant à continuer leurs travaux. Les consuls les engagent à les reprendre pour n'être pas abandonnés par l'Europe. Les députés s'y décident le 17 « par déférence pour les Puissances ». Ils adresseront peu après à Constantinople les demandes complémentaires qui ont peu de chances d'être accueillies. Quant aux musulmans, ils se déclarent sacrifiés dans le nouvel état de choses et crient à la persécution. Ils ont remis dès le 15 [1], aux

---

[1] Ce jour même, le *Neptune* partait pour Toulon (il reviendra le 12 août). La veille, 14 juillet, étaient venus à bord seize députés chrétiens et quatorze musulmans. Le voilà bien, le « péril français » signalé par les journaux grecs.

Dans le départ du lendemain, d'autres appréciateurs virent au contraire un singulier désintéressement des affaires en Crète, ressemblant à un abandon des opprimés.

consuls un mémoire sollicitant la protection des Puissances contre les empiétements des chrétiens. Ils ont quelques raisons de pouvoir compter au moins sur l'une d'elles.

Décidément, chacun n'envisage pas la situation du même point de vue. Le 18 juillet se produit, sans cause connue, une légère panique à la Canée. Le sang-froid de notre consul circulant dans les rues avec le colonel de gendarmerie, contribue à ramener le calme. Le *Hood* et la *Maria-Theresia* arment leurs embarcations en guerre et les envoient stationner à l'entrée du port. Ce que voyant, le *Cosmao* et le *Groziastchy* arment les leurs, mais les gardent le long du bord, trouvant inutile de fournir aucune excitation à une population déjà nerveuse[1]. Le *Vesuvio*, en appareillage, avait ses embarcations aux postes de mer, ce qui l'a empêché de marquer immédiatement sa manœuvre. Le 27, la panique se renouvelle, les procédés aussi, le *Vesuvio* imitant le *Hood*. Cette divergence d'attitudes n'a pas échappé au vali dont elle motive une protestation; aussi, le 3 août, le commandant Drury reçoit-il de lord Salisbury un télégramme l'invitant à se concerter avec les commandants des bâtiments présents sur rade, en vue d'adopter une règle à suivre en cas de panique pour porter secours aux nationaux. Les idées pacifiques de la France prévalent dans la conférence à bord du *Hood*.

Voici que les assassinats se multiplient à Candie. Le *Lévrier* y paraît le 19 juillet en compagnie de la *Blanche*. Le *Linois* (commandant de Surgy) arrive de France (22) et se rend à Candie (25). Le *Lévrier* rallie alors Rethymno puis la Sude.

Abdoullah-Pacha a été rappelé à l'ordre par Constantinople, pour l'affaire de Khalyvès. Berovitch-Pacha observe loyalement l'armistice et a suspendu l'exercice de la police maritime. Il est donc en droit de faire remarquer au cours d'une visite à M. Gennadis, consul du gouvernement hellénique, que l'usage de l'armistice fait par la Grèce est peu loyal. Celui-ci lui répond que les chrétiens étant menacés, il faut bien leur donner les moyens de se défendre. Le vali riposte que ce langage n'est pas celui du représentant d'une nation neutre et fait part aux consuls pour leurs gouvernements de cette conversation qui lui paraît présager de nouvelles et très graves difficultés.

---

[1] Le *Cosmao* trouvera encore, deux jours plus tard, un peu risquée l'idée du *Hood*, de tirer à poudre en cas d'émeute « pour effrayer les malfaiteurs ». Que deviendraient les nationaux si l'effet espéré ne se produisait pas?

La Grèce continuant en effet ses agissements, expédie volontaires et munitions en Crète. Les débarquements se font maintenant dans l'est de l'île, dans les provinces de Sitia et de Mirabello, tranquilles jusqu'ici[1] et dont il convient de réchauffer le zèle. Ces secours donnés aux insurgés entravent l'action pacificatrice des consuls.

III.

Au commencement d'août, la situation est très tendue en Crète; elle a empiré à Rethymno où l'on escarmouche à travers le cordon militaire ; elle est mauvaise à Candie. Dans les derniers jours de juillet, on y a brûlé des villages, saccagé des récoltes, profané une église, massacré des gens. Les musulmans se sont concentrés en Monophatsi. Zuchdi-Pacha, mutessarif de Candie, choisit ce moment pour faire évacuer deux blockhaus occupés par les troupes turques entre les villages chrétiens et les villages musulmans. C'est la rupture de la digue; le 1er août, 2,500 musulmans se réfugient à Candie. Abdoullah-Pacha a-t-il été étranger à l'ordre d'évacuation des deux blockhaus? Toujours est-il que Zuchdi-Pacha est destitué le 2 août, traduit devant un conseil de guerre et remplacé par Hassan-Pacha (mouchavir actuel). Hassan-Pacha fait fermer les portes de Candie.

Le 3 août, à la suite d'une escarmouche, on apporte deux musulmans blessés. Refus de les laisser pénétrer, désordre, intervention personnelle de Hassan-Pacha qui est insulté, bâtonné, mis en fuite sous les yeux indifférents d'un poste nombreux de soldats turcs. La populace ouvre les portes ; 10,000 musulmans entrent à Candie le 3 et le 4 (Hassan a rapporté son interdiction) et chassent de leurs maisons les chrétiens qui émigrent en masse (un seul paquebot en prend

---

[1] La partie Est de l'île, moins montagneuse que l'Ouest, a toujours été plus calme : les gens occupés à travailler ne font pas de politique. Les relations y sont certainement moins tendues qu'ailleurs; la preuve en est que les villages sont *mixtes* dans les provinces de Sitia, Hierapetra, Viano, Mirabello. Y eût-il des griefs, le soulèvement est difficile à organiser avec le village mixte, surtout quand les musulmans y sont en majorité.

Cette région est donc par excellence celle des « moutis ». Un village mouti est celui qui au début d'une insurrection a déclaré son loyalisme envers le gouvernement ou qui, soulevé, a fait sa *soumission* et déposé les armes. La situation des moutis n'est pas fort enviable; le Turc conserve sur eux un œil oblique et les frères chrétiens, quand ils en trouvent l'occasion, les punissent cruellement de leur faiblesse.

plus de 1,000). C'est l'anarchie. Les musulmans maîtres de la ville exigent le renvoi de Hassan-Pacha que le vali, sur ordre du sultan, réintègre le 8 dans son poste de mouchavir sans inquiéter les coupables. 10,000 autres musulmans se replient sur Candie. Peu après, sur l'ordre d'Abdoullah-Pacha, les troupes adandonnent définitivement l'intérieur pour se concentrer dans les villes.

Le régime classique des sorties-razzias commence sans tarder.

Le 8 août, le village chrétien d'Anopoli (13 kilomètres de Candie) est attaqué : 30 personnes massacrées. A charge de revanche ! Le 20, c'est un village chrétien, Katalagari (15 kilomètres) et un village musulman, Alagni ; le 21, 6 villages musulmans : 50 tués ; le 23, le grand village chrétien d'Arkanès. Le 24, le commandant des troupes refuse son concours pour empêcher une bande de 600 musulmans d'aller attaquer des villages chrétiens.

Voici donc l'île tout entière en état d'insurrection. La séparation entre les chrétiens et les musulmans est complète ; les premiers sont à la montagne où la concorde ne règne pas plus qu'ailleurs, les seconds dans les villes. Le vali est impuissant. Ibrahim-Pacha (qui a remplacé Abdoullah-Pacha le 13 août) répond aux observations de Zichni-Pacha, qu'il agit sur ordres directs de Constantinople. Il n'y a pas à se le dissimuler, Abdul-Hamid continue à jouer un double jeu, promettant aux Puissances des réformes qu'il saura bien empêcher d'aboutir. Ibrahim-Pacha est le chef inavoué de cette résistance sournoise, d'autant plus facile à entretenir que les musulmans sont inquiets des réformes et de la pacification à leur détriment. Ils en arrivent à des desiderata que n'a pas prévus le sultan. A Candie, par exemple, les musulmans souhaitent l'annexion à la France !... La France n'y songe guère. Les consuls ont pu jusqu'ici, avec l'appui moral des navires de guerre [1], limiter la reprise des massacres [2] mais il faut qu'une solution intervienne au plus tôt.

<h2 style="text-align:center">IV.</h2>

Le sultan, toujours à l'affût des atermoiements, l'a trouvé, le remède : l'envoi d'un commissaire impérial chargé d'une mission

---

[1] Le *Léger* a remplacé le *Lévrier* le 16 août.

[2] A Rethymno, les musulmans que le mutessarif a empêché d'aller razzier, ont fait le 25 une manifestation tumultueuse avec pillage de quelques vivres.

pacificatrice et autorisé à examiner les demandes des chrétiens. Zichni-Pacha, vali de Brousse, est arrivé le 13 août, accompagné du général de division Ibrahim-Pacha remplaçant Abdoullah-Pacha. Impression déplorable sur les Crétois qui se croient abandonnés des puissances. Ils ont déclaré ne vouloir traiter avec le commissaire qu'en présence des consuls.

Mais, d'autre part, Zichni-Pacha étant envoyé par le sultan en dehors des ambassades, celles-ci ne peuvent autoriser les consuls à intervenir dans les pourparlers et ne veulent cependant pas, dans l'intérêt de la Crète, le leur interdire. Elles ont fait remarquer à Abdul-Hamid les dangers de cette mission qu'il a déclaré être temporaire et « d'informations ». Les consuls ont déconseillé à Zichni-Pacha l'action isolée. Il a déjà proposé aux députés de traiter avec la Porte, sans intermédiaire; sa proposition n'a pas eu de succès. Cette mission malencontreuse n'aura d'autre résultat que de retarder la pacification. Puis un revirement se produit chez les puissances, qui, le 20, déclarent très important d'éviter la rupture définitive entre le commissaire et les députés chrétiens... En quoi cela avancera-t-il les choses ?

C'est à Constantinople en effet que le problème doit se résoudre[1]. Les ambassades y travaillent. Elles sont autorisées (22 août) par leurs gouvernements à prêter leur concours préliminaire pour régler la question crétoise. De leur côté, les députés acceptent la médiation des puissances. On apprend le 26 que les propositions des ambassades, très favorables aux Crétois[2] sont acceptées et soumises à la sanction impériale.

Il faut encore rassurer les musulmans en leur promettant que les droits de la minorité seront respectés. Les énergumènes de cette minorité veulent naturellement procéder par l'intimidation. Dès le 28, une bande de musulmans, sous les yeux des soldats, brûle une partie du village de Platania (12 kilomètres de la Canée), tue 8 personnes et en blesse 5. Les agents consulaires redoutent pour

---

[1] Dès le 19, M. Blanc déclare inutile de chercher à régler la question actuelle à la Canée; seul un accord intervenu entre la Porte et les ambassades et « imposé aux Crétois », a chance d'être accepté par eux.

Voici un consul qui connaît bien la Crète.

[2] Abdul-Hamid ne retire cette fois aucun bénéfice apparent de son inertie; les propositions des Puissances acceptées le 26 août sont autrement complètes et avantageuses pour les Crétois que celles du 25 juillet.

le 31 août, anniversaire de l'avènement d'Abdul-Hamid, des massacres à Candie. Aussi les consuls requièrent et obtiennent des ordres sévères de Constantinople enjoignant aux autorités militaires de maintenir l'ordre et de prêter un concours absolu au vali. C'est le seul moyen de ne pas échouer au moment où l'on espère achever l'œuvre pacificatrice. Grâce à quoi le 31 se passe fort tranquillement comme toutes les fois que les Crétois se sentiront maintenus par une autorité ferme et décidée. On attend la promulgation du « Règlement ».

CHAPITRE III.

Le règlement.

Notification. — Acceptation. — Promulgation.

Le « Règlement » du 25 août 1896[1] parvint le 30 au consul de France qui le communiqua au corps consulaire. Les concessions de cet arrangement formaient dans l'esprit des puissances le maximum de ce que l'on pouvait actuellement recommander au Sultan. Elles étaient en même temps pleinement suffisantes pour l'administration de l'île et pour donner une satisfaction équitable aux vœux des Crétois.

Notification en fut faite aux députés chrétiens le 1er septembre. Ils avaient trois jours pour déclarer leur acceptation sans réserves. Les puissances donneraient alors, comme preuve d'intérêt, leur consentement à la surtaxe douanière de 3 p. 100 demandée par les Crétois et destinée aux indemnités des dommages causés par les derniers événements, sous la réserve essentielle d'en faire surveiller l'emploi par les consuls. L'acceptation impliquait naturellement la cessation immédiate des hostilités et le retour à l'ordre. Le refus, au contraire, mettrait fin à la médiation des puissances et à tout avantage qui en résulterait pour les Crétois. Il allait de soi que la continuation de l'insurrection après l'acceptation de l'arrangement le rendrait nul et non avenu. Les députés chrétiens ayant communiqué le règlement aux chefs du gouvernement provisoire[2], déclarèrent, le 4 septembre, leur acceptation.

---

[1] Voir appendice II, page 344, le texte du règlement.

[2] Il y avait quelque chose de ce nom à la montagne depuis une quinzaine, en plus de l'épitropie et de ses ramifications.

Les intéressés témoignaient leur satisfaction et adressaient des remerciements aux consuls. Les députés musulmans informés officieusement du règlement paraissaient rassurés. Mais tout n'était pas fini ; il fallait encore désagréger prudemment les agglomérations de réfugiés et de belligérants, aider les malheureux rentrant dans les ruines de leurs maisons, à reconstruire un foyer, tenter enfin, si possible, le désarmement d'une population vivant dans un état social et économique singulièrement arriéré. Pour faire face au plus pressé, les consuls demandèrent, dès le début de septembre, aux ambassades qu'on mît à la disposition du vali, par voie d'emprunt garanti par la surtaxe douanière et le double droit existant déjà sur le sel, le timbre et le tabac, une somme de 100,000 livres turques (2,300,000 francs) nécessaire pour opérer le retour des déracinés.

A vrai dire, ni les agitations musulmanes, ni la Porte, ni la Grèce ne favorisaient l'achèvement de l'œuvre. Dans la nuit du 1er au 2, de grossiers placards affichés à la Canée invitaient les musulmans « à rougir leurs vêtements du sang des infidèles en vue du jour où ils comparaîtraient devant Dieu ». Abdul-Hamid, regrettant déjà le consentement arraché, découvrait de nouvelles difficultés.

M. Gennadis, consul général de Grèce, chargé d'intérêts considérables et cependant tenu, au point de vue politique, hors du concert européen, accueillait et transmettait aux ambassades des revendications n'émanant pas de députés. Les consuls firent remarquer aux ambassades que le consul de Grèce tentait de substituer son intermédiaire à celui de la commission consulaire[1], fait d'autant plus regrettable que les musulmans avaient espéré voir la surveillance des puissances exclure l'action perturbatrice de la Grèce.

Le 11 septembre arrivait l'ordre de promulgation du règlement aussitôt affiché. En même temps, l'emprunt de 100,000 livres était autorisé ; Berovitch-Pacha était nommé gouverneur général pour cinq ans avec promesse bienveillante d'être prochainement élevé au rang de vizir.

Une phase de l'évolution de ce malheureux pays se trouvait terminée. Le rôle joué par la marine française dans tous ces événements avait été modeste en apparence, mais l'effacement volontaire des acteurs n'avait pas diminué leur heureuse influence et, pour être

[1] Commission consulaire constituée en vertu de l'article XIV du règlement.

restés « dans la coulisse », les commandants Bénier, de la Maisonneuve, de Surgy, n'en avaient pas moins rendu des services à la cause
des opprimés, la seule intéressante, contrariant en même temps avec
adresse les visées trop personnelles de l'Angleterre. Plus immédiatement en scène, notre consul, M. Blanc, avait été l'homme de la
situation. Le désintéressement sincère de la France dans l'affaire
crétoise avait permis à son représentant de ne pas dévier d'une
même ligne de conduite dont son tact et son habileté remarquables
avaient grandement contribué à obtenir les heureux résultats [1]. Le
commandant Marquis [2] pouvait constater à son arrivée que la sympathie reconnaissante de tous, autorités civiles et militaires, chrétiens, musulmans, était acquise à ces hommes et, par eux, à la
France.

CHAPITRE IV.

Les embarras financiers.

I. Difficultés. = II. Complications.

I.

Le *Marceau* arrivait à un tournant de la saison et de l'histoire.
Tous les bâtiments présents en Crète [3] ralliaient la Sude en prévision
de l'hiver. L'Europe allait constater une fois de plus, qu'en pays
turc il y a loin des réformes à leur application. Toutes les difficultés
étaient surmontées en principe ; restait à tout organiser, à commen-

[1] M. Blanc fut nommé, au début d'octobre, consul général de France à la Canée qu'il
ne quitta qu'en 1901 pour prendre le poste de Smyrne conservé jusqu'à sa nomination de
ministre de France, en décembre 1909. A Smyrne comme en Crète, il a laissé la réputation d'un consul singulièrement éclairé, ferme et dévoué aux intérêts de la France et de
ses nationaux.

L'odyssée de son départ de la Canée après intervention d'un très haut personnage
serait curieuse à raconter, mais ceci est une autre histoire.

[2] Le *Marceau* (commandant Marquis) remplaça, le 14 septembre, le *Neptune* partant
pour la France. Le *Wattignies* (commandant de Mazenod) arrivé le 10, releva le 11, à
Candie, le *Linois* rentrant en France. Lui-même y fut temporairement remplacé le 14
par le *Vautour* (commandant de Carfort), arrivé le 13, qui rallia la Sude le 23. Le *Vautour* partira le 9 novembre pour Alexandrette. Le *Cosmao* était parti le 8 septembre pour
le Pirée et la France; le *Léger* dès le 28 août pour Constantinople.

Le 18 novembre, le *Marceau* rentrera en France, laissant le *Wattignies* seul en Crète.

[3] *Hood, Dolphin, Blanche, Maria-Theresia, Liguria, Groziastchy.*

cer par la gendarmerie et la justice. Le Sultan avait pris toutes ses mesures pour ne rien faciliter et décourager les meilleures volontés. L'attention de l'Europe, au surplus, se détournait déjà de la question crétoise. Cette question n'était-elle pas réglée ?

Non, car la situation n'était pas de celles qui se dénouent en un jour. Encore une fois, on ne fait rien sans argent, et le vide absolu des caisses publiques restait fort inquiétant malgré la cessation officielle de l'insurrection, la rentrée des réfugiés et le départ d'une partie des troupes[1]. La misère est mauvaise conseillère, et, pendant que les musulmans s'imaginaient à nouveau être sacrifiés, les chrétiens, se grisant du succès obtenu, regrettaient déjà de n'avoir pas demandé davantage.

Les consuls sentant tout le danger de la situation cherchèrent à tourner la difficulté. Une commission d'experts nommée par le vali, établirait rapidement la liste des indemnités ; les Crétois figurant sur cette liste, et jouissant par là même d'un certain crédit, trouveraient, sans attendre, l'argent promis, à escompter de suite auprès des juifs pour commencer à reconstruire leurs maisons. Il fallait pendant ce temps hâter l'emprunt que la surtaxe douanière, fonctionnant déjà, servirait uniquement à garantir. La Porte agréa directement l'emprunt, acceptant en même temps, la commission d'organisation de la gendarmerie.

Autant dire de suite que cet emprunt ne fut jamais contracté. D'une banque d'Alexandrie à M. Reed, à un représentant de la Dette ottomane, à la Banque de Paris et des Pays-Bas, les négociations se succédèrent sans aboutir avant les troubles de 1897. Il en fut de même, d'ailleurs, de l'organisation de la gendarmerie et de la justice qui ne reçurent qu'un commencement d'exécution. La commission des indemnités subit également des retards et des délais fort nuisibles à son efficacité.

---

[1] Il y avait en Crète 15,000 soldats avant l'insurrection de 1896, 22,000 à 25,000 à la fin de cette insurrection. Il en restait 10,000 à la fin de décembre.

Il semble que la Turquie n'a pas eu ici les effectifs considérables que d'aucuns lui ont prêtés, 40,000 selon les uns, 100,000 (!) suivant d'autres.

Elle avait, en 1878, 20,000 hommes, réduits à 7,000 pendant la guerre russo-turque sans que les insurgés aient jamais songé à attaquer sérieusement les lignes défendues.

En 1885-1886, la Turquie renforce de 9,000 à 11,000 hommes ce que Edhem-Pacha trouve suffisant. En août 1889, il y a dans l'île 14,000 soldats portés peu après à 25,000, que la faillite grecque permet de ramener à 10,000 en 1893.

II.

M. Gennadis et les avocats philhellènes ne restaient pas inactifs, insinuant aux Crétois que les Puissances les trompaient, que leur seule amie était la Grèce. M. Gennadis se livrait aussi à une campagne plus personnelle contre les consuls de France et d'Angleterre qu'il cherchait à faire déplacer. De leur côté, les consuls jugeaient utile le remplacement du consul de Grèce. — Les alertes ne cessaient pas complètement, et si le consul grec et ses avocats ne combattaient encore que par la parole et par la plume, d'autres employaient des arguments moins esthétiques. Le 11 octobre, le commodore et les troupes turques de l'arsenal de la Sude, jugèrent bon de protéger 5 malfaiteurs musulmans ayant maille à partir avec deux gendarmes chrétiens pour cause de guet-apens. Ce geste, il est vrai, coûta sa place au commodore[1] relevé le surlendemain par Constantinople, après plainte de notre consul au vali, sur rapport du commandant Marquis. Puis ce fut, en novembre, l'incident des tribunaux rétablis sous leur forme ancienne par la Porte qui dut revenir sur cette décision après protestation des consuls.

Le malheureux Berovitch-Pacha se débattait dans une impasse, sans autorité, sans argent, sapé sournoisement par Ibrahim-Pacha, commandant militaire, dépositaire de la bonne parole..... et de la force armée. Le 12 novembre, l'arrestation d'un musulman causait des troubles à la Canée. Le vali somma en vain le général commandant la place (en l'absence d'Ibrahim-Pacha) d'employer la force. Le konak fut menacé. Berovitch-Pacha, sans moyens d'action, « n'étant plus qu'un homme », dut élargir le prisonnier. De nouvelles proclamations appelaient les musulmans à la guerre sainte. Le vali ne pouvant rien contre les menées musulmanes chercha du moins à se débarrasser d'un autre péril en demandant, inutilement d'ailleurs, vers la fin de novembre, le rappel de M. Gennadis dont l'attitude était tout autre que celle de la conciliation[2].

---

[1] Son successeur fut remplacé, le 29 mars 1897, par Sami-Pacha, heureux amiral dont on ne parlera plus que pour l'embarquer à bord du *Fuad*, le 15 novembre 1898.

[2] Les beaux jours sont loin ! En 1886, M. Zigomala, consul de Grèce à la Canée, se livrant à une propagande insurrectionnelle au profit de la Grèce, le gouvernement turc interdit d'abord les dépêches chiffrées entre la Crète et la Grèce, puis, un mois plus

Bref, l'éclaircie de septembre n'a pas duré ; l'horizon un moment dégagé se charge à nouveau. L'emprunt est en souffrance, les commissions des indemnités, de la gendarmerie, de la justice n'aboutissent pas. L'agitation philhellène, les excitations musulmanes continuent. La présence, en décembre, du général Sad-Eddin-Pacha, envoyé par la Turquie pour accomplir les réformes, a encore inquiété les uns, excité les autres. Les musulmans n'ont que partiellement évacué les villes pendant que les chrétiens reprennent déjà la campagne. On n'a rien gagné matériellement depuis quatre mois ; on a moralement beaucoup perdu ; l'avenir est bien sombre.

tard, expulsa M. Zigomala sans autre forme de procès. En ce temps-là la Turquie avait la décision prompte.

Un peu trop parfois encore ; en 1896, au moment des affaires de Métclin, la Sublime Porte opposait des difficultés à la transmission des télégrammes chiffrés entre les ambassades et les forces navales, sans paraître voir les inconvénients qui en pouvaient résulter pour elle-même.

DEUXIÈME PARTIE.

LES AMIRAUX.

CHAPITRE PREMIER.

Les troubles de février 1897.

. Galata. == II. Le 4 février à la Canée. == III. L'*Hydra*.

I.

Les assassinats recommencèrent avec la nouvelle année, isolés d'abord et à caractère de vendettas. Pourtant le 5 janvier, 2,000 chrétiens en armes bloquèrent la Canée, croyant à un massacre des leurs. Les consuls réussirent à obtenir leur dispersement. Une alerte à Candie, avec pillage, attentats, 10 victimes, motiva, le 28 janvier, l'envoi du *Wattignies* [1] pour deux ou trois jours. Chacun de ces crimes restait sans lendemain et l'optimisme se défendait encore, ne croyant pas à des troubles sérieux, fondant un dernier espoir sur l'arrivée des Monténégrins [2] devant constituer la gendarmerie international. Le *Suchet* [3] était parmi les optimistes.

L'incendie du village chrétien de Galata, à 6 kilomètres de la Canée, dans la nuit du 31 janvier, par une bande de musulmans, vient balayer les dernières illusions. Les chrétiens rispostent le 1er février par l'incendie de 5 villages musulmans autour de la Canée et une fusillade dirigée des hauteurs de Malaxa sur la Sude. Les

---

[1] Le *Wattignies* avait été rappelé, dès le 9, du Pirée à la Sude où se trouvaient avec lui le *Barfleur*, l'*Etna*, la *Maria-Theresia* et le *Zaporojetz*.

C'est à cette époque que le *Barfleur* prit l'initiative d'installer un bureau télégraphique à la Sude (le bureau de l'arsenal était alors réservé au service de l'État). Après entente, ce nouveau bureau, desservi par l'Eastern Telegraph Cᵒ, devint international.

[2] Deux détachements arrivèrent le 31 janvier et le 9 février. Leur cantonnement provisoire donna son nom actuel à la « place des Monténégrins ».

[3] L'amiral Pottier, venu dans le Levant avec la *Dévastation* (Métélin) avait remis, le 18 janvier, le service au *Bugeaud* (commandant Bigant) qui rentra en France quelques jours après. Le *Suchet* (commandant Hennique), prenant le commandement supérieur des bâtiments du Levant, arriva le 26 janvier à la Sude.

communications télégraphiques étant menacées, le *Barfleur*, aussitôt imité par le *Suchet*, débarque un détachement à la Sude pour garder la maison du télégraphe. Voici les premiers étrangers débarqués en armes ; voici les pavillons anglais et français flottant en Crète. Le *Suchet* appelé par le consul général se rend à la Canée où il mouille le 2 au matin. La fusillade continue à la Sude le 2 et le 3. Dans la campagne, les troupes turques ont cherché à séparer les combattants ; de même le 3 à la Canée où l'on tiraille dans les rues. Les soldats turcs ont reçu l'ordre de ne pas tirer, du moins en ville ; ils ont respecté la consigne pendant plus d'une heure et n'ont ouvert le feu, avec modération, qu'après avoir eu plusieurs tués et blessés. Le commandant militaire, Ibrahim-Pacha, non content de bien tenir ses troupes en main, s'est montré ferme et prudent en refusant des cartouches à la population musulmane de la Canée. En somme, le général et ses troupes ottomanes ont eu une belle attitude. Jusqu'au 3, le péril n'a menacé ni les étrangers ni ceux de leurs protégés qui se tont tenus à l'abri de la fusillade.

Le 3, le danger se dessine ; une grande effervescence règne à la Canée à la nouvelle que des milliers de chrétiens marchent sur la ville. Tous les consuls demandent aux navires de prendre leurs mesures pour un embarquement éventuel des chrétiens, ce qui est fait. Ils craignent que les troupes ottomanes ne soient insuffisantes pour maintenir l'ordre et que la populace musulmane de la Canée ne massacre tous les chrétiens, Européens compris. Trois consuls se rendent avec le vali au-devant des insurgés pour leur demander d'arrêter leur marche en avant sous peine de causer le massacre de leur coreligionnaires de la ville. Cette mission n'aboutit pas ; ils doivent rebrousser chemin devant la fusillade sans avoir pu communiquer avec les chefs insurgés [1].

II.

Le 4 février, à 3 h. 30 du soir, une terrible fusillade éclate à la Canée derrière laquelle se voient de nombreux incendies. Les musulmans ont-ils été affolés par les rassemblements d'insurgés ? Ont-ils plutôt voulu prendre leur revanche du 1er février ? Ont-ils

[1] Livre jaune, 3 février 1897.

simplement cédé aux excitations des agitateurs du dedans et du dehors ? Il est difficile de discerner la part de chaque mobile dans ces soubresauts d'un pays tétanisé par la frayeur et le fanatisme. Les musulmans, y compris cette fois nombre de soldats, tirent à tort et à travers. Panique intense ! Les commandants des navires de guerre se rendent à terre avec leurs embarcations armées ; le commandant Hennique a fait dissimuler les canons et les armes au fond des canots pour garder une apparence pacifique. A peine sont-ils dans le port qu'une foule de réfugiés se présentent. On en recueille un grand nombre sans distinction de nationalités, puis, le premier moment de panique passé, les officiers du *Suchet* n'accueillent plus que les nationaux, les protégés français et les réfugiés dont les pavillons ne sont pas représentés sur la rade. Le commandant Hennique envoie également à Halépa et à l'usine française de Kenouria-Kora, des embarcations qui ramènent Français et chrétiens au *Suchet* [1] où se réfugient aussi M. Blanc et sa famille. Le commandant Hennique reconduit le consul à terre, à 9 heures du soir, trouvant avec lui que sa place est à la chancellerie [2].

La fusillade a presque cessé ; la conduite des autorités a été très correcte. L'ordre a été rétabli par la troupe [3]. Les rues sont gardées militairement et des patrouilles empêchent toute circulation. Un vaste incendie règne encore en ville. 1,000 chrétiens se sont réfugiés à la mission française [4]. Le consul général et le commandant du *Suchet* se rendent sans retard auprès d'Ibrahim-Pacha et obtiennent facilement, vers 11 heures du soir, pour ces malheureux, une garde militaire. Le commandant Hennique les rassure et leur donne en outre un poste de 10 marins armés. Il détache encore 5 hommes en armes au télégraphe à l'imitation du *Barfleur* ; enfin, 2 marins armés formeront la garde du consul [5].

---

[1] 200 réfugiés à bord du *Suchet*, 400 le lendemain, y compris les Français.

[2] Les consulats étaient établis dans le faubourg chrétien de Halépa séparé de la Canée (2 kilomètres) par le faubourg de Koum-Kapou (Benghaziotes). Quelques chancelleries étaient à la Canée même.

Les consulats furent en partie évacués le 4, puis Halépa complètement le 5.

[3] D'après Ibrahim-Pacha, commandant militaire, 52 soldats tués ou blessés du 1er au 5 ; fort peu de victimes chez les chrétiens en dehors de Galata.

[4] Dans l'église catholique. Le 5, le commandant du *Suchet* ordonne le désarmement immédiat de 135 d'entre eux qui ont conservé leurs fusils.

[5] L'histoire ne dit pas si M. Blanc arbora ce soir-là la casquette de capitaine de frégate qui lui semblait un précieux talisman pour circuler indemne dans les rues. M. Blanc a

Le 5, la fusillade ne reprend pas, mais il faut lutter toute la journée contre l'incendie qui se rapproche de la mission. Les pompes des bâtiments sont à terre et les marins rivalisent de dévouement. Mais l'eau manque, il faut abandonner la partie, il n'y a plus d'espoir de sauver l'église catholique et l'on songe à évacuer les réfugiés à la chancellerie et à bord. A ce moment arrivent de nombreuses troupes turques sous la direction d'Edhem-Pacha commandant de la place, et, grâce à leur concours, le feu est presque éteint à la fin de la nuit. Le commandant du *Suchet* adressera ses remerciements à Ibrahim-Pacha pour ce nouveau service.

Le 6, le calme persiste en ville; à l'extérieur, la fusillade continue et les incendies se rapprochent avec les chrétiens. Comme la veille, les réfugiés de la Canée, puis de Halépa s'embarquent en masse sur les navires de guerre à destination de Milo. Tous les chrétiens de la Canée, une bonne partie de ceux de Halépa, sont partis ou embarqués [1].

Le 7 et le 8 il faut encore reprendre la lutte contre l'incendie sur divers points de la ville. Ismaïl-Bey, mouchavir, successeur de Hassan-Pacha, avec lequel les relations restent correctes et courtoises, remercie les navires de guerre du concours prêté.

On a plaisir à constater que le danger rapproche par leurs sentiments nobles, humains et généreux des éléments bien disparates. Pendant ces quelques jours, la fermeté bienveillante des autorités turques, le dévouement des marins des bâtiments présents à la Canée [2], ont puissamment contribué à sauver des milliers de personnes du massacre et de l'incendie. C'est avec satisfaction également qu'on remarque une grande cordialité dans les rapports anglo-français. L'entente entre le commandant Hennique et le commandant Custance du *Barfleur* est complète. Le commandant du *Scout* écrit de la Sude : « The *Wattignies* remains here at present and her pleasant manner of cooperating with us is the one bright spot in the situation ».

<hr>

montré à diverses reprises assez de sang-froid pour que ce geste ne soit qu'une indication du danger que l'on courait alors à la Canée.

[1] Le 6 au matin, tous les réfugiés de l'église catholique ont disparu pour gagner quelque navire; il n'y reste plus que les dix marins français.

[2] *Barfleur, Nymph, Suchet, Etna, Nicolas Ier, Zaporojetz, Maria-Theresia, Sebenico.* Le *Forbin* (commandant Lamson) arrive le 5. Le 5, le *Wattignies* va prendre les protégés à Rethymno et rallie la Sude.

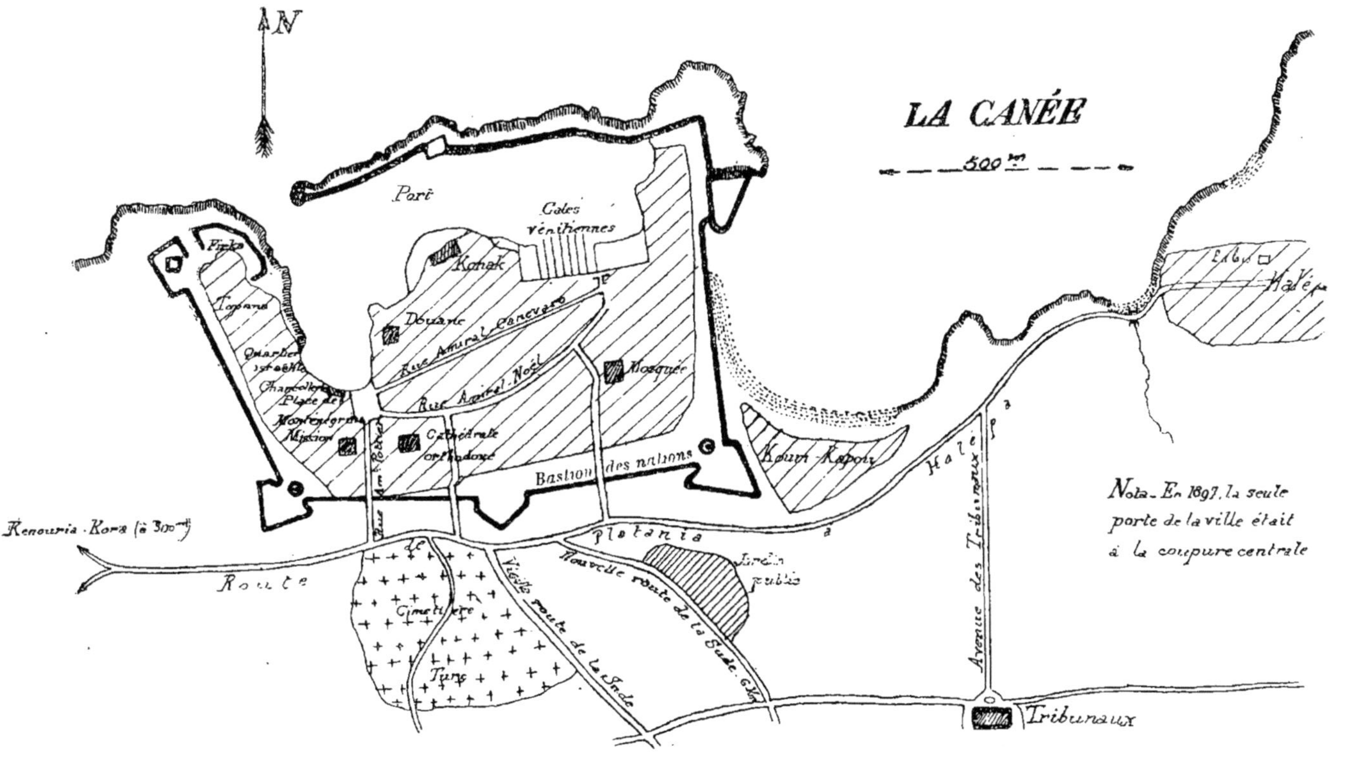

N
LA CANÉE
500 m
Port
Cales Vénitiennes
Konak
Douane
Rue Amiral Canevaro
Rue Amiral Noël
Mosquée
Cathédrale orthodoxe
Bastion des nations
Platania
Koum-Kapou
Halépa
Egl. Halépa
Fieło
Tophané
Quartier israélite
Chancellerie
Place du Montenegro
Mission
Renouria-Kora (à 300 m)
Route
Cimetière
Turc
Nouvelle route de la Sude
Vieille route de la Sude 6 k.
Jardin public
Avenue des Tribunaux
Tribunaux
Nota. En 1897, la seule porte de la ville était à la coupure centrale

L'exode sur Milo, Syra, Santorin, le Pirée continuait. Les embarcations du *Suchet* avaient transporté pendant ces quatre jours 729 personnes de nationalités et de religions diverses.

Les nouvelles de Rethymno et de Candie n'étaient pas satisfaisantes. A Candie, 2,000 musulmans avaient pillé un dépôt d'armes de l'arsenal pour répondre au geste des partisans chrétiens retenant des Turcs prisonniers dans la campagne. A Candie, comme à Rethymno, la population empêchait le départ des chrétiens tant que les musulmans prisonniers ne seraient pas libérés.

Le 9, le consul général de France, rentré des premiers à Halépa, invitait les insurgés s'avançant pour attaquer la Canée par ce point à considérer le faubourg comme territoire neutre. Il lui fut répondu que l'on ne commettrait aucun acte d'hostilité à Halépa, mais que dans le cas où arriveraient les canons attendus de Grèce, on devrait les placer sur les hauteurs de l'Akrotiri pour bombarder la Canée. On préviendrait alors le consul.

Le lendemain tous les consuls étaient réinstallés à Halépa avec des gardes de marins (12 hommes) et quelques Monténégrins envoyés par le vali. Il ne restait plus à la Canée que des musulmans et quelques protégés français réfugiés à la mission. Un certain nombre de chrétiens étaient rentrés à Halépa. 30 marins du *Suchet* gardaient : à Halépa, le consulat; à la Canée, la mission, la chancellerie, le télégraphe. Le 11, le commandant Hennique se rangeait sous les ordres de l'amiral Pottier arrivant avec le *Troude* (commandant Aubert)[1].

III.

D'autres bateaux étaient arrivés, qui, eux, ne portaient pas le rameau d'olivier. L'*Hydra* et le *Mykalis* mouillaient le 7 février au matin à la Canée[2]. Les bâtiments présents saluaient à 8 heures le gui-

---

[1] Le contre-amiral Harris arriva le 10, le contre-amiral Gualterio le 11, le contre-amiral Andréeff le 14.

Présents à la Canée, le 11 février : *Troude* (contre-amiral), *Suchet*, *Revenge* (contre-amiral), *Barfleur*, *Maria-Theresia*, *Morosini* (contre-amiral), *Ruggiero-di-Lauria*, *Nicolas Ier*, *Grosiastchy*, *Mikalis* (grec). L'*Amiral-Charner*, arrivé le 14, arbora aussitôt le pavillon de l'amiral Pottier.

Présents à la Sude : *Wattignies*, *Scout*.

Présents à Candie : *Trafalgar* (anglais), *Nymph*, *Stromboli* (italien); *Zaporojetz*).

Présents à Rethymno : *Forbin*, *Fearless* (anglais), *Dragon* (anglais), *Sitil* (russe).

[2] L'*Alphios*, le 8 à midi,

don du commodore de Reyneck; mais l'*Hydra* oubliait de saluer la terre, et le commandant du *Barfleur* dut en exprimer amicalement sa surprise au commandant grec qui répara son oubli à 3 heures du soir.

Le commodore de Reyneck s'inquiétait presque aussitôt de savoir quelle serait l'attitude des internationaux si, ayant eu quelques marins molestés à terre, il bombardait la Canée. On lui fit comprendre que la question ne se posait pas et qu'en s'abstenant d'envoyer des marins à terre, il supprimerait tout risque de complication. Pendant ce temps, les bâtiments grecs recevaient des chefs insurgés. Ils embarquaient également des réfugiés pour lesquels le *Suchet* leur offrit les soins de son médecin et le concours de ses embarcations.

Ce que venaient faire les bâtiments grecs en Crète, il n'était que trop facile de le savoir. Débordé par l'opinion publique à la suite d'une dépêche de son consul : « Aucun espoir, tous les chrétiens de la ville seront massacrés » — M. Gennadis n'avait guère d'ailleurs chez lui qu'une centaine d'hommes armés, — le gouvernement hellénique avait envoyé une division navale en Crète pour soutenir les chrétiens. Ceux-ci annonçaient, dès le 6, le plan d'attaque : les bâtiments grecs bombardant la Canée pour que les insurgés lui donnent ensuite l'assaut. Le plan était grandiose, comme beaucoup de plans irréalisables. Comment admettre que les bâtiments, détachés à la Canée par les puissances qui avaient pris en main l'affaire crétoise, toléreraient une pareille manifestation de la Grèce ?

L'*Hydra* s'étant éloigné de la Canée, le 9, avec l'*Alphios*, les commandants examinèrent aussitôt, dans une conférence[1] à bord du *Barfleur*, les difficultés que pouvait provoquer la division grecque dans les eaux crétoises et prirent des décisions en conséquence :

1º En cas d'avis reçu du commandant des forces grecques qu'il a l'intention d'ouvrir les hostilités, il sera prévenu que, dans l'ignorance d'une déclaration de guerre, les navires demandent quarante-huit heures pour communiquer avec leurs gouvernements et leur demander la conduite à suivre;

2º S'il déclare ne pouvoir accorder ce délai, on lui fera remar-

---

[1] Le commandant Hennique, comme le commandant Bénier, avait suggéré l'idée des conférences pour entente préalable. Ces conférences étaient grandement facilitées par la cordialité des relations avec le commandant Custance du *Barfleur*.

quer qu'il y a à terre des pavillons et des détachements de marins qui ne seront pas supprimés avant les quarante-huit heures sans un ordre des gouvernements;

3º S'il passe outre ou s'il tire avant que les pavillons soient rentrés, les bâtiments ouvriront tous le feu sur lui. (Cette dernière mesure, soumise préalablement à l'approbation des gouvernements fut ratifiée sans retard.)

CHAPITRE II.

Débarquements.

I. Le prince Georges. — Le *Fuad*. — Fuite de Berovitch-Pacha. = II. Occupation de la Crète. — Débarquement du colonel Vassos. = III. Protection des villes du littoral.

I.

Deux visites reçues par l'amiral Pottier au lendemain de son arrivée caractérisent la physionomie de la situation.

Le vali, Berovitch-Pacha, complètement découragé par les derniers événements, affaissé, incapable de prendre aucune décision, est la personnification de l'autorité turque définitivement discréditée en Crète.

Le prince Georges arrivant pour démonstration navale, action peut-être, avec le yacht *Sphacteria* et quatre torpilleurs, est bien le fils de la Grèce aux idées vastes, aux décisions promptes? « Qu'y a-t-il d'embarrassant dans la question crétoise ? La solution du problème est toute indiquée : amener le pavillon turc, hisser à sa place le pavillon grec. »

Le prince, d'ailleurs, ne s'attarde pas aux contingences. Informé que la Porte s'est engagée à ne pas envoyer de troupes en Crète, que par suite sa présence n'a pas de raison d'être, qu'elle surexcite les musulmans et risque de retarder la solution crétoise, il n'a qu'une réponse : il a des ordres, il restera en Crète. — Il repart le soir même pour Milo et ne reparaît plus.

Ce même jour, 12 février, l'aviso grec *Miaoulis* ouvre le feu sur le transport turc *Fuad* portant des troupes de Candie à Sitia et l'oblige à rentrer à Candie. Ce premier geste pouvant ne pas avoir les conséquences que rêvent les Hellènes, les Amiraux[1] avisent de suite aux moyens d'en prévenir le retour. N'ayant pas encore tous l'autorisation de leurs gouvernements d'employer la force pour empêcher les actes d'hostilité, ils adressent des remontrances au commodore de Reyneck (revenu le 12 à la Canée), l'invitant à se soumettre aux règles du droit international[2], attirant son attention sur les conséquences qu'il risquerait à passer outre à cette déclaration. Le commodore répond fort élégamment qu'il commande une division comprenant l'*Hydra*, le *Mykalis*, l'*Alphios* et le *Pinios*, qu'aucun des bâtiments placés sous ses ordres n'a commis d'acte d'hostilité, et qu'il s'étonne d'avoir été l'objet de remontrances.

Comme les Amiraux ne sauraient perdre beaucoup de temps à jouer sur les mots, et qu'ils ont reçu de leurs gouvernements l'autorisation attendue, ils décident d'employer la force pour empêcher les hostilités. A la note l'en informant, le commodore répond, le 17, que les navires helléniques sont venus pour contribuer à la protection des sujets hellènes et des chrétiens, que si « le commandant du *Miaoulis*, à la conduite duquel MM. les commandants supérieurs font apparemment allusion, a dû employer les moyens admis en pareille circonstance, ce n'est que dans l'accomplissement de sa mission ». Il ajoute qu'il attire l'attention de MM. les commandants supérieurs sur la responsabilité qu'ils assumeraient en voulant l'empêcher d'accomplir sa tâche.

Pendant ce temps, les escarmouches continuaient autour de la Canée, principalement entre les avant-postes turcs de Halépa et les lignes de l'Akrotiri où le canon se faisait entendre le 14. Les bâtiments grecs étaient constamment en mouvement sur la côte. Le consul général de Grèce amenait son pavillon[3] et se retirait à bord de l'*Hydra*. D'autre part on annonçait des massacres, 300 musulmans à Sitia, 180 à Sélino.

Le 13 février, le vali démoralisé abandonnait le konak et se réfu-

---

[1] Ce terme « les Amiraux » représentera désormais au cours de ces pages le Conseil des commandants supérieurs des diverses marines représentées en Crète.

[2] Il a violé le droit des gens en attaquant les Turcs sans aucune déclaration de guerre ayant précédé ou suivi son acte.

[3] Il prétendait le rehisser le 17, mais les amiraux ayant pris la Canée sous leur protection jugèrent inutile cette provocation à l'égard des musulmans et l'invitèrent à le rentrer. Ils le prièrent également de renvoyer à bord de l'*Hydra* un détachement de marins grecs en armes resté au consulat.

giait à bord d'un cuirassé russe. Il adressa le lendemain sa démission au sultan qui lui répondit par l'ordre de retourner à terre et de reprendre son poste. Berovitch-Pacha prit... le paquebot et quitta la Crète. Il ne fut pas remplacé ; le mouchavir Ismaïl-Bey remplit les fonctions de gouverneur intérimaire jusqu'au 4 novembre 1898 [1].

II.

Le 15 arrivait le vice-amiral Canevaro [2] prenant la présidence du Conseil des Amiraux dont l'amiral Pottier était jusqu'ici le doyen. La question du jour était importante. Les autorités, la population de la Canée, abandonnées par le vali, inquiètes de la nouvelle du départ de troupes grecques du Pirée pour la Crète, désiraient vivement un débarquement des internationaux. Les Puissances ayant donné leur assentiment, l'occupation de la Canée était décidée à 1 heure du soir et faite à 3 heures dès que le gouverneur eut accordé son consentement.

Le vice-amiral Canevaro étant le doyen des amiraux, le commandement supérieur du corps de débarquement était donné au capitaine de vaisseau italien Amoretti.

Ce corps se composait de 100 Anglais, 50 Autrichiens, 100 Français, 100 Italiens, 100 Russes ; chaque détachement était commandé par un lieutenant de vaisseau.

On tenait prêt, en outre, un deuxième corps de débarquement, identique, avec 2 canons par puissance, sous les ordre du commandant Bouthet des Gennetières, officier en second de l'*Amiral-Charner*.

L'amiral Pottier demandait en France un autre bâtiment avec 200 hommes de débarquement.

Le détachement français s'installait dans les bâtiments de la mission catholique ; les autres détachements, dans diverses casernes et écoles.

---

[1] Le 16 février, le Sultan offrait le poste de vali à Photiadès-Bey peu désireux de tenter l'aventure. Karathéodori-Pacha pressenti le 17, déclina cet honneur le 21. On revint encore une fois à Photiadès qui accepta et... ne vint pas. L'histoire ou la légende conte que depuis 1897 Berovitch-Pacha touche une rente mensuelle de 600 francs de la Crète... en souvenir de son geste heureux.

[2] L'amiral Canevaro dont l'amitié fut le « bright spot » de l'amiral Pottier dans le Conseil des Amiraux.

La ville était placée sous la protection des puissances qui la défendraient en cas d'attaque ; les pavillons anglais, autrichiens, français, italien, russe, turc flottaient sur les remparts. Notification en était faite au commodore grec, l'invitant à suspendre toute opération militaire contre l'île, prescrivant que si des troupes grecques avaient déjà débarqué, elles devraient s'arrêter immédiatement.

Ce dernier doute était superflu ; les troupes grecques venaient de débarquer dans la nuit du 14 au 15 entre l'île Théodoro et le promontoire de Spada, à quelque 15 kilomètres de la Canée, au même point que les Turcs en 1645. 1,000 hommes d'infanterie, 400 artilleurs avec 8 pièces de campagne arrivaient prendre possession de la Crète au nom du roi Georges et en chasser toutes les garnisons turques. Leur chef, le colonel Vassos, aide de camp du roi, lançait de Gonia au peuple crétois, une proclamation dont les consuls et les amiraux refusaient de prendre acte :

..... Sa Majesté le Roi de Grèce, mon Auguste Maître a décidé de mettre fin à cet état de choses par une occupation militaire de l'île.

Au nom de Sa Majesté Georges Ier, roi des Hellènes, j'occupe l'île de Crète et le notifie à ses habitants sans distinction de religion ou de nationalité.

Je promets, au nom de Sa Majesté, que je protégerai l'honneur, la vie et la prospérité et que je respecterai les croyances religieuses de ses habitants en leur apportant la paix et l'égalité des droits politiques.

Fait à Colymbari, au monastère de Gonia, 3/15 février 1897.

Le Commandant en chef du corps d'expédition,

E. VASSOS.

Des volontaires, des armes, des munitions débarquaient à l'Akrotiri ; d'autres volontaires et des insurgés se joignaient au colonel Vassos.

La Grèce s'est enorgueillie de ce débarquement passé inaperçu. M. Bourée avait bien avisé le 13 au soir, M. Hanotaux, du départ du convoi, mais l'administration hellénique prit soin de retarder l'envoi de son télégramme de plus de vingt-quatre heures. La canonnade fut bien entendue de la Canée, mais ni les consuls ni les marins n'avaient d'ordres pour s'opposer au débarquement[1]. Le colonel Vassos n'en connut pas moins la gloire pour avoir su tromper la surveillance de l'Europe.

[1] Livre jaune, 13, 15 février 1898.

Puis, un beau jour (le rôle de grand homme est si délicat !), il rencontra des détracteurs. Beaucoup d'Hellènes, et non des moins cultivés, répètent volontiers qu'en avançant de quarante-huit heures ses opérations, le colonel Vassos pouvait surprendre et enlever la Canée, ce qui le rendrait maître de l'île.

Cette opinion dénote plus d'enthousiasme que de connaissances des choses de la guerre. On a peine à supposer que les difficultés d'ordre militaire dussent s'évanouir devant les Grecs, que la prise d'une ville fortifiée, défendue par 4,000 soldats turcs appuyés de la population musulmane, fût un jeu pour 1,400 Hellènes, même avec le concours des insurgés. Mais en l'admettant, en supposant une complète neutralité des puisssance, le mot d'Edhem-Pacha restait toujours aussi juste. Edhem-Pacha avait (1886) en Crète 11,000 hommes qui lui suffisaient largement pour garder les villes et les forts. Il ne songeait pas à occuper toute l'île, ce qui eût demandé 40,000 soldats, disant : « la solution de la question militaire n'est pas en Crète ; elle est en Thessalie ou en Macédoine ». La guerre de 1897 ne montra pas qu'il fut dans l'erreur.

Le plan du colonel Vassos était fort simple : les lignes grecques se déployant de Platania aux contreforts des montagnes Blanches refouleront les avant-postes turcs et marcheront sur la Canée. Pendant ce temps, les canons débarqués à l'Akrotiri par les navires helléniques descendront sur les hauteurs de Halépa [1], les 1,500 insurgés qui sont dans la presqu'île repoussant les Turcs sur la Canée. La ville investie n'aura plus qu'à choisir entre la capitulation et la prise d'assaut.

Ce plan reçut un commencement d'exécution, mais, sans s'attarder à considérer si les moyens grecs n'étaient pas un peu faibles pour atteindre au résultat projeté, les Amiraux, ayant pris la Canée sous leur protection, devaient empêcher une lutte inutile. La Grèce n'ayant pas déclaré la guerre à la Turquie, les hostilités n'étaient

---

[1]   « Bivouac de Korakiès, le 5/17 février.

   « Monsieur le consul général,

   « Étant disposés à attaquer les Turcs campés sur les hauteurs de Frouthiou à l'endroit « appelé Mori-Vardia pour les en chasser et nous rendre maîtres de ces positions qui « sont indispensables à notre sécurité.....
   « Par ordre de l'archimandrite Tsépétakis présent au bivouac.
                                   « Signé : Eleuthérios VENIZÉLOS. »

qu'un épisode de l'insurrection. D'autre part, le Sultan ayant à la demande de l'Europe suspendu tout envoi de renforts, celle-ci était moralement obligée d'intervenir.

Les Amiraux insistèrent donc sur l'interdiction faite aux belligérants de progresser. Peine perdue ; le colonel Vassos savait trop bien que les internationaux hésiteraient à tirer sur ses troupes ; il porta ses lignes en avant. Le 18, le Conseil des Amiraux adressa une nouvelle note au commodore de Reyneck, lui rappelant qu'ils étaient résolus à empêcher par tous les moyens, même par la force, une nouvelle violation du droit des gens. Le commodore répondit que le commandant des troupes n'était pas sous ses ordres.

Comme il faut pourtant arriver au résultat, les Amiraux, après être allés le 20 à bord de la *Dryad* reconnaître les positions grecques à Platania, détachent quatre bateaux auxquels ils précisent les ordres déjà donnés de tirer si les troupes se portent en avant. Ils ont retardé le plus possible l'emploi de la force[1] mais ils sont déjà plusieurs fois menacés et s'ils veulent qu'à l'avenir leurs décisions soient écoutées, il faut que leurs menaces soient appuyées au moins par un commencement d'exécution[2]. Voici le colonel Vassos arrêté pour quelque temps.

<h2 style="text-align:center">III.</h2>

Il fallait déja se préoccuper d'une surveillance et d'une protection plus étendues. Dès le 15 février, les autorités demandaient pour Candie, Rethymno, Sitia une occupation analogue à celle de la Canée, mais les Amiraux hésitaient devant le risque d'avoir à laisser à terre de faibles détachements sans appui si les navires étaient chassés par le mauvais temps de ces mouillages forains. Le 16, ils se décidèrent à envoyer sur ces points des bâtiments de diverses nationalités pour

---

[1] C'est un rôle ingrat d'exercer une pression morale sans agir par la force ; cela coûte fort cher en temps, en hommes, en navires, en argent et le résultat seul justifie les faiblesses apparentes d'une semblable attitude. On ne peut pourtant pas fusiller ses protégés! Et les protégés en profitent pour agir à leur fantaisie. Le procédé d'intimidation consiste alors forcément à mettre dix hommes où il en faudrait deux, quatre bateaux là où un seul suffirait, pour enlever aux agités toute velléité de désordre. Et l'Europe aura 59 bateaux en Crète comme en 1898 elle aura 10,000 hommes!

[2] L'amiral Pottier, dont la bonté est extrême, prescrit au *Troude* de n'ouvrir le feu qu'après avoir constaté par lui-même un mouvement en avant bien accentué, de laisser commencer les autres, de régler son tir pour ne pas atteindre le but. Il ne s'agit pas de tuer des gens, mais de les intimider.

affirmer la parfaite entente. On s'abstiendrait en principe de débarquer; toutefois, les commandants supérieurs resteraient juges des circonstances et des opportunités. On ferait connaître aux autorités turques et grecques le but pacifique de cette protection permettant d'attendre une solution convenable de la question crétoise. On aviserait les Grecs et les insurgés que toute hostilité était interdite en présence des internationaux et qu'au premier mouvement contre les villes occupées ou protégées, les navires présents ouvriraient le feu [1].

Restait à régler l'attribution du commandement supérieur sur les différents points; elle se fit assez naturellement. Le vice-amiral italien et son représentant, le commandant Amoretti, commandaient à la Canée. Les Anglais, par leurs nombreux bateaux, avaient déjà pris un contact durable avec Candie qu'ils conservèrent. Les Russes héritèrent de Rethymno. Sitia, centre de moindre importance, échut aux Français, les moins nombreux. Les Amiraux et le commandant autrichien, ayant fréquemment à siéger en conseil, demeurèrent groupés. On a cherché des raisons bien subtiles à cette loterie du 16 février qui joua par la suite un si grand rôle sur la répartition de la besogne de chacun. La vérité est quelquefois toute simple : l'entente régnait complète dans le Conseil des Amiraux et facilitait la tâche de chacun; la distribution des rôles se fit sans difficulté [2].

---

[1] La « protection » de la Sude et de la plaine entre la Sude et la Canée fut décidée le 23 février; celle de Sélino (Autrichiens) et de Hierapetra (Italiens), le 1er mars.

[2] La répartition des bâtiments fut la suivante :

A Rethymno : *Navarin* (russe), *Forbin* (français), *Fearless* (anglais).

A Candie : *Trafalgar* (anglais), *Vesuvio* (italien), *Sebenico* (autrichien), *Tchernomoretz* (russe).

A Sitia : *Suchet* (français), *Andrea-Doria* (italien), *Nymph* (anglais).

Restaient à la Canée :

Anglais : *Revenge, Barfleur, Rodney, Camperdown, Dryad, Scout, Harrier, Dragon, Boxer, Ardent, Bruizer, Tyne.*

Italiens : *Sicilia, Re-Umberto, Morosini, Ruggiero-di-Lauria, Etna, Euridice.*

Russes : *Alexandre II, Nicolas Ier, Sissoï-Veliky, Grosiastchy.*

Autrichien : *Maria-Theresia.*

Français : *Amiral-Charner, Troude.* (*Wattignies* en ravitaillement à Smyrne.)

31 bâtiments étrangers au 15 février! On suppose aisément quelles difficultés comportait le ravitaillement de ces navires dans un pays sans ressources. Dès l'occupation de la Canée, l'amiral Pottier profita des bonnes dispositions du mouchavir pour obtenir d'installer dans l'arsenal de la Sude un dépôt de charbon avec autorisation d'employer pour le transport les mahonnes du gouvernement.

ENVIRONS DE LA CANÉE

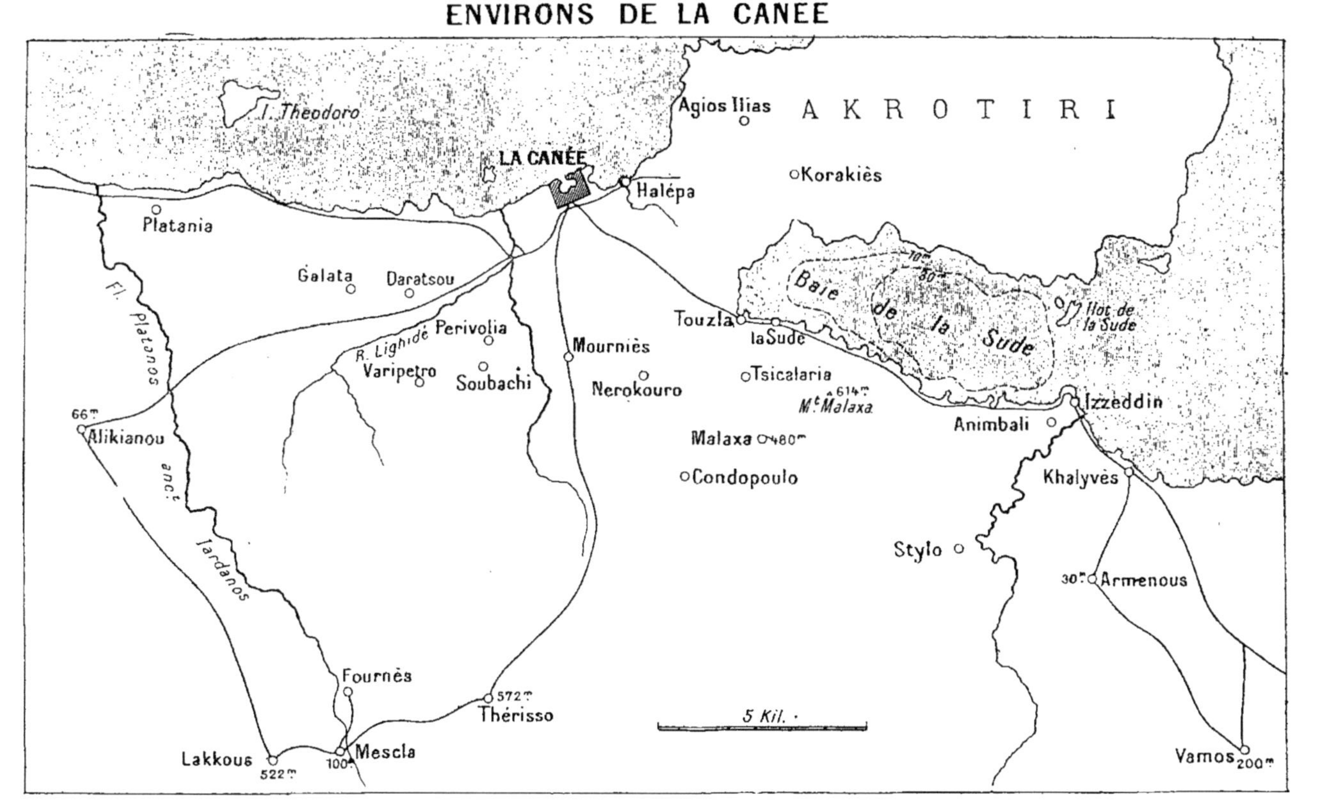

CHAPITRE III.

Hostilités.

I. Le commodore de Reyneck. = II. Bombardement de Korakiès. = III. Kandano. = IV. Mutinerie de gendarmes turcs.

I.

Les troupes et la division helléniques devaient encore faire l'objet de quelques pourparlers et démonstrations. Les difficultés maritimes de la situation se trouvèrent les premières en évidence.

Les navires anglais en croisière le 20 février ont empêché deux vapeurs chargés de vivres pour les troupes grecques d'opérer le déchargement de leur cargaison. Le *Pinios* demande qu'on rapporte cette consigne, cependant que M. Gennadis proteste au nom du gouvernement royal. Les Amiraux ne mettent qu'une condition au débarquement de ces vivres : le colonel Vassos prendra l'engagement d'arrêter tout mouvement de troupes. Le commandant en chef des troupes répond qu'il respectera les villes protégées par les Puissances, mais qu'il continuera l'occupation de l'île, attaquant seulement en cas de résistance. Il aime à croire que les Amiraux ne maintiendront pas une mesure qui ne se peut justifier. Une lettre du commodore est conçue dans le même sens. — Les Amiraux n'ont dès lors rien à changer à leurs décisions qu'ils feront respecter ; les vivres ne seront pas débarqués.

Un autre vapeur, le *Laurium*, est arrêté pour le même motif (21). On l'amarre dans le port de la Canée, on lui démonte quelques pièces de machine, on met à son bord une garde de marins. Mais, dit le commodore, le *Laurium* a quitté la Grèce avant la déclaration des Amiraux, et il y a des médicaments à bord. — Il n'en sera pas moins séquestré, répondent les Amiraux. Toutefois, l'*Euridice* prendra les médicaments et partira avec un officier grec les porter à Platania ; elle ramènera l'officier. — C'est maintenant le gouverneur qui redoute une explosion car le *Laurium* a de la dynamite à bord. On jettera la dynamite à la mer.

D'autre part, les internationaux font escorter par deux navires un transport ottoman déplaçant des troupes de Candie à la Canée.

La Grèce ne paraît pas disposée à reculer et affirme son intention de s'établir en Crète. Le consul général de Grèce se rend le 20 à Platania où il se fait reconnaître par les troupes en qualité de Commissaire royal en Crète. Les agents consulaires helléniques sont partout supprimés. Les Amiraux constatent que la situation faite par la présence des troupes grecques et leur action dissidente paralyse toute tentative de pacification. Ils envoient donc le 21 une dépêche identique à leurs gouvernements, demandant d'obtenir sans retard de la Grèce le rappel de ses troupes et de ses navires.

Le commodore de Reyneck, reçu le 21 à bord de la *Sicilia*, demande qu'on laisse embarquer sur les navires grecs les blessés et les prisonniers des combats de la veille [1]. — Accordé pour les blessés, refusé pour les prisonniers. — Il représente que les troupes helléniques souffrent du manque de vivres et de tentes et propose qu'on lui permette du moins d'aller conférer à Platania avec le colonel Vassos. L'amiral Canevaro, en l'y autorisant pour cette fois, l'engage à montrer au colonel que la situation s'aggrave et qu'une marche en avant entraînera un conflit entre les bâtiments de l'escadre internationale et les troupes. Le commodore fait remarquer que, pour lui, il a déjà reçu l'ordre de ne pas répondre à une attaque de l'escadre.

Il voudrait pouvoir communiquer librement avec Platania. Non, sa correspondance passera par la Canée où l'on visite les embarcations grecques. Le 25, il désire disposer du refuge de la Sude en cas de mauvais temps. — Oui, mais l'entrée de la baie étant commandée par des batteries turques, le mouvement ne pourra se faire que de jour avec le pavillon de parlementaire en tête de mât.

Autre requête le 26 pour conduire avec l'*Hydra* dans leur province d'Armyro 300 insurgés qui se trouvent à l'Akrotiri. Les Amiraux répondent : 2,000 musulmans, dont 240 soldats, sont bloqués à Kandano ; usez de votre influence auprès du colonel pour qu'ils soient ramenés sains et saufs à Selino, car les 300 insurgés seront favorisés du même traitement que les 2,000 musulmans [2].

La sécheresse des réponses des Amiraux s'explique par les agissements helléniques. Sur le *Thésée*, arrêté par le *Giovanni-Bausan* à

---

[1] Escarmouches à quelques kilomètres au sud de la Canée.
[2] Le commandant de Reyneck n'en fait rien, lié, dit-il, par des difficultés imprévues.

Kissamo le 27, se trouvent trois officiers grecs dont deux de l'*Hydra;* le troisième est un ingénieur qui, trouvé déjà à bord du *Laurium,* met à profit la liberté qu'on lui a gracieusement laissée, pour reprendre les opérations interdites par les Amiraux.

Le 1er mars, le *Mykali* arrive à Platania si abondamment pourvu de personnel et de matériel par la Croix-Rouge d'Athènes, que les Amiraux autorisent le débarquement d'un cinquième seulement des colis apportés. Quant au personnel, il débarquera après avoir donné sa parole d'honneur qu'il appartient à cette société.

Le surlendemain, ce sont de nouvelles lettres du Commodore. Les amiraux lui dressent des obstacles qui paralysent l'œuvre philanthropique qu'il aurait voulu entreprendre ; de nouveaux ordres reçus de son gouvernement lui permettraient de commencer, mais les difficultés sont telles qu'il ne veut plus essayer de sauver les musulmans de Kandano. Les subtilités du commandant de Reyneck échappent aux amiraux qui, en toutes circonstances, font leurs efforts pour délivrer indistinctement chrétiens ou musulmans bloqués par leurs ennemis.

Mais la correpondances du commodore de Reyneck prend fin car il est remplacé le 4 mars par le capitaine de vaisseau Sachtouris pour avoir montré trop peu d'énergie. Le gouvernement hellénique le fait rentrer à Poros et non au Pirée, pour éviter des manifestations. Ce rappel indique l'intention évidente de la Grèce de continuer la lutte en Crète.

II.

Sur les entrefaites, l'heure est venue de mettre à exécution des menaces souvent répétées. Les insurgés ont ouvert le feu dans le sud et l'est de la Canée, le 21 février au matin. A midi la fusillade commence sur les hauteurs de Halépa, devient générale et se rapproche de la ville. Vers 4 heures, l'amiral Canevaro consulte les commandants supérieurs sur l'opportunité d'arrêter, par la force, le mouvement des insurgés en avant ; l'on décide de tirer au signal de la *Sicilia,* sur la principale position des Grecs (insurgés et volontaires) aux environs de Korakiès. Le feu est ouvert à 4 h. 43, cesse à 4 h. 57, un peu après que le pavillon hissé sur une ferme abandonnée, où se sont établis les Grecs, a été amené. La fusillade dure encore un peu, puis s'éteint complètement et le pavillon hellénique [1] est rehissé.

Le tir de 34 coups d'artillerie moyenne a été intentionnellement mauvais. La *Sicilia* et l'*Amiral-Charner*, gênés dans leur champ de tir, n'ont pas pris part à la canonnade. Cette abstention est, naturellement commentée en Europe et les Amiraux croient devoir déclarer quelques jours plus tard que « moralement » toutes les nations [2] ont tiré ensemble sur les lignes de Korakiès.

Dès le lendemain, les Amiraux ont décidé d'envoyer en parlementaires un officier et deux médecins pour soigner les blessés de la veille. Mais le Commodore fait savoir qu'il n'a aucune autorité sur les troupes irrégulières de l'Akrotiri et ne répond pas des médecins qui iraient donner leurs soins aux insurgés. Ce projet est donc abandonné.

A la suite de cette semonce, l'Akrotiri reste calme jusque vers le 26. Le 28, il faut à nouveau tirer, de la Sude [3], quelques obus sur les positions grecques. Des fusillades dirigées contre l'arsenal font obtenir aux bâtiments ottomans l'autorisation de tirer sur Malaxa. Les bachi-bouzoucks occupent leurs loisirs à parachever le pillage et la ruine de Tsicalaria et de Nerokouro. Des patrouilles internationales assurent la liberté de la route de la Sude à la Canée. — Le 9 mars une fusillade nourrie éclate aux lignes de Korakiès et les insurgés marchant en avant ne s'arrêtent qu'à la menace du commandant du *Barfleur* de recommencer la leçon du 21 février. Mais cette fois la responsabilité de l'attaque incombe aux bachi-bouzoucks. On écrit au gouverneur une lettre désapprouvant la participation des troupes et l'invitant à éviter le retour de pareils faits. On informe les insurgés de cet avis. Les Amiraux n'ont pas de parti pris.

---

[1] Depuis le début de l'insurrection, les insurgés ne connaissent, bien entendu, que le pavillon grec.

[2] Le croiseur allemand *Kaiserin-Augusta* était arrivé le matin même.

Le contre-amiral Hinke arriva le lendemain matin avec une division autrichienne.

[3] L'escadre a, en effet, quitté la Canée pour la Sude le 26, laissant une division internationale sous commandement anglais à la Canée où séjournera de plus le *Forbin*, stationnaire indépendant chargé spécialement de la protection de nos nationaux.

Avant le départ, on a renforcé les détachements de la Canée qui comprennent maintenant 130 Anglais, 130 Français, 130 Italiens, 130 Russes, 50 Allemands, 50 Autrichiens.

III.

L'épisode de Kandano intéressa plus directement le commandant en chef des troupes helléniques.

Le 23 février, les Amiraux apprenaient que 2,000 musulmans, dont 240 soldats turcs, étaient bloqués par les chrétiens à Kandano, village à 18 kilomètres au N.-N.-E. de Selino-Kastelli dans une région très accidentée. Les consuls revenant de Selino-Kastelli (Paleokora) avaient obtenu un armistice de 7 jours pendant lequel les musulmans, y compris les soldats, gagneraient la côte avec armes et bagages. Les consuls demandaient l'appui de navires à Sélino, d'une escorte de marins à Kandano. Le consul de Russie proposait, en outre, de faire appel aux sentiments d'humanité du colonel Vassos. Les Amiraux ne croyaient pas opportun de débarquer des marins à Sélino ; ils enverraient des navires et feraient escorter par un des leurs un bâtiment turc portant des vivres à Sélino. Le 26, ils touchaient un mot de la question au commodore de Reyneck, comme on l'a vu plus haut.

La situation traîne, puis, le 4 mars, les nouvelles se gâtent. Les insurgés ne répondent pas à la demande que leur adresse le commandant de la *Princesse-Stephanie* mouillée à Sélino [1], de laisser passer les musulmans. Le commandant estime imprudent de leur envoyer un officier européen en parlementaire. D'autre part, le vice-consul de Grèce auquel le roi a confié la mission d'éviter le massacre de ces malheureux, ne la peut remplir à cause des obstacles dressés par les amiraux. Pour mieux établir sa bonne foi, ceux-ci le prient alors de se rendre à Sélino par le *Posadnick* (russe) pour aller parlementer avec les insurgés et demander la délivrance des musulmans. Il aura toute facilité pour se rendre à Kandano avec pavillon grec et pavillon parlementaire. Il est autorisé à dire aux insurgés qu'on prendra leurs blessés pour les transporter où ils voudront, qu'on leur donnera quelques vivres et médicaments. Mais le vice-consul ne peut accepter de se rendre à Sélino autrement qu'avec un navire de guerre hellénique et après avoir conféré avec le colonel Vassos [2].

---

[1] Les Autrichiens ont pris le 1er mars le commandement de la « protection » des provinces de Kissamo et Sélino.

[2] Le 9 mars, le commandant Amoretti invite par ordre des Amiraux le vice-consul de

D'autre part, les insurgés déclarent ne pouvoir accepter les conditions du commandant autrichien : le commandant en chef du corps d'occupation a déclaré que leur patrie appartient à la Grèce, et c'est avec lui qu'il faut traiter. Cependant que le colonel Vassos a fait connaître qu'il ne commande pas aux insurgés et ne répond pas de leurs actes.

Devant cette philanthropie hellénique, il ne reste plus qu'à faire colonne en employant la force s'il est nécessaire. Les amiraux étrangers n'auraient pas envisagé volontiers cette solution, il y a quelques semaines. Ils ont considéré avec une curiosité sceptique les Français assez imprudents à Sitia pour s'aventurer en petit nombre dans l'intérieur d'un pays en insurrection [1]. Mais les résultats des expéditions de Paraspori, de Roukaka, de Ziro ont élégamment répondu à la critique; on peut désormais appliquer la formule avec confiance. Seulement, cette fois on l'emploiera selon la « manière forte ». Le *Rodney*, le *Sissoï-Veliky*, le *Chanzy* partent donc pour Sélino dans la nuit du 4 au 5 mars. Le mauvais temps retarde le débarquement; la reconnaissance se fait le 6; l'opération elle-même commence le 7.

Le commandant Rainier, du *Rodney*, a constitué une colonne de 550 hommes [2] dans laquelle il confie les postes d'honneur, l'avant-garde à l'aller, l'arrière-garde au retour, aux Français qui se font remarquer par leur belle attitude, sous les ordres du commandant Adam, officier en second du *Chanzy*. Ce brillant officier ajoute là une belle page à celle de Roukaka [3]. La colonne réussit après des difficultés de toute nature et des fatigues excessives vaillamment supportées, à ramener le 9, à Sélino, les musulmans. Les chrétiens, tous armés, étaient 7,000, parmi lesquels plusieurs officiers grecs en uniforme. La descente s'est opérée péniblement; à l'arrivée à Sélino, les troupes ont dû envoyer quelques salves, les bâtiments quelques obus pour écarter les insurgés qui serraient de trop près la colonne et voulaient se précipiter au pillage de la bourgade. Mais les intéres-

---

Grèce à quitter la Canée où sa présence est une cause d'agitation et n'a plus de raison d'être, les Hellènes ayant déclaré prendre possession de l'île.

[1] Voir chapitre IV.

[2] 200 Anglais, 100 Français, 100 Russes, 100 Autrichiens, 50 Italiens.

[3] Expédition de Roukaka, le 23 février (voir chapitre IV).

sants détails de l'expédition ne sauraient être mieux contés que par les acteurs eux-mêmes[1].

Bien que n'étant pas le doyen des amiraux, bien que le commandement de la colonne n'ait pas été dévolu à un Français, l'amiral Pottier reçoit d'Ismaïl-Bey une lettre de chaleureux remerciements « ..... C'est à vous, Monsieur l'amiral, à vos sentiments généreux, à vos efforts dans une tâche si difficile, et à votre zèle au-dessus de toute louange, que ces malheureux doivent leur vie et celle de leurs familles..... »

Ismaïl-Bey a également chargé l'amiral Canevaro de remercier collectivement les Amiraux du service rendu à ses coreligionnaires[2]. En adressant une lettre spéciale à l'amiral Pottier, le gouverneur a sans doute pensé, avec juste raison, que l'exemple donné à Sitia par le *Suchet* et le *Chanzy* dans trois expéditions analogues avait encouragé les Amiraux à entreprendre celle de Kandano.

L'amiral Pottier ne s'attarde pas aux compliments personnels, mais il adresse les siens aux marins du *Chanzy*, les félicitant de l'entrain, de l'endurance et de la parfaite discipline dont ils n'ont cessé de donner l'exemple. Puis, comme le temps n'est pas aux paroles, il se préoccupe de la suite pour les musulmans (2,500, plus 600 soldats) ramenés de Kandano. Ils ont demandé à être transportés à Smyrne ou à Rhodes, et il faut le faire sans tarder; ruinés, aigris, ils inquiètent déjà les autorités ottomanes. Une fois sauvés, ils ont perdu tout intérêt aux yeux de l'amiral qui ne voit plus en eux que les pillards et les massacreurs de demain.

IV.

Il n'est pas nécessaire d'augmenter le nombre de ceux-ci et les internationaux ne partagent pas les idées du gouverneur qui a demandé (21 février) l'autorisation d'armer 1,000 musulmans de la Canée. Sa requête était d'ailleurs pleine de déférence, car il a reçu du sultan l'ordre de ne rien faire sans l'assentiment des Amiraux, ce qui est assez logique au moment où la Turquie vient de remettre

---

[1] **V**oir appendice **VI**. Expédition de Kandano.
[2] Réponse collective des amiraux : Sera fusillé quiconque provoquera désormais les insurgés.

(17 février) la Crète en dépôt entre les mains des Puissances. Mais les marins ne peuvent consentir à équiper des bachi-bouzoucks fanatiques dans une ville qu'ils occupent, dont ils garantissent de ce fait la sécurité, et cela le jour même où ils demandent le rappel des troupes et de la division helléniques. Le mécontentement des musulmans se traduit par l'incendie du konak le 24. Le feu ne prend pas fortuitement avec une pareille simultanéité aux quatre coins d'un édifice[1].

Quelques jours plus tard, 39 gendarmes albanais, sans solde depuis 15 et 18 mois, réclament leur dû et refusent tout service. Invités à déposer les armes, ils ouvrent le feu et tuent leur colonel Soliman-Bey. Ils sont mis à la raison *manu militari* (5 morts) par 2 pelotons de marins italiens et russes, et emprisonnés — gardons encore notre pitié pour une meilleure occasion; on trouve sur trois meneurs fouillés à bord du *Barfleur*, des sommes de 1,000 à 1,200 francs, des bijoux, des objets divers. — A la suite de quoi le gouverneur paye 3 mois d'arriérés aux gendarmes de la Canée. Mais l'exemple est contagieux; ceux de Candie et de Rethymno s'agitent. On leur offre 15 jours de solde.

La gendarmerie internationale n'a pas pas été réellement organisée[2]; elle est licenciée le 11 mars et la commission dissoute. Les 80 Monténégrins arrivés au début de février resteront à la solde de la Russie pour concourir jusqu'à nouvel ordre à la police de la Canée.

Les désordres pouvant éclater d'un moment à l'autre, les Amiraux désirent éviter tout malentendu. Ils réunissent le 2 mars le gouverneur, les autorités, les notables musulmans et après leur avoir exposé ce qu'ils ont déjà fait pour sauver leurs coreligionnaires, ils les avisent qu'ils ne toléreront aucun trouble et emprisonneront sans hésiter tous les agitateurs. Les musulmans remercient des services rendus et demandent à voir les pavillons internationaux hissés sur toutes les villes protégées. Mais les amiraux ne peuvent planter les couleurs sur les villes qu'ils n'occupent pas effectivement.

---

[1] Occupé par le commandant Amoretti qui n'eut que le temps de s'échapper légèrement vêtu.

[2] Pendant les désordres, 48 chrétiens ont déserté pour se joindre aux insurgés, les musulmans se sont débandés, les Albanais se sont mutinés, les Monténégrins ont déclaré ne pouvoir rester que sous les ordres de leur prince. (Livre jaune, 10 mars 1897.)

Un autre malentendu a été dissipé par eux quelques jours plus tôt en expédiant une flottille qui touche aux divers villages, cherche à tranquilliser les deux parties et distribue une proclamation recommandant à tous le calme et l'apaisement en attendant une solution convenable de la question crétoise.

Pour ne rien négliger de ce qui peut éclairer la situation et les esprits, trois amiraux se rendent le 10 mars à l'Akrotiri. L'amiral Canevaro explique aux chefs insurgés que ne favorisant aucun parti, les puissances n'ont qu'un but : empêcher l'effusion du sang en attendant la solution de la question crétoise. Il leur parle du projet de gouvernement autonome, de la nécessité du retrait des troupes grecques, de l'occupation internationale de l'île. Les chefs se déclarent irréductibles. Ils ne veulent plus des Turcs ; les promesses de l'Europe et l'autonomie ne leur inspirent pas confiance. L'occupation internationale doit être hâtée, prélude d'un plébiscite qui décidera de l'annexion à la Grèce, objet de tous les vœux. L'entrevue est très cordiale et l'offre de médecins de l'escadre pour les blessés est acceptée avec reconnaissance.

Le 12, démarche analogue à Khalyvès, mais cette fois l'entrevue, orageuse, doit être écourtée.

CHAPITRE IV.

Les Français à Sitia (18 février 1897).

Paraspori. — Roukaka. — Ziro. — Le capitaine Korakas.

Le commandant du *Suchet*, parti le 17 février de la Canée pour Sitia avec l'ordre et l'intention de ne pas mettre de marins à terre, débarquait 100 hommes le 18 [1].

C'est qu'il avait trouvé une situation spéciale. Ces paisibles provinces suffisamment travaillées par les agitateurs grecs et ottomans avaient eu un réveil terrible. A quoi tiennent les évenements ! A Piskokephalo, un bravache musulman, Arapokhalilis, agitateur avéré, prétend désarmer deux jeunes chrétiens qu'il somme de s'arrêter.

---

[1] *Suchet-Doria-Nymph*. 60 Italiens, 30 Français, 10 Anglais, sous le commandement d'un capitaine de frégate italien.

Les deux gamins le menacent de leurs fusils s'il bouge. Il avance et est tué. Les musulmans se replient sur Sitia. Les chrétiens des campagnes, affolés, supposent qu'on va égorger leurs frères et cernent les musulmans de l'intérieur qu'ils gardent comme otages. Peu après, dans les premiers jours de février, une discussion futile à Lithinès, entraîne mort d'homme. C'est la goutte d'eau. La boucherie commence, féroce, aveugle, frappant aussi bien les femmes et les enfants que les combattants fanatisés. Les villages musulmans de la province, Paraspori, Roukaka, Daphni, Sikia, Vori, Lithinès, Ethia, Ziro,... sont dévastés et incendiés, leurs habitants tués ou dispersés. 300 musulmans périssent et aussi quelques chrétiens ; nulle part dans l'île l'explosion de haine n'est aussi sanglante [1].

Le gouverneur de Sitia s'était enfui, laissant la ville dans l'anarchie, encombrée de musulmans et de quelques chrétiens dont la vie répondait de celle de 400 mahométans détenus comme otages par les insurgés des environs. Le commandant Hennique, réunissant 5 notables musulmans et 5 notables chrétiens pour étudier la situation et établir un *modus vivendi*, finit par obtenir que les chrétiens de la campagne remettraient les otages, mais à la condition formelle que des marins mis à terre protégeraient Sitia et, plus spécialement, les chrétiens retenus par les musulmans. Une commission municipale de deux orthodoxes et deux mahométans administrerait la ville. Le premier soin des chrétiens libérés était de quitter Sitia sans retard ; n'importe, un premier point était acquis pour la pacification.

Ce jour même, le commandant du *Suchet* apprenait par l'évêque d'Hiérapétra que les musulmans bloquaient 380 chrétiens dans cette ville. Il obtenait directement d'Ismaïl-Bey l'échange de ces chrétiens contre les musulmans d'un village voisin. L'*Etna* embarqua les chrétiens pour Syra.

Le 20, le *Suchet* est informé que de nombreux musulmans sont bloqués dans les villages de Paraspori (15 kilom.), Roukaka (28 kilom.), Ziro (28 kilom.). Le commandant Hennique n'a pas le temps de consulter l'amiral ; il n'hésite pas sur la décision à prendre ; il enverra des secours. Le commandant Pivet, officier en second du *Suchet*, part le 21 avec neuf marins, accompagné de M. Saounazzo,

---

[1] Voir les détails dans les rapports des expéditions françaises. Appendices III, IV, V.

notre agent consulaire à Rethymno. Ce que sera l'expédition, nul ne le peut prévoir ; elle joue quitte ou double, pouvant ramener les musulmans, pouvant être massacrée en route. Dans ce pays en ébullition, on est à la merci d'un incident. Mais l'officier de haute valeur qui dirige la petite troupe conduit l'opération avec adresse et fermeté et ramène à Sitia 220 musulmans.

Le 23 c'est le tour du commandant Adam, officier en second du *Chanzy*[1], qui sauve 573 personnes à Roukaka.

Le 1er mars c'est à nouveau le commandant Pivet qui va chercher les derniers musulmans, 38 femmes et enfants cachés dans la province de Sitia[2].

Ce que sont ces entreprises ne peut nous être mieux conté que par les rapports de ces officiers au retour des expéditions. Ces comptes rendus ont un charme et un cachet trop particuliers pour supporter aucune abréviation, aucun commentaire[3]. Ils nous montrent quelles difficultés, quels périls ont été surmontés, quelles qualités de cœur, d'intelligence et d'énergie possédaient les hommes capables de mener à bien ces délicates entreprises. Ce sont vraiment de belles pages de la Marine française. Ces expéditions heureuses, au lendemain de l'arrivée à Sitia, augmentaient le prestige de notre pavillon, assuraient aux Français une influence morale considérable dans la région et devaient faciliter leur besogne à venir[4]. Elle étaient bien l'œuvre du commandant Hennique, du commandant Antoine ; les amiraux étrangers, dès l'arrivée en Crète, avaient montré une certaine répugnance à laisser leurs hommes pénétrer dans l'intérieur et ne changèrent d'avis qu'après expérience faite. A Paraspori notre pavillon était seul représenté ; à Roukaka le commandant du *Doria*

---

[1] Le *Chanzy* remplaça du 22 au 28 le *Suchet* en ravitaillement à la Sude.

[2] Musulmans à Paraspori, musulmans à Roukaka, à Ziro, à Kandano... musulmans partout!... pour se garder du soupçon de partialité il faut se rappeler que les chrétiens ne sont menacés que dans les villes. Or la Canée, Rethymno, Candie, sont gardées ainsi que Sitia ; et les chrétiens de Hierapetra sont délivrés.

[3] Voir les appendices à la fin de l'ouvrage. Appendice III, Expédition de Paraspori. Appendice IV, Expédition de Roukaka. Appendice V, Expédition de Ziro.

[4] Dès le 24, une note très pondérée des chrétiens de la province de Sitia déclarait :

1o Accepter l'occupation avec espoir d'annexion ;

2o Cesser toute hostilité contre les musulmans, sauf en cas d'agression ;

3o Nommer une commission exécutive chargée d'assurer la sécurité des chrétiens dans la province, en dehors du chef-lieu occupé par les internationaux.

La note portait 103 signatures.

demandait à attacher un guardiamarina à l'expédition ; à Ziro, six Anglais, onze Italiens se joignaient aux Français.

On nous répétera plus tard à propos de Sitia et de Spinalonga, et de leurs administrateurs émérites : « The right man in the right place ». Oui, sans doute, mais dans l'existence ce ne sont pas les « right places » qui manquent ; ce sont parfois les « right men ».

Le *Suchet* et le *Chanzy* ne se bornaient pas aux expéditions semi-militaires ; deux ambulances étaient installées à Sitia où se trouvèrent 45 blessés dès le 21 [1] ; des vivres étaient demandés, qu'Ismaïl-Bey allait envoyer pour les réfugiés ; on obtenait qu'il ne fût pas expédié de bachi-bouzoucks ; la *Nymph* allait le 27 chercher 4 bergers chrétiens razziés par les musulmans à l'îlot de Dragonera.

Le tableau toutefois n'allait pas sans quelques ombres ; d'abord la préoccupation de l'encombrement de Sitia où se trouvent 30,00 personnes au lieu de 800 habitants (le Sultan hésite naturellement à autoriser l'exode de ses coreligionnaires qui marquerait la diminution de son pouvoir en Crète) ; puis les menées d'agitateurs grecs cherchant à brouiller les cartes. Le capitaine grec Korakas, débarqué à Mirabello [2] avec des volontaires, n'abandonne pas le fief paternel. Le capitaine du génie Korakas est le fils du grand Korakas de l'insurrection de 1866, le farouche patriote crétois qui a terrorisé les provinces de l'est, traitant les musulmans comme les Turcs traitaient les chrétiens, torturant à l'occasion les suspects et les « moutis » dont il flamberait volontiers tous les villages. Le capitaine entraîne le 9 mars les insurgés à l'attaque de Hiérapétra que l'*Andréa-Doria* doit couvrir du feu de ses canons. Le 12, c'est Spinalonga qui est fusillé et canonné ; les internationaux protègent Spinalonga. Le capitaine Korakas s'est rabattu sur Sitia ; le moral des insurgés lui paraît faible et il travaille à le relever. Il ne réussit que trop à changer en hostilité l'attitude confiante des chrétiens qui tirent (16) sur une ronde de marins à 100 mètres de la forteresse. Il faut encore ici un avertissement ; trois obus encadrant le clocher de Piskoképhalo à l'heure dite préviennent les insurgés que bonté n'est pas faiblesse. L'amiral Pottier en est venu à se convaincre que cette confusion est

---

[1] 44 musulmans, 1 chrétien. Il est pénible de constater que les cruautés commises par les chrétiens ne le cèdent en rien à celles si souvent reprochées aux musulmans.

[2] Mirabello a évité les massacres, ayant groupé en otages les musulmans de la province et les ayant échangés contre les chrétiens de Candie.

trop fréquente chez les Crétois. Il prescrit à ses marins de se faire
désormais respecter : « La peau d'un de ces moricauds ne
vaut pas l'oreille d'un de mes hommes. »

CHAPITRE V.

Le blocus. — Les troupes internationales.

I. Le blocus de l'île. — Proclamation de l'autonomie. = II. Les troupes.
Les renforts.

I.

Le Sultan, pressé par les Puissances de ramener la paix en Crète
par la concession des réformes indispensables, avait demandé
en 1896 le concours des ambassadeurs et des consuls. Ceux-ci n'ont
pu sortir l'administration ottomane de l'ornière où elle est enlisée.
Quand les troubles de février ont éclaté, la Porte désorientée n'a su
prendre aucun parti ; elle ne l'aurait pu, d'ailleurs, car l'Europe
intervenant a détourné le Sultan de se livrer à quelque nouvelle
expérience ; elle l'a dissuadé d'envoyer des renforts dans l'île, malgré les agressions des Hellènes. Paralysée d'elle-même au point de
vue administratif, paralysée par l'Europe au point de vue militaire,
la Turquie a dû se résoudre, à contre-cœur, au seul parti qui lui
reste ; elle a remis, le 17 février, la Crète en dépôt entre les mains
des Puissances dont le premier souci est maintenant de débarrasser
l'île des forces grecques. Le gouvernement hellénique n'écoutant
pas les conseils des légations, il faut songer aux mesures coercitives
pour le décider à rappeler ses troupes et ses navires. Les Amiraux
traitent, le 5 mars, la question d'une façon logique : on procédera
par le blocus, et la pression, pour être efficace, devra se produire au
point sensible ; après avoir interné à Milo les navires grecs et laissé
dans l'île les forces suffisantes pour protéger les villes et couper les
communications des troupes helléniques avec l'extérieur, l'escadre
établira son centre à Poros pour bloquer le golfe d'Athènes.

Cette solution semble trop radicale aux Puissances qui agitent la
question depuis le 16 février et qui, séparées par des divergences de
sentiments et de vues, se décident pour le geste minimum, le geste
insuffisant : le blocus de la Crète seule à partir du 21 mars.

Comme on peut le prévoir la mesure sera inefficace, et il faudra reprendre des projets qui n'aboutiront d'ailleurs pas, blocus de Volo puis blocus pacifique du Pirée. La guerre gréco-turque surviendra avant que l'on se soit mis d'accord. Mais ceci n'est pas affaire aux marins [1].

Le blocus projeté devant immobiliser de nombreux navires, les amiraux demandent (8 mars) l'envoi d'un bataillon de 600 hommes par puissance pour concourir à la protection des villes. L'amiral Pottier, jugeant nuisible la présence des troupes ottomanes, envisage déjà leur retrait après remplacement par des contingents internationaux ; il estime que 12,000 hommes suffiraient pour l'occupation complète de l'île [2].

Sélino a été complètement détruit par les chrétiens après le départ des musulmans; deux fortins auprès de Kissamo ont été attaqués par eux le 13 mars. Ces attaques se renouvelant sans résultat et sans intérêt, Ismaïl-Bey recevra l'ordre de faire évacuer les deux fortins en question et de replier leur garnison sur le fort même de Kissamo (11 avril). Les fortins incendiés par les Turcs à leur départ seront ensuite démolis par l'artillerie des bâtiments. Ce qui fournira au *Latouche-Tréville* l'occasion d'exécuter, à 4,000 mètres, un tir brillant et... inefficace. Mais la cause des bombardements n'est-elle pas entendue?

Une goélette grecque surprise à Standia a tiré sur le *Sebenico* qui l'a coulée. L'escadre se garde contre des attaques possibles de torpilleurs grecs [3]. Cependant, M. Skouzès, ministre des affaires étrangères de Grèce, proteste contre les agissements de l'Europe; les Puissances ne devraient pas permettre qu'à l'abri de leurs drapeaux

[1] Le principe stratégique est inéluctable : pour obtenir rapidement un résultat, frapper au point capital. Ne voit-on pas ici la répétition de l'erreur que, pendant la guerre de Chine, commit la France proscrivant le blocus inutile de Formose quand l'amiral Courbet proposait de bloquer le Petchili?

A ne voir que le désir tout pacifique d'arrêter l'importation du personnel et du matériel grecs, il est dommage que les diplomates n'aient pas connu le principe cher à nos calfats : Pour combattre une infiltration, attaquer l'eau à l'entrée et non à la sortie.

[2] A la fin d'octobre 1898, il y aura dans l'île de 12,000 à 13,000 soldats et marins internationaux à terre (à déduire les malades et rapatriés).

[3] Le 7, le contre-amiral Harris tenait de source certaine que les torpilleurs attaqueraient dans la nuit.

Ce jour même, le prince Georges déclarait à Milo, au commandant de la *Dryad*, que les Grecs ne pouvaient avoir l'idée de s'attaquer à la flotte internationale.

De fait, les torpilleurs ne parurent pas.

les gens de la Canée préparent des attaques contre l'armée grecque
pour se réfugier après la défaite derrière les canons des escadres[1].
Le patriotisme enthousiaste de M. Skouzès lui permet sans doute
d'oublier que la guerre n'étant pas déclarée entre la Grèce et la
Turquie, les troupes helléniques ne sauraient se prévaloir de la
qualité de belligérants sur un territoire où leur présence même constitue la plus flagrante violation du droit international.

Mais il faut éclaircir la situation. Et d'abord, pour éviter de nouveaux malentendus avec le colonel Vassos, les Amiraux prennent
sous leur protection tous les ports de l'île, chrétiens ou musulmans, occupés ou non par les internationaux ; ils réprimeront toute
offense.

Deux officiers vont notifier cette mesure au quartier général de
l'armée grecque, au village d'Alikianou, autour duquel sont concentrées les troupes hellènes immobilisées depuis la sommation du
20 février. Le colonel, dont l'accueil est fort courtois, fera respecter
la décision par ses hommes ; quant aux Crétois, pour lesquels il ne
professe pas une grande admiration, ce sont, à son avis, des gens
difficiles à mener, aussi bien les chrétiens que les musulmans. En
ce qui le concerne, il a 2,500[2] hommes et se dit approvisionné pour
trois mois ; le projet de blocus ne lui cause donc aucun souci.

Les Puissances ont poussé leurs négociations et se sont mises
d'accord pour octroyer à la Crète l'autonomie sous la suzeraineté du
Sultan. Les Amiraux ont reçu une proclamation dans ce sens, à
adresser aux insurgés ; ils y ajoutent, au préalable, la clause importante d'émancipation de tout contrôle de la Porte sur les affaires
intérieures.

Cette proclamation[3] est exposée, le 19, aux chefs insurgés de
l'Akrotiri réunis à bord de l'*Alexandre II*. Leur attitude est toujours
aussi irréductible ; « ils tomberont sous les balles européennes au
lieu de tomber sous les balles turques ». On est ici sous l'influence
hellénique, mais, partout où elle se fait sentir moins immédiate, les
insurgés se montrent beaucoup plus conciliants. L'Europe peut bien

---

[1] Livre jaune, 22 février 1897.
[2] Parmi lesquels 15 volontaires italiens qui flétrissent l'intervention de leur pays
manifestement dirigée contre la Grèce. « Heureusement leur présence sauve l'honneur
de l'Italie ! »
[3] Voir Appendice VII.

regretter d'avoir laissé débarquer le colonel Vassos. Que de complications eût supprimées un peu de prévoyance!

L'échéance du blocus est arrivée. Cette mesure concerne tous les bâtiments grecs, mais laisse la libre pratique aux autres navires à la condition de ne rien débarquer pour l'intérieur ni pour les troupes grecques, et sous réserve du droit de visite. Les bâtiments de guerre helléniques doivent avoir quitté l'île le 21, à 8 heures du matin (le dernier part le 20 mars). Les Amiraux arrêtent en même temps les zones de blocus dévolues à chacun, correspondant à peu près aux centres de protection sous le commandement de chaque puissance. De plus, deux navires surveilleront à tour de rôle la côte Sud.

Les limites du blocus sont les 23º 24' et 26º 30' de longitude Est de Greenwich, les 34º 45' et 35º 48' de latitude Nord. Un mois plus tard la zone de blocus sera modifiée pour la restreindre aux eaux territoriales, détail important que les amiraux avaient perdu de vue.

Le blocus établi se montre rien moins qu'efficace; on arrête sans doute un certain nombre de navires, mais cette opération est surtout fertile en menus incidents qui, traités par la douceur, tournent à la complication et absorbent de nombreux bâtiments. Les risques des forceurs de blocus sont trop minimes pour les arrêter dans leurs projets. De plus, les Amiraux sont en butte aux sollicitations de tous les humanitaires, sincères ou non, désireux de secourir de pauvres affamés. Un de ces philanthropes rappelle à l'amiral Harris que sir Curzon a déclaré à la Chambre des communes que les amiraux donneraient des vivres aux femmes et aux enfants. « Nous ne demandons pas mieux, répond l'amiral, que d'aider à vivre des gens inoffensifs, et nous chercherons le moyen de les secourir sans nous exposer à faire profiter de nos largesses ceux qui entretiennent la guerre civile. Quand vous aurez trouvé ce moyen, vous nous en ferez part; nous l'appliquerons. »

II.

Les troupes demandées par les amiraux arrivaient successivement : une compagnie d'infanterie de marine par le *Latouche-Tré-*

ville[1], le 20 mars; trois autres compagnies avec le chef de bataillon Destelle, le 23; un bataillon de highlanders, un bataillon de chasseurs russes, 600 marins italiens le 24; 600 chasseurs styriens le 29.

Avant la venue des premiers soldats, les Amiraux s'étaient occupés de leur répartition, de leur installation dans diverses casernes turques[2]. Ils demandaient, dès le 23, le retrait progressif des troupes turques remplacées par les contingents internationaux pour bien affirmer aux Crétois l'application de l'autonomie promise. Il faudrait aussi envoyer dans l'île un gouverneur général et des fonctionnaires choisis avec l'accord commun des gouvernements.

Les Puissances devaient participer à l'action commune en Crète unanimement et avec des forces égales[3]. L'interprétation donnée à cette phrase par l'Allemagne n'était pas pour simplifier la tâche des amiraux. Soucieuse de son entente intéressée sinon cordiale avec la Turquie, partie en guerre contre la Grèce, elle se montrait aussi extrême en paroles[4] que réservée dans l'action. Un seul croiseur, la *Kaiserin-Augusta*[5] était venu figurer dans les eaux crétoises; figurer,

---

[1] Le *Latouche-Tréville* fut envoyé momentanément stationner à Beyrouth d'où il revint en avril.

[2] A la Canée (commandant Amoretti) : 300 Italiens, 300 Autrichiens, 300 Allemands, 300 Russes, 200 Anglais, 200 Français. Dans les autres villes le commandement supérieur restait aux marins avec les autres troupes sous leur ordres :

La Sude, 300 Allemands; Kissamo, 300 Autrichiens; Rethymno, 300 Russes; Candie, 400 Anglais ; Sitia, Spinalonga, 400 Français; Hierapetra, 300 Italiens.

[3] Livre jaune, 27 mars 1897.

[4] Le gouvernement impérial juge désormais au-dessous de sa dignité de faire de nouvelles démarches pacifiques à Athènes (Livre jaune, 16 février 1897). — L'Allemagne propose dès le 15 le blocus du Pirée. Toutes les idées et prévisions du Kaiser sur cette question crétoise sont d'ailleurs d'une clairvoyance à laquelle il faut rendre hommage.

[5] Bâtiments présents en Crète le 23 mars :

Anglais......	*Revenge, Anson, Trafalgar, Camperdown, Rodney, Scout, Fearless, Dryad, Harrier, Boxer, Bruizer, Ardent, Dragon, Banshee, Nymph, Tyne,* torpilleurs *90, 94, 95, 96.*
Italiens......	*Sicilia, Sardegna, Re-Umberto, Andrea-Doria, Giovanni-Bausan. Etna, Vesuvio, Euridice, Montebello, Caprera, Trinacria, Nibbio, Falco, Avoltoïo, Aquila, Sparviero.*
Russes	*Alexandre-II, Navarin, Nicolas-Ier, Groziastchy, Zaporojetz, Posad-nick,* torpilleurs *119, 120.*
Allemands....	*Kaiserin-Augusta.*
Autrichiens..	*Maria-Thérésia, Princesse-Stéphanie, Sebenico, Satellit, Sperbeer, Elster, Kibitz.*
Français.....	*Amiral-Charner, Chanzy, Latouche-Tréville, Suchet, Troude, Forbin. Wattignies.*

car, retenu au Conseil des Amiraux, son commandant assurait seulement quelques rares corvées à proximité du mouillage. Le commandant Kœllner discutait d'ailleurs volontiers et acceptait d'un cœur léger des combinaisons où il n'engageait ni hommes, ni navires (on dut le lui faire remarquer discrètement), poussant au blocus de Volo le jour même où il annonçait que l'Allemagne n'enverrait pas de troupes, débarquant modestement 50 marins à la Canée où il laissait 11 hommes à son départ, le 29 avril. Il oubliait encore ce jour-là, il est vrai, un marin à l'îlot de la Sude, précieux renfort pour les 25 Italiens qui gardaient ce rocher[1].

Il faut faire flèche du bois que l'on a, et les Amiraux changèrent la répartition projetée. Hiérapétra, trop malsain, n'était plus occupé, mais seulement protégé par mer, comme Kissamo où 150 Autrichiens ne s'établiraient qu'après le départ de la garnison turque; la garnison de Candie, insuffisante pour 50,000 habitants, était renforcée. Deux compagnies françaises restaient à la Canée; les deux autres allaient à Sitia : Spinalonga était occupé par 100 marins d'un détachement spécial amené par le *Charner* et le *Chanzy*. Ces mouvements commençaient le 24 mars.

Les troupes n'arrivaient pas prématurément, car la tâche des Amiraux devenait chaque jour plus lourde. Il fallait maintenant protéger les abords de la Canée mal défendus par des soldats turcs démoralisés. Le fortin de Malaxa était pris, celui d'Animbali attaqué, celui de Soubachi menacé par les insurgés. L'escadre devait détruire par le bombardement celui de Malaxa; il fallait protéger les deux autres, celui d'Animbali[2] dominant le fort d'Izzeddin et l'entrée de la baie de la Sude, celui de Soubachi commandant la prise d'eau de la Canée, près du village de Périvolia. Ce fortin fut occupé le 29 mars. Pendant que l'on se fusillait de part et d'autre, pendant qu'Ismaïl-Bey et le colonel Vassos démontraient péremptoirement que toutes les horreurs présentes étaient dues aux amiraux, défenseurs des insurgés pour l'un, protecteurs des Ottomans pour l'autre, la diplomatie tenait encore pour les avertissements et les

---

[1] Le *Kaiserin-Augusta* ne reparaîtra que le 19 novembre pour embarquer ses hommes, rentrer le pavillon allemand et partir pour Port-Saïd.

[2] Le fortin d'Animbali ne fut occupé que le 18 avril après plusieurs attaques des insurgés. Pendant l'une d'elles le *Camperdown* mouillé à la Sude, à 6,300 mètres, prêta aux Turcs l'appui de ses grosses pièces.

discours, alors qu'il était urgent de séparer les deux partis exaspérés.

Le 3 avril, 1,500 bachi-bouzoucks attaquaient l'Akrotiri. Des réfugiés séliniotes, armés par le gouverneur ou ayant emprunté des armes à des gendarmes provisoires, sortaient « pour faire la paix avec leurs frères chrétiens », les fusillaient tout d'abord, et dans un engagement perdaient 50 morts et 30 blessés, tuant 6 insurgés et en blessant plusieurs. La seule présence d'un officier italien, envoyé en parlementaire, avait empêché les bâtiments de tirer et de donner à ces bachi-bouzoucks la leçon méritée. Les Amiraux donnèrent l'ordre de désarmer les bachi-bouzoucks et le firent savoir aux insurgés, en même temps que leur regret de n'avoir pu agir. Du même coup Ismaïl-Bey devenait suspect pour avoir, malgré sa promesse, armé ou laissé armer ces malandrins et ne s'être pas opposé à leur sortie[1]. Aussi, quand le général Tewfik-Pacha[2] protesta contre les retranchements élevés par les insurgés de l'Akrotiri, on commença par vérifier son dire; il se trouva que de simples murs de pierres étaient un abri assez indiqué après l'alerte du 3 avril. Pour éviter tout nouveau conflit, les internationaux remplacèrent, le 19 avril, les Ottomans aux avant-postes de l'Akrotiri. Les chrétiens ne cachèrent pas leur joie de la façon dont les Amiraux réparaient une maldonne involontaire, et l'on put espérer la paix de ce côté[3].

Le jour même où arrivait le bataillon autrichien, les Amiraux demandaient des renforts à chaque puissance : un bataillon avec une section d'artillerie de montagne et 50 chasseurs d'Afrique. Les bâtiments occupés au blocus et à la protection étaient de plus en plus nombreux et les amiraux étrangers manifestaient en termes courtois à l'amiral Pottier leur étonnement de voir la marine française si faiblement représentée en Crète. Les renforts anglais, français[4], russes arrivaient du 8 au 12 avril, les Italiens le 24. Les

---

[1] Ismaïl-Bey invité à débarrasser l'île de 70 malfaiteurs emprisonnés leur adjoignait 150 de ces Séliniotes qui furent déportés à Benghazi.

[2] Tewfik-Pacha a été nommé le 18 février commandant militaire en remplacement de Ibrahim-Pacha.

[3] Cette mesure permit en même temps aux consuls et aux sœurs françaises de se réinstaller à Halépa.

[4] Avec le lieutenant-colonel Famin nommé commissaire militaire français en Crète en remplacement du colonel de Vialar occupant ce poste depuis le 19 mars. Le colonel anglais Chermside était à Candie, commissaire militaire britannique en Crète depuis le 18 mars.

Austro-Hongrois n'envoyèrent pas un homme; l'Autriche, inquiète de molester davantage la Turquie, songeait déjà à imiter le séparatisme allemand.

CHAPITRE VI.

La guerre gréco-turque (17 avril-21 mai 1897).

I. La guerre. = II. La Crète pendant la guerre. = III. Le départ des troupes grecques. = IV. Prévisions et préparatifs.

I.

La guerre gréco-turque fut un réveil pénible pour la nation hellénique égarée dans un songe grandiose, rêvant de prendre en Turquie la revanche de son insuccès en Crète. Ses amis avaient bien cherché à le lui éviter, mais, inconsciente, elle avait dédaigné les conseils de sagesse. Ayant perdu tout sentiment de la situation, se croyant certaine de battre les Ottomans, la perspective d'un conflit avec la Turquie, sans l'assistance de personne, ne lui inspirait aucune inquiétude[1]. Le débarquement de ses troupes en Crète, suivi de la déclaration de prise de possession de l'île était une violation du droit international qui justifiait, et au delà, une déclaration de guerre de la Porte. Non contents de ce geste, les Hellènes multipliaient les provocations en Macédoine. La Turquie mobilisait pour répondre aux préparatifs de la Grèce. Celle-ci, confiante dans la justice de sa cause « qui monte jusqu'au ciel » continuait à accumuler tous les torts. La rupture était désormais inévitable; les hostilités des Hellènes en Thrace et en Macédoine en décidaient le 10 avril. Depuis deux mois, la Grèce faisait la guerre à la Turquie; le 17 avril, la Turquie déclara la guerre à la Grèce.

La campagne fut brève. Il sortirait du cadre de ces pages de la raconter ; il suffit d'en noter les grandes lignes. La flotte hellénique, nettement supérieure à la flotte ottomane, ne fit rien pour profiter de la maîtrise de la mer, qu'un inutile bombardement de Prévéza commencé le 22 avril. La guerre se déroula donc exclusivement à terre, sur le théâtre où les Grecs devaient forcément succomber, en

---

[1] Livre jaune, 18 février, 23 mars 1897. Les *Conseils de prudence au cabinet d'Athènes* reviennent dans le Livre jaune avec la fréquence d'un *leit-motiv*.

Épire, en Thessalie. En Épire, la défection de quelques bataillons
ottomans fit hésiter un instant le plateau de la balance et permit aux
troupes du roi Georges de pousser jusqu'à Janina, pour être bientôt
rejetées à la côte. En Thessalie, Edhem-Pacha enleva Tyrnavo le
24 avril, prit Larissa le 25, puis, avançant moins vite que les Grecs
ne se repliaient, occupa Velestino et Pharsale le 6 mai, Volo le 8.
C'était l'invasion.

C'eût été l'invasion sans l'intervention des puissances. « Les
Grecs se sentaient désormais incapables de vaincre, menacés d'un
dur traitement. Leur enthousiasme se refroidit très vite; ils aban-
donnèrent la grande idée pour songer au salut de la petite patrie[1]. »
Dès le 27 avril, M. Skouzès, ministre des affaires étrangères, suggérait une intervention anglo-franco-russe.

Les Puissances n'avaient pu arrêter la Grèce sur le chemin de
cette folle aventure; du moins la guerre ne devait-elle pas les faire
dévier de leur ligne de conduite. Le principe posé fut la stricte
abstention sur le continent jusqu'à demande d'une médiation par
les belligérants, et le maintien de la Crète en dépôt entre les puissances[2] avec continuation du blocus et de l'occupation. Aux premières propositions d'arbitrage, le retrait de Crète des troupes
helléniques fût la condition mise par l'Europe à son intervention.
Le rappel du colonel Vassos lui donnait dès le 3 mai une demi-
satisfaction, mais les puissances, et principalement l'Allemagne,
fatiguées des réponses dilatoires des Hellènes, exigeaient cette fois
la solution radicale, le départ de toutes les troupes grecques; ce
point, discuté vainement depuis si longtemps, était acquis le 10 mai
en même temps que la reconnaissance de l'autonomie par le gouvernement hellénique. La médiation des six Puissances, sollicitée par la
Grèce, était, sur son désir, proposée par elles-mêmes le 11. Les hostilités étaient suspendues le 21. Le traité de Constantinople ne fut
signé que le 9 novembre 1897, mais la guerre était dès maintenant
terminée.

II.

Qu'était devenue la Crète pendant la guerre? La suite des menus

---

[1] E. Driault : *La Question d'Orient.*
[2] Livre jaune, avril 1897.

incidents s'y continuait avec toujours les mêmes contradictions, la même distance entre les paroles et les actes.

C'est le colonel Vassos qui aurait besoin de secours médicaux et ne veut pas les demander aux Amiraux qui ne peuvent plus les lui offrir officiellement, ni même autrement puisque le personnel de la Croix-Rouge d'Athènes demande sur les entrefaites à quitter le camp d'Alikianou pour rentrer en Grèce. Ce sont les insurgés tirant par malentendu sur une compagnie autrichienne en promenade militaire de la Sude à la Canée. C'est le gouverneur désireux de transporter les Seliniotes à Benghazi, mais ne pouvant le faire parce que les navires turcs n'ont pas de charbon. On leur donnera charbon et escorte. Même difficulté pour les condamnés de droit commun à évacuer en Asie-Mineure. Les internationaux feront ce transport. C'est la Porte autorisant le départ des musulmans désireux de quitter l'île et s'y opposant en sous-main. C'est Ismaïl-Bey demandant à puiser dans la caisse consulaire pour nourrir les réfugiés musulmans que le gouvernement turc néglige. Refusé. C'est le colonel Vassos oubliant qu'il écrit le français avec élégance et comprenant dans une lettre des Amiraux que les six puissances ont fait alliance avec la Turquie. C'est le départ de la *Kaiserin-Augusta* laissant un contingent de 12 marins en Crète !

Le 21 avril, la compagnie de débarquement du *Charner*, arrêtée sur la route d'Izzeddin, se voit barrer le chemin par un nombre considérable d'insurgés qui ont l'ordre du colonel Vassos de ne pas permettre aux troupes internationales de s'avancer sur la terre de Grèce ! Les trente Français rentrent à la Sude sans insister. Le lendemain, les troupes de débarquement anglaises font une regrettable manifestation d'impuissance. 540 hommes, appuyés par le croiseur *Forte*, sont arrêtés au même passage critique de cette route en corniche, et doivent se replier sans tenter de briser la résistance des chrétiens. Cette situation n'est pas admissible; une délégation de six officiers se rend le 24 auprès des chefs insurgés, au village de Stylos, et leur déclare que les Amiraux entendent avoir la libre circulation sur la route. Les chefs vont demander des ordres au colonel Vassos. Non pas: les Amiraux n'ont rien à voir avec le colonel; ce n'est pas une demande, mais la notification de leur volonté qu'ils adressent aux insurgés. Le 28, une promenade militaire de la Sude à Izzeddin a lieu sans nouvelle manifestation.

A Candie..., à Candie ce ne sont pas des incidents; la situation est mauvaise et va en empirant de jour en jour, compliquée de pillages, razzias, incendies, agressions, disette. Trois amiraux s'y rendent et voient les chefs des insurgés (3 mai); ils rapportent une mauvaise impression de cette entrevue. Les chrétiens n'ont qu'un refrain : « l'annexion ou la mort ». Leur attitude de bravade rend désormais superflues ces conférences. Les insurgés se concentrent peu après autour de la ville et, le 9 mai, a lieu un engagement avec une quinzaine de morts de chaque côté. Il n'y aurait qu'un remède, le départ des 30,000 réfugiés, mais les réfugiés ne partent pas.

La guerre en elle-même n'est pas une complication, au contraire, permettant de relâcher sans inconvénient le blocus pour laisser entrer quelques vivres. Il a seulement fallu détacher des navires hors de Crète pour protéger les divers nationaux ; les arrivées de la *Dague* et de la *Bombe* (commandant Chéron) le 16 avril, du *Vautour* (commandant de Rosière) le 3 mai ont été les bienvenues[1]. Il a fallu aussi occuper divers ouvrages, l'îlot de la Sude, Izzeddin, puisque le colonel Vassos a juré d'attaquer tout ce qui s'abrite sous pavillon turc.

III.

La nouvelle du prochain départ du colonel Vassos apportait une cruelle désillusion aux insurgés, qui se refusèrent d'abord à y croire. Revenus de leur stupéfaction, ils déclarèrent qu'ils s'y opposeraient, dussent-ils le tuer plutôt[2]. Le commandant en chef remettant le service au colonel Staïcos s'embarqua discrètement à Platania dans la nuit du 8 au 9 mai.

Restaient ses troupes. Les Amiraux s'opposèrent à la venue de navires de guerre helléniques pour les embarquer, et employèrent à cette besogne les bâtiments saisis depuis l'établissement du blocus. Ils avaient décidé, pour ménager la susceptibilité des Hellènes, que l'acceptation de l'autonomie par la Grèce ne serait publiée qu'après

---

[1] Voir Appendice VIII, § 1, Répartition pendant la guerre gréco-turque (28 avril) des divers bâtiments venus dans les eaux crétoises.

[2] Les Crétois ont ainsi fusillé, en douze ans, le colonel Vassos puis le prince Georges à leur départ, M. Zaïmis à son arrivée. Il est probable que le retour de celui-ci l'exposerait une seconde fois au même traitement.

le départ des troupes. Cette prévenance fut spécialement goûtée des officiers grecs peu désireux de recevoir quelque avanie de leurs frères déçus.

Le 14 mai, après quelques tergiversations, arrivait l'ordre attendu d'Athènes. Le jour même s'embarquaient 519 Grecs dont 70 volontaires. M. Gennadis, commissaire royal en Crète, était rappelé le 16 sur la demande des Amiraux. Le 19, nouveau départ de 700 Hellènes, sans les 40 prisonniers musulmans qu'ils prétendaient emmener[1]. Le mauvais temps et l'absence d'ordres d'Athènes retardant ce mouvement, les Amiraux avaient proposé au colonel Staïcos de venir s'embarquer à la Canée, lui offrant une escorte pour son détachement. Le colonel remercia, préférant attendre et partir de Platania. « En tout cas, sur la terre de Grèce, il n'avait pas besoin de la protection des troupes étrangères. »

Le départ des derniers canons, perdus d'abord, retrouvés non sans peine, fut moins facile. Les Amiraux avaient des raisons de les supposer appartenir aux Grecs; ceux-ci juraient qu'ils étaient aux insurgés. Athènes voyait déjà les chrétiens s'entr'égorgeant par la faute des Amiraux. « M. Skouloudis se plaint vivement qu'on ait empêché le départ du dernier détachement de soldats grecs de Crète, en y mettant la condition qu'ils embarqueraient avec eux des pièces d'artillerie appartenant aux insurgés, et que ceux-ci n'abandonnent à aucun prix. Il ne faudrait pas moins qu'une expédition contre les Crétois pour leur reprendre leurs pièces qu'ils défendront désespérément. » Les Amiraux s'étaient trouvés à bonne école pour apprendre la valeur des mots. Ils dirent tranquillement aux insurgés : « Donnez leurs canons aux Grecs »; et les insurgés rendirent les canons. Le 26 mai, les derniers soldats du roi Georges quittaient la Crète avec leur chef et leur artillerie.

Les insurgés connaissent maintenant la colère contre les frères qui les ont trompés par de vaines promesses. Ne pouvant tirer sur les Grecs, ils tirent du moins sur les internationaux. A deux reprises des officiers anglais sont dévalisés ou attaqués à main armée. Le 20 mai, l'amiral Harris, près d'Izzeddin, l'amiral Pottier, près de Touzla essuient des coups de feu. Puis, cette excitation tombe vite

---

[1] Turcs pris au fortin de Malaxa par les insurgés « auxquels ne commandait pas le colonel Vassos ».

et les chrétiens deviennent moins intraitables; les agitateurs ne sont
plus là pour entretenir le feu sacré.

Le premier, un vétéran des insurrections crétoises fit entendre la
voix de l'apaisement. Le 30 mai, en deux proclamations très modérées, Hadji-Mikhalis, commandant en chef de Cydonie, rappelait
aux Crétois qu'ils étaient en guerre contre le gouvernement de l'île
et non contre les musulmans avec lesquels ils auraient à vivre amicalement une fois l'ordre rétabli; qu'en attendant il convenait de respecter les propriétés musulmanes, bien de la patrie[1].

IV.

Sans perdre de temps, les Amiraux envisageaient maintenant les
opportunités de la situation. Ils estimaient inutile une nouvelle proclamation qui ne parlerait encore de l'autonomie que d'une façon
vague; il était temps d'en préciser les principales dispositions, et
tout d'abord celles relatives au retrait des troupes turques[2]. Tant
que ce départ ne serait pas officiellement annoncé et n'aurait pas
reçu un commencement d'exécution, les chrétiens ne déposeraient

---

[1] Voir V. Bérard, *Les Affaires de Crète « Hadji-Mikhalis »*,

La tâche est ingrate de revenir sur un sujet après M. Bérard; il convient toutefois
d'ajouter quelques détails au portrait pittoresque qu'il nous trace du beau pallikare.

Sa période la plus brillante fut l'insurrection de 1866, pendant laquelle sa petite
troupe de 200 lakkiotes était la première et la plus solide au feu, relativement disci-
plinée parmi ces bandes de guérilleros. Mais, après l'action plus encore que pendant le
combat, Hadji-Mikhalis montrait sa supériorité sur les autres chefs. Calme et réfléchi,
dévoué aux siens, pitoyable aux autres, il s'occupait activement d'assurer l'existence de
ses hommes, n'oubliant pour autant ni les petits, ni les faibles, ni les vieillards. C'était
le korakas de l'Ouest, avec, en plus, l'élévation du caractère et la noblesse des sentiments.

L'âge est venu! A Omalo sont toujours les huttes, toujours les maigres champs de
pommes de terre; à côté de la chapelle se dresse maintenant une belle maison où sont
reçus les étrangers de marque; mais le chef ne monte plus guère à Omalo. Il demeure en
bas, au bord du Platanos, vivant de la pension de 4,000 francs que ses services pendant
la guerre de Crimée lui ont valu du Tzar (pourquoi faut-il détruire la légende du napo-
léon d'or!), faisant le bien autour de lui. Si les circonstances redevenaient graves, il
hésiterait à reprendre le fusil, car soixante-dix-huit printemps enlèvent de la souplesse
nécessaire pour monter à cheval, mais, robuste encore, il prend un bain quotidien dans
le fleuve, dans le ruisseau, en hiver comme en été.

[2] L'opinion des internationaux sur ces troupes est intéressante. « L'armée est ce qui
s'est le mieux conservé intact au milieu de ce désarroi; il y a bien des soldats pillards,
mais en somme ils sont très disciplinés et les chefs n'ont que de bons procédés à notre
égard, ils nous secondent parfaitement en tout et nous rendent de grands services, prin-

pas les armes. Il fallait d'ailleurs s'attendre à des protestations des musulmans. Enhardis par les succès de l'armée ottomane en Thessalie, soutenus par Ismaïl-Bey, ceux-ci faisaient entendre des menaces en cas de retrait des troupes ; raison de plus pour se hâter. Il convenait encore d'envisager sans plus attendre l'émigration des musulmans réfugiés. Les chrétiens des villes partis en février commençaient à rentrer et trouvaient leurs maisons occupées par ces musulmans. Puisque la Crète était perdue pour le Sultan, celui-ci aurait avantage à favoriser le départ des mahométans en leur donnant des terres dans d'autres parties de l'empire.

Dès maintenant, les Amiraux désarment les bachi-bouzoucks à mesure que l'occasion se présente. Ils se trouvent en cela d'accord, partiellement, avec les chrétiens. Le capitaine Korakas, agitateur des provinces de l'Est, a proposé le désarmement des bachi-bouzoucks de Candie comme le meilleur moyen de pacification de l'île. Sans doute, lui répond le colonel anglais Chermside, le désarmement de tous les irréguliers de l'île ramènerait le calme ; celui des insurgés doit donc marcher de pair avec celui des bachi-bouzoucks [1].

Le travail n'a d'ailleurs pas manqué aux Amiraux qui ont eu à répartir et installer les divers contingents. L'amiral Pottier, secondé par son chef d'état-major, le commandant Jacquet, ses aides de camp, MM. Grandclément [2] et Lefèvre, s'est dévoué à cette tâche pour les siens et n'a eu de repos qu'il n'ait obtenu pour eux sinon

cipalement pour les ravitaillements. Mais ces bonnes dispositions des chefs peuvent changer d'un moment à l'autre sur un ordre du Palais. » (Amiral Pottier.)

Ne dirait-on pas que l'amiral a prévu, le 22 mai, l'arrivée de S. A. Djevad-Pacha en Crète ?

[1] Le capitaine Korakas tiendra l'affiche une dernière fois le 7 août. On l'a capturé, lui trentième, sur un brick-goélette battant pavillon grec et portant deux canons et des munitions. On pense d'abord confisquer le matériel, puis, Korakas déclarant quitter la Crète à la suite du désarmement des bachi-bouzoucks, on le prie de s'engager par écrit à ne pas rapporter ces armes en Crète.

Ce ne sont pas, dit l'amiral Pottier, des sentiments de bienveillance qui m'ont guidé en accordant à ce capitaine Korakas qui nous a procuré tant d'ennuis d'emporter ses canons et ses armes, mais cette mesure peut encourager d'autres volontaires à s'en aller de la même façon, et moins il y aura de Grecs en Crète, mieux cela vaudra pour la pacification.

[2] Le lieutenant de vaisseau Grandclément remplira les fonctions de chef d'état-major à partir de juillet 1898, le capitaine de frégate Jaquet étant rentré en France pour raisons de santé.

du confortable, du moins le bien-être indispensable. Il a eu tout à
faire pour des troupes arrivant sans matériel, sans couchage dans
un pays sans grandes ressources. Et c'est une suite de « débrouil-
lages » et de demandes pour organiser ou obtenir tant bien que mal
le couchage avec hamacs et lits improvisés, le logement dans des
casernes turques dont les troupes vont aux avant-postes ; l'amélioration de la ration, du vin à donner aux troupes, des indemnités
convenables permettant aux officiers de vivre ; des précautions hygié-
niques, casques, moustiquaires, ceintures de flanelle, des médicaments (il y a beau temps que les médecins français soignent chrétiens et musulmans) ; un petit hôpital provisoire chez les sœurs
françaises à Halépa, en attendant qu'elles viennent assurer ce service dans une maison gracieusement prêtée par son propriétaire à
la fin d'avril ; l'installation de postes françaises en Crète ; le dédoua-
nement des objets de consommation destinés aux troupes ; un aumônier pour ses soldats ; des cimetières pour les malheureux qui ne
reverront pas la France ; l'outillage d'installation des cantonnements ; des pompes à incendie ; le cercle militaire des officiers français à la Canée...

L'Amiral a obtenu dès février un dépôt de charbon à la Sude,
puis un hangar de l'arsenal pour loger ce charbon. Deux magasins
lui sont offerts en avril par l'amiral turc pour loger le matériel
apporté par la *Vienne*. Quelques marins garderont ce dépôt. Il
demandera encore plus tard des baraquements démontables pour
les troupes, puis tout le matériel nécessaire pour assurer pendant
l'hiver le casernement, le chauffage et le couchage de ses soldats et
de ses marins.

Il est partout, il pense à tout ; il demandera un gouverneur général pour la Crète entre une paumelle de voilier et un *Moniteur de la
flotte* pour ses marins. Mieux que tout, son inépuisable bonté répand
la confiance et la sympathie autour de lui[1]. Il a voulu un peu de
bien-être pour chacun et il réussit pleinement, car le lieutenant-
colonel Famin, chargé en février 1898 de faire une visite compara-
tive des divers casernements, termine ainsi son rapport : « En

---

[1] Il fait transporter sur leur demande à l'hôpital français de Smyrne deux insurgés
blessés à Selino par les troupes internationales et assez mal soignés à l'hôpital turc de
la Canée.

résumé, au point de vue de l'installation aussi bien que de la nourri-
ture, nos troupes sont certainement favorisées. Les officiers des
autres Puissances nous citent comme modèle; c'est la meilleure
preuve que nous ne leur sommes inférieurs en rien. »

CHAPITRE VII.

L'attente (mai 1897-mai 1898).

I. Faits divers. = II. Élections. — Assemblée. — Autonomie et pavillon
crétois. = III. Mutations diverses. — Répartition des secteurs. =
IV. Premiers résultats de l'occupation.

I.

La situation va maintenant se traîner pendant quinze long mois,
les diplomates causant pendant que les marins voudraient agir.
La crise aiguë semble passée; l'Europe se désintéresse déjà de la
Crète.

Cette période, énervante à vivre, est ingrate à raconter; les grandes
lignes manquent au tableau [1]. Il serait fastidieux de noter les innombrables réclamations des Amiraux demandant en vain la réalisation
de l'autonomie, un gouverneur général, le retrait des troupes turques,
l'exode des musulmans désireux de quitter l'île, l'organisation
administrative, judiciaire et financière de la Crète; fastidieux aussi
de reprendre en détail chaque mouvement de troupes ou de bâtiments [2]. La situation n'est même pas du provisoire, c'est la vie au
jour le jour avec toutes ses incertitudes. Tout au plus peut-on relater
quelques incidents de cette période grise de l'attente, sans espoir de
mettre en relief une physionomie qu'elle ne possède pas.

Si d'un côté les relations avec les chrétiens s'améliorent progressivement, elles vont inversement de mal en pis avec le gouvernement
turc auquel ses succès militaires ont enlevé de la souplesse. Le

---

[1] Les menées de Djevad-Pacha, l'organisation du secteur français résumées plus loin
(chap. VII, VIII et IX) pour intéressantes qu'elles soient ne constituent que des épisodes
de l'action générale.

[2] Voir Appendice VIII, §§ ii, iii, la répartition des troupes au 14 juillet 1897, des
bâtiments au 18 juillet 1897. On remarque combien le nombre de navires présents en
Crète a déjà diminué.

Sultan sent la Crète lui échapper ; ne pouvant lutter de front contre les puissances, il use de tous les moyens dilatoires. Ismaïl-Bey, gouverneur de l'île, homme faible et changeant, a compris le secret désir de son maître ; il fera naître des difficultés ou négligera de les aplanir, hésitera à exécuter les prescriptions des Amiraux, se plaindra des relations amicales que les promenades militaires (précisément multipliées dans ce but) font naître entre les insurgés et les internationaux, prétendra censurer les livres et publications, les télégrammes privés [1], protestera contre la garde de l'usine française de Kenouria-Kora (cette garde gêne les expéditions nocturnes de bachi-bouzoucks), contre les actes des officiers français à Sitia et Spinalonga, contre la création d'une commission militaire de police internationale.

Abdul-Hamid, pour tâter le terrain, parle en juillet d'expédier des renforts en Crète, puisque le but de la pacification n'a pas été atteint. Il recule devant l'accueil que reçoit cette nouvelle, mais il envoie du moins le maréchal Djevad-Pacha remplacer, le 24 juillet, le général Tewfik-Pacha, commandant militaire en Crète. Les Amiraux ont déjà décidé de s'opposer par la force au débarquement des troupes turques ; le 4 août, ils prennent une décision analogue pour la venue de l'escadre ottomane annoncée ; ni les troupes, ni l'escadre ne paraissent.

Les insurgés ne se sont pas calmés immédiatement. Le 6 juillet, un détachement austro-italien, en promenade militaire vers Platania, est accueilli par une fusillade à laquelle il ne riposte pas. Les insurgés s'en excusent, non prévenus de cette sortie, ayant pris les pavillons parlementaires italien, autrichien pour des drapeaux turcs. L'explication semble insuffisante aux Amiraux : les colonnes sortiront sans avis préalable, riposteront désormais à toute attaque et ramèneront les auteurs de ces actes de brigandage. L'agression ne se renouvelle pas.

Les cordons militaires font beaucoup parler d'eux. La Canée, Candie, Rethymno se trouvent à l'étroit dans cette ceinture que l'on ne peut élargir, manquant de troupes européennes et ne comptant

---

[1] Il n'a ce droit que pour les télégrammes à destination de la Turquie (et de la Grèce pendant la guerre) ; quant aux ouvrages de librairie, on le lui concède pour les écrits en langues turque et grecque.

plus beaucoup sur les Turcs. A vrai dire, le blocus est bien relâché depuis le départ des troupes grecques en attendant qu'il soit levé en fait le 2 septembre[1], et les musulmans réfugiés n'ont, au manque d'argent près, aucune difficulté majeure à se ravitailler par l'extérieur. Mais ils se trouvent précisément sans ressources; force leur est donc de continuer les sorties et les razzias. Aux environs de la Canée, on complétera en juillet la ligne Izzeddin, Tsicalaria, Nerokouro, Mourniès, Soubachi, ce qui n'empêchera pas complètement les crimes; et la commission militaire aura à juger quelques assassinats commis à Tsicalaria et ailleurs.

Les Amiraux ont été obligés en effet de prendre en main la justice; les tribunaux turcs ne comptent plus et les tribunaux consulaires, à procédure peu rapide, ne conviennent pas pour tous les cas. Ils ont donc étudié la question et nommé en août une commission militaire de police internationale de six membres, sorte de cour martiale jugeant sans appel sur la base du Code militaire italien, connaissant des crimes et délits contre la sécurité publique, les internationaux et la gendarmerie. Il n'y a, pour le moment, qu'une commission à la Canée; elle étendra bientôt le rayon de sa juridiction, puis il en sera créé de similaires dans les divers secteurs.

C'est ensuite la gendarmerie qu'il faut épurer (14 octobre). Elle comprend des carabiniers italiens, des Monténégrins, des musulmans indispensables pouvant seuls d'après le Coran pénétrer chez leurs coreligionnaires. Parmi ces musulmans, les Albanais sont encore sûrs, mais les Crétois sont trop souvent de connivence avec les malfaiteurs. Les Crétois seront congédiés, les Albanais, les Monténégrins conservés, les Italiens renforcés; toute cette gendarmerie sera désormais payée sur la caisse de la surtaxe[2]. Plus tard, des difficultés font remettre les Albanais à la disposition du gouvernement turc qui en profite pour organiser une police ottomane à côté

---

[1] Il l'eût été bien plutôt si les amiraux n'avaient pas craint de laisser une porte ouverte aux volontaires grecs de l'Hellade et d'ailleurs, auxquels la fin des hostilités gréco-turques laissait des loisirs. Ils n'avaient pas tort puisqu'il fallait, en juin, prier le gouvernement hellénique de bien vouloir s'opposer au départ de volontaires pour la Crète.

[2] Depuis les troubles de février, la surtaxe douanière de 3 p. 100, destinée à indemniser les victimes, a servi à faire face à diverses dépenses urgentes et imprévues. Le payement par la surtaxe des gendarmes turcs employés par les commandants supérieurs sera étendu à Candie (avril 1897) puis généralisé dans tous les secteurs en juillet 1898.

de la police européenne. En avril 1898, les Amiraux en prescrivent la dissolution. Les gendarmes turcs seront utilement employés à Candie.

II.

Les Crétois éclairés ne sont pas restés inactifs. M. Sphakianakis [1], médecin à Candie, a présenté dès le mois de juin un intéressant projet de bases de l'autonomie. Des élections ont eu lieu (9 juin) pour l'Assemblée nationale qui a fait connaître vers le 15 juillet son existence aux Amiraux ; ceux-ci, sans vouloir la reconnaître officiellement, prennent acte de cette notification pour conserver un trait d'union avec les chrétiens, espérant surtout que, pour s'affirmer, cette Assemblée tâchera d'obtenir la pacification et la cessation des vendettas. Leur espoir n'est pas déçu ; malheureusement l'Assemblée que les susceptibilités crétoises condamnent à une existence de Juif-Errant pour ne pas favoriser l'Est aux dépens de l'Ouest, le Nord aux dépens du Sud, l'Assemblée en déplacement perpétuel ne peut étendre les bienfaits de son influence pacificatrice qu'à une faible distance autour d'elle.

Cependant l'idée de l'autonomie fait du chemin. Le 25 août, l'Assemblée discute la question à Arkanès. Le président, M. Venizelos et douze autres députés votent pour l'ajournement ; le reste de l'Assemblée pour l'acceptation immédiate de l'autonomie. Venizelos doit démissionner, après quoi les députés rédigent une proclamation très mesurée où ils réclament seulement le retrait des troupes turques. Ce n'est pas chez les Amiraux qu'ils trouveront de l'opposition.

Le 14 octobre, les Amiraux apprennent de M. Venizelos, retour d'Athènes, que l'Assemblée va se réunir à nouveau pour faire une déclaration définitive d'acceptation de l'autonomie telle que voudront la donner les puissances, mais à la condition expresse du retrait des troupes turques. On décidera en même temps de rentrer le pavillon grec et de le remplacer par un pavillon provisoire. Ce dernier détail montre quel apaisement s'est fait depuis le départ du colonel Vassos.

M. Sphakianakis, qui sera dans quelques mois président de l'Assemblée crétoise. est le fils du grand Sphakianakis, le plus habile des chefs crétois, disent ses compatriotes, « le seul qui ait su faire fortune ».

Effectivement, l' « Assemblée générale insurrectionnelle crétoise » se réunit le 26 octobre à Mélidoni, sous la présidence de M. Spha-

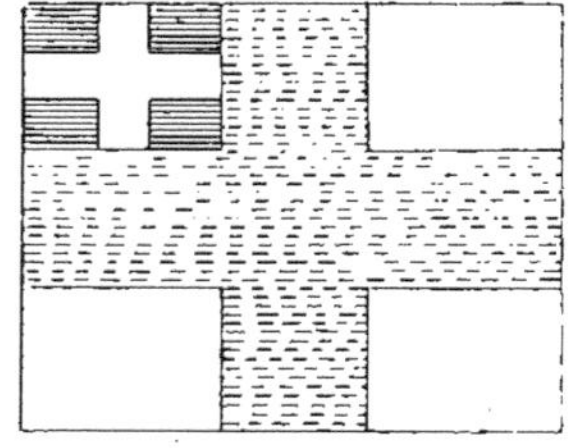

kianakis, accepte l'autonomie, devient l' « Assemblée crétoise », fait choix d'un sceau et d'un pavillon (blanc à croix noire, carré supérieur de gauche bleu à croix blanche) du nouvel État crétois. Quelques jours après a lieu la bénédiction du nouveau drapeau [1] crétois au monastère d'Arkadi deux fois sacré depuis la catastrophe de 1866 [2].

La détente est sensible à la Canée, à Réthymno, presque complète dans l'Est ; le moment est venu de réaliser cette autonomie si longtemps attendue. Le peuple crétois est impressionnable et changeant ; il faut profiter de ses bonnes dispositions [3] avant que l'hiver et la misère les détruisent. Les diplomates causent toujours.

III.

L'amélioration de la situation parait suffisante vers la fin de 1897 pour que les Puissances diminuent les effectifs de leurs contingents [4]. L'Allemagne a ramené le sien à zéro le 19 novembre ; le 24, les Anglais ne conservent plus que 600 fusiliers Welches à Candie, 200 à la Canée ; en février, les Français renverront une cinquantaine de marins.

L'Allemagne ne se désintéresse pas immédiatement de la Crète ; l'*Oldenburg* est arrivé, qui débarque (6 janvier) 20 hommes et 2 officiers à la Canée, où le pavillon allemand reparaît sur le Bastion des Nations.

---

[1] Ce pavillon n'est pas le premier en Crète, du moins sur le papier, car celui de 1867 paraît avoir eu une existence virtuelle comme la marine qu'il devait conduire au combat. (Voir Appendice IX, le décret de création de la marine crétoise.)

[2] Pendant l'insurrection de 1866, quelques centaines de chrétiens réfugiés dans ce monastère et fanatisés par l'higoumène opposèrent une folle résistance aux Turcs qui leur offraient la vie sauve. Une explosion de poudre anéantit un groupe de défenseurs autour desquels se créa la légende de l'héroïsme d'une mort volontaire.

[3] Que M. Bérard et ses compagnons de route ont pu constater au début d'octobre. (Voir Bérard, *Les Affaires de Crète*. « Les Insurgés ».)

[4] Voir Appendice VIII, § IV, la situation des bâtiments de guerre au 28 décembre 1897. Ces indications et les suivantes sur les bâtiments et les effectifs présents en Crète constituent un excellent baromètre de la tension dans l'île.

Le commandant Wahrendorf a un état... militaire plutôt complexe : capitaine de corvette, commissionné capitaine de frégate, il porte les insignes de capitaine de vaisseau. L'amiral Pottier n'ose lui demander s'il touche les appointements de contre-amiral.

L'amiral Harris, que l'amiral Noël doit remplacer dans quelques semaines, quitte la Crète le 31 janvier. Sa courtoisie, ses prévenances ont rendu son concours particulièrement précieux et agréable à l'amiral Pottier qui regrette son départ. Il le déplorera par la suite, quand il verra cinq capitaines de vaisseau lui succéder avant l'arrivée de l'amiral Noël imposée par les événements, cinq commandants que leur instabilité empêchera de s'intéresser à la question crétoise.

L'amiral anglais n'est pas regretté de tous, et le commandant Wahrendorff le voit partir d'un œil sec. L'amiral Harris n'a pas jugé opportun de faire une visite d'adieux personnelle à un capitaine de corvette ; aussi, à l'appareillage du *Revenge*, l'*Oldenburg* s'abstient-il de passer à la bande, comme le font tous les autres bâtiments.

Le cuirassé allemand quitte la Crète le 16 mars, après avoir rentré le pavillon et rembarqué son personnel. Il n'aura pas de successeur. L'amiral Hinke annonce le même geste pour la première quinzaine d'avril. Le 12, le pavillon autrichien est rentré, les navires et les troupes quittent la Crète sauf un seul bâtiment austro-hongrois restant comme stationnaire protecteur des nationaux allemands et autrichiens.

Voici l'Allemagne et l'Autriche retirées de la scène crétoise où leur désir de plaire à Abdul-Hamid n'a pas toujours facilité la tâche des internationaux. L'Allemagne se désintéresse purement et simplement de la question crétoise ; libre aux autres puissances de la régler au mieux, si elles croient pouvoir le faire[1]. L'Autriche a dû envisager les responsabilités que lui fait courir la situation actuelle... et ne croit pas pouvoir y demeurer[2]. — Ce serait peut-être une erreur d'oublier ces deux désenchantées au moment du règlement de comptes.

Le contre-amiral Skrydloff a remplacé, le 5 mars, le contre-amiral

---

[1] Livre jaune, 19 mars 1898.
[2] Livre jaune, 27 mars 1898.

Andreeff. L'amiral Pottier devait rentrer en France en avril, mais il sera maintenu en Crète jusqu'au règlement de la question. Le vice-amiral Canevaro rentrera le 5 juin, remplacé provisoirement par le commandant Carnevali, son chef d'état-major, puis le 30 juin par le contre-amiral Bettolo.

Avant de procéder à une nouvelle répartition des contingents par suite du départ des Austro-Allemands, les Amiraux doivent tout d'abord écarter une proposition du gouvernement russe qui voudrait constituer les amiraux en conseil administratif, avec l'assistance des consuls, et faire appel pour la pacification au concours des autorités et des troupes ottomanes [1]. — Des troupes ottomanes dont les Amiraux ne cessent depuis dix mois de réclamer la suppression ! Remettre les Turcs en présence des chrétiens serait rallumer l'insurrection. Quant au concours des autorités ottomanes, il est impossible d'y compter. Peut-on vraiment leur demander de travailler à déposséder leur souverain de la Crète ? — Les télégrammes des marins et des consuls ne laissent aucun doute aux cabinets sur l'opportunité de la proposition russe qui est abandonnée.

Après quoi les Amiraux traitent la question des contingents européens, demandant des renforts sur les instances de l'amiral Skrydloff (l'amiral Pottier préconise davantage la venue de quelques gendarmes), remaniant surtout la répartition actuelle des troupes. Le départ des Autrichiens donne à occuper Kissamo, Grabusa, la Sude, Izzeddin. Candie et Rethymno sont une assez lourde charge pour qu'on y laisse aux Anglais et aux Russes tout leur personnel. C'est donc aux Français et aux Italiens à combler les vides ; pour ne pas compliquer les ravitaillements, l'une des nations prendra l'est, l'autre l'ouest de l'île. L'amiral Canevaro comprend le désir de l'amiral Pottier de conserver le secteur oriental après ce que les Français ont fait à Sitia et à Spinalonga et, très courtoisement, le lui laisse choisir.

A partir du 12 avril 1898 les zones de protection et de blocus sont donc réparties comme suit :

Secteur italien : provinces de Kissamo, Sélino, Sphakia, Kydonia.

---

[1] Livre jaune, 1er avril 1898. M. Hanotaux espère que les puissances donneront leur adhésion à cette combinaison originale.

Secteur russe : Rethymno, provinces de Rethymno, Apokonora, Agios-Vassilios, Mylopotamo, Amari, Pyrgiotissa[1].

Secteur anglais : Candie, provinces de Malevisi, Temenos, Kainourgio, Monophatsi, Pediada.

Secteur français : provinces de Mirabello, Lassithi, Viano, Hierapetra, Sitia.

Secteur international : La Canée, la Sude, Akrotiri, du cap Drepano à l'île Theodoro en passant par la ligne des crêtes (Kabia, Malaxa, Varipétro, Galata)[2].

IV.

L'occasion nous est bonne de jeter un coup d'œil rapide sur les diverses zones de protection, avant de voir ce que donnera cette nouvelle répartition, et de comparer les résultats obtenus par chacun depuis le début de l'occupation jusqu'en avril 1898.

Kissamo. — Ce point, protégé par les Autrichiens depuis mars 1897, est, à leur départ, au même point que le premier jour, à part la destruction des deux fortins évacués par les Ottomans. La garnison turque, bloquée dans la forteresse, essuie le feu des insurgés dès que se montre un fez au-dessus du parapet. Les Autrichiens n'y ont jamais envoyé de détachement; l'amiral Hinke ne disposait pas des troupes sans l'autorisation du ministre de la guerre et celui-ci ne consentait pas à la dissémination de son unique bataillon.

Dès que les Autrichiens ont quitté la Crète, les autorités ottomanes redemandent l'occupation de la forteresse par les troupes internationales. La garnison turque de 200 hommes est réduite de moitié pour loger 100 Italiens qui se rendent par terre (5 mai) de la Canée à Kissamo.

Sélino-Kastelli. — La bourgade détruite par les insurgés (10 mars 1897) après la retraite de Kandano est désormais sans intérêt.

Hiérapétra. — L'apparition de l'*Etna* à Hiérapétra (février 1897)

---

[1] Pyrgiotissa relevant administrativement de Candie passe en juillet au secteur anglais.

[2] Secteur occupé par des troupes des quatre nations, commandé actuellement par un Italien. Blocus assuré par les uns ou les autres.

ILE DE CRETE. — Zones de surveillance affectées aux quatre puissances.

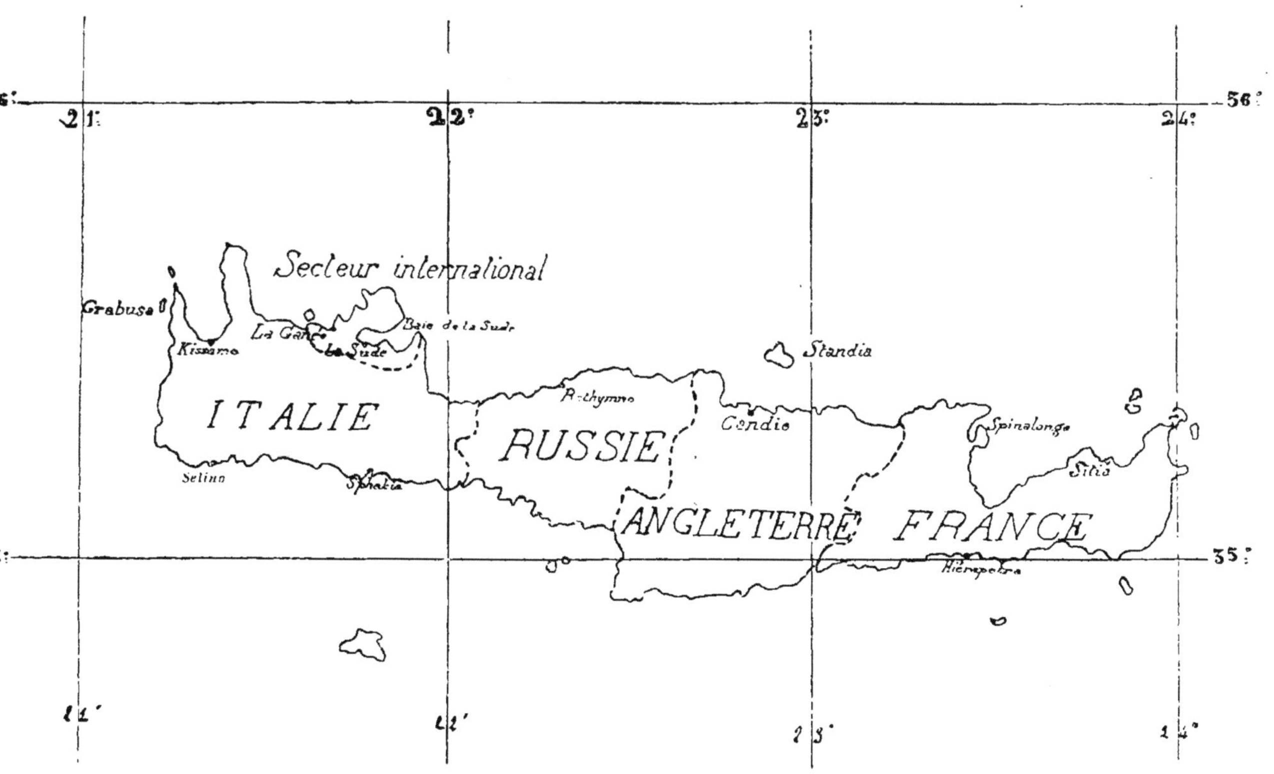

pour évacuer 380 chrétiens, la protection des Italiens, l'intervention du *Ruggiero-di-Lauria* (9 mars) concourant à la défense de la ville contre les insurgés du capitaine Korakas, le débarquement des Italiens différé (24 mars) sous prétexte d'insalubrité, évité encore grâce au mauvais temps le 24 avril[1], l'occupation à contre-cœur (7 juillet) par 300 soldats italiens, le remplacement de ceux-ci par des Français le 23 avril 1898, jalonnent l'histoire de Hiérapétra pendant quinze mois.

Après avoir tardé le plus possible à occuper un point dont ils s'exagéraient l'insalubrité, les Italiens ont commis une erreur de principe qui les a empêchés de récolter le bénéfice de la sympathie qu'ils gagnent facilement partout où ils passent. Hiérapétra se compose d'une ville murée, habitée par 3,000 musulmans et chrétiens et d'un faubourg exclusivement chrétien. Les orthodoxes ont évacué la ville, mais les haines sont ici moins vives qu'ailleurs ; il n'y a pas eu de massacres comme à Sitia ; la détente serait plus facile à provoquer qu'en bien d'autres points. Au lieu de s'établir dans la ville où leur présence eût ramené peu à peu la confiance entre les deux éléments, les Italiens se sont installés dans le faubourg, laissant complètement la garde de la ville aux 200 soldats turcs d'Othman. Un chrétien n'y pénètre qu'escorté de deux soldats italien et turc.

Il en est résulté que chrétiens et musulmans sont restés en défiance. Les autorités ottomanes se sont persuadé que la circulation n'est pas facultative dans la ville dont ils ferment les portes tous les soirs. Cette situation est une impasse ; elle dure depuis dix mois et pourrait durer longtemps encore.

Sitia-Spinalonga. — L'histoire de ces deux points, de leur organisation, des résultats obtenus mérite un chapitre spécial non pas tant parce que des Français les occupent, que pour avoir servi depuis plusieurs mois d'exemple aux amiraux étrangers, de modèle aux internationaux[2].

---

[1] Le détachement italien est venu devant Hiérapétra où l'état de la mer a, pendant trois jours, empêché le débarquement.

L'amiral Canevaro repart et va déposer provisoirement son demi-bataillon à Candie.

Il a été débarqué pour quelques jours, 30 marins, 2 canons, 7 carabiniers.

[2] Voir chap. VIII, Pour ne pas avoir à revenir plusieurs fois sur le même sujet, on y trouve l'évolution du secteur français, y compris Hiérapétra, jusqu'en août 1898.

Candie. — Candie est un des points noirs et préoccupants de la situation. Cette ville de 20,000 habitants, dont la population a plus que doublé par l'entrée des réfugiés, est maintenant le grand centre musulman et cette agglomération de nécessiteux est particulièrement facile à fanatiser. Les efforts des agitateurs ottomans porteront sur ce point dont les protecteurs auront à coup sûr une tâche délicate; Candie sera pendant près de deux ans un foyer de désordres.

La protection a été dévolue (février 1897) aux Anglais qui n'ont pas tardé à débarquer. Agissant avec la tendance particulariste de leur caractère, ils se sont installés, fort mal installés tout d'abord [1], sur les remparts de Candie [2], vivant à l'écart des musulmans comme des chrétiens, loin des uns et des autres. L'ordre dans la cité est vague; dehors, c'est le désarroi du cordon militaire échelonné sur 22 kilomètres, mélangé de réguliers turcs et de bachi-bouzoucks, les premiers tolérant les pillages des seconds quand ils ne s'y associent pas. Les troubles se multiplient, les agressions se répètent; les Anglais ne paraissent pas s'en émouvoir beaucoup. Ils ne se manifestent ni en ville où ils surveilleraient la gendarmerie turque, ni sur le cordon dont ils consolideraient les mailles; ils réclament seulement des autorités ottomanes des vivres pour la population [3].

Le colonel Chermside pourrait-il faire davantage? Il ne faut sans doute pas perdre de vue que prenant possession de Candie avec un bataillon et 200 ou 300 marins, vaguement soutenus par 4,000 ou 5,000 soldats turcs, en face de 50,000 musulmans dans la ville, de 15,000 insurgés dans la campagne, il était tenu à quelque prudence.

---

[1] Ils ont payé un lourd tribut à la dysenterie.

[2] Tels sont les Anglais en 1897, tels encore en 1909. Ils ont installé leurs « barraks » sur les fortifications où ils trouvent des terrains de sport. Ils y vivent isolés, faisant venir leurs approvisionnements de l'extérieur, ignorant les Crétois, ignorés d'eux. Leur départ n'a pas été un grand vide pour Candie.

[3] Que sont donc ces bachi-bouzoucks? L'emploi du mot a reçu une grande extension : quand un Crétois prend un fusil, il devient insurgé s'il est chrétien, bachi-bouzouck s'il est musulman; la différence entre les deux ne va d'ailleurs pas beaucoup plus loin.

Il ne faudrait pas s'imaginer grandioses les sorties des bachi-bouzoucks. Ou bien ils vont faire paître leurs troupeaux et l'on voit une bande de gens dépenaillés dont chacun pousse devant lui ses 2 ou 3 moutons qui ne trouvent certainement plus à Candie le brin d'herbe qu'ils rencontreront peut-être dans la campagne dévastée. Les moutons ne reviennent pas tous, car, pour s'être aventurés trop loin, les musulmans les voient volés par des chrétiens dont ils essuient eux-mêmes la fusillade. Ou bien, pour venger cet insuccès, ils partent razzier à leur tour les chrétiens; cette fois les troupeaux restent à Candie. Dans les deux cas les fusils sont de la fête.

La sienne est extrême et confine à l'imprévoyance; malgré les exemples voisins, il ne tente rien, ni police, ni apaisement. Le manque de troupes n'a pas toujours été une excuse suffisante à cette inaction anglaise car le colonel a 1,435 hommes le 11 juillet 1897; il reçoit 450 hommes de renfort le 2 août, ce qui porte ses effectifs à près de 2,000 hommes. Pourquoi l'Angleterre réduit-elle ensuite ce chiffre? En novembre, le bataillon de highlanders et la batterie d'artillerie de montagne rentrent à Malte; restent seulement en Crète, 6 compagnies de fusiliers welches, 4 à Candie, 2 à la Canée[1]. Puis, en juin 1898, sans que la situation se soit sensiblement améliorée, ces 1,000 fusiliers welches seront relevés par 700 highlanders dont 450 seulement iront à Candie. Le commandant anglais manifestera alors une surprise que les Amiraux l'engageront à témoigner de préférence à son gouvernement.

Ismaïl s'est engagé (10 septembre 1897) à faire désarmer les irréguliers de Rethymno et de Candie par les soins des gouverneurs. Le colonel Chefki-Bey, à Candie, ne semble pas avoir entendu cet ordre et, le 19 janvier 1898, à la suite de nouveaux pillages et exploits des bachi-bouzoucks, les Amiraux demandent son remplacement. Ismaïl fait observer, non sans quelque apparence de raison, que la coopération des troupes anglaises au maintien de l'ordre, comme dans toutes les villes occupées, serait un précieux secours. Toutefois, le jour même, Chefki-Bey, comme pour mieux démontrer ses propres torts, fait arrêter 24 bachi-bouzoucks sans l'aide des Anglais, sans qu'il s'ensuive aucun trouble. Ce geste tardif ne l'absout pas; il est remplacé par le général de brigade Edhem-Pacha.

En avril 1898, les Amiraux, désireux de tenter un effort sérieux vers l'apaisement, viennent à Candie avec le gouverneur Ismaïl pour présider à l'inauguration d'un marché mixte où pourront se rencontrer chrétiens et musulmans. Ismaïl déclare l'essai possible, mais réclame comme compensation de sa démarche certains avantages pour les musulmans. Il n'obtient qu'une réponse sévère : si le marché peut être établi, il doit l'être pour le bien de tous et les Amiraux qui ont fait tous leurs efforts pour sa création, laisseront à Ismaïl la responsabilité d'un insuccès. En cas de réussite au contraire, ils

---

[1] En avril 1898, le demi-bataillon italien de Candie passe naturellement au secteur italien.

étudieront avec bienveillance l'amélioration de la situation des musulmans de Candie. L'essai ne se montre pas bien concluant : il faut un peu de conviction pour réussir semblable tentative.

En août 1898, on en sera à des pourparlers analogues. Les Anglais toujours isolés sur les remparts, les troupes turques au cordon, la gendarmerie en ville ; puis le 6 septembre surviendra le guet-apens..... Pourrait-on vraiment parler de surprise ?

Rethymno. — Les Russes ont protégé (16 février 1897) Rethymno occupé par eux peu après. Ils y ont passé quelques mois dans l'attente, incertains de la voie à suivre ; puis, pour avoir vu les Français à l'œuvre, ils essayent les mêmes procédés et s'en trouvent bien. Rethymno, moins encombré à vrai dire que Candie, est un centre tout aussi fanatique, et cependant les Russes y obtiennent des résultats appréciables. Pendant ces quinze mois, Rethymno ne présente pas d'incidents notables en dehors des inévitables escarmouches de bachi-bouzoucks et d'insurgés.

La Canée. — Depuis que la Canée est occupée par les internationaux l'ordre y est assuré. L'histoire des avant-postes, du cordon, est heureusement très pauvre en incidents de quelque importance. Les escarmouches de l'Akrotiri ne se renouvellent plus après le 3 avril 1897 ; celles d'Izzeddin se répètent en avril-mai. A Tsicalaria, Nerokouro, Mourniès quelques actes de brigandage et assassinats. Au fortin de Soubachi, malgré les complications et conflits avec les Turcs, qui conduisent à occuper Périvolia, l'ennemi le plus terrible est la fièvre qui oblige en été à réduire le poste [1]. De Galata, rien à dire. Toute cette région est, il est vrai, très surveillée par les internationaux nombreux à la Canée où les exploits des bachi-bouzoucks ont été enrayés de bonne heure.

[1] Le climat de la Crète n'est pas mauvais, mais le pays ne pourrait passer pour un sanatorium et certains points comme la Sude sont sous des influences paludéennes fâcheuses. La statistique médicale du stationnaire de Crète (150 hommes) passant la majeure partie de l'année à la Sude signale (moyennes de 1908-1909) comme affections les plus fréquentes : la furonculose à caractère tenace ; la bronchite (hiver) 12 cas, 180 jours d'indisponibilité ; la diarrhée (été, changement de saison) 24 cas, 170 jours ; les fièvres, 72 cas, 400 jours.

La fièvre de Crète dont l'évolution rappelle celle de la dengue, disparaît du jour au lendemain quand on s'éloigne des parages infestés. Le stationnaire de la Sude a couramment 7 ou 8 fiévreux en été ; il prend la mer, la fièvre disparaît instantanément. Elle

CHAPITRE VIII.

Le secteur français (mars 1897-août 1898).

I. Sitia. = II. Spinalonga. = III. Les visites. — Le canal de Poro. —
La justice à Sitia. = IV. Hiérapétra. — Le secteur. — Le 14 juillet
1898.

I.

La situation du commandant Hennique en mars 1897 à Sitia, sans
gouvernement, sans tribunaux, sans police, sans argent, en face des
deux éléments de la population surexcités par les massacres, n'était
pas sans analogie, toutes proportions gardées, avec celle des Amiraux devant l'ensemble de la Crète. Il n'en est que plus intéressant
de suivre ce que feront les Français dans la région dont le hasard
leur a donné la surveillance et d'en conclure ce qu'aurait pu être en
Crète l'action de l'Europe moins divisée et plus certaine de ses
propres intentions.

Nous avons quitté Sitia [1] à la veille de l'arrivée des troupes internationales. Les émissaires grecs ayant exalté les nobles sentiments,
les insurgés ont bloqué la ville et coupé le ravitaillement « en
réponse au blocus par mer », tirant sur quiconque paraît hors des
murs. Le commandant du *Suchet* a dû organiser les postes de
défense, mettant les canons de débarquement du *Suchet*, de la *Nymph*
et du *Fearless* sur la citadelle.

Deux compagnies d'infanterie de marine, sous les ordres du chef
de bataillon Destelle, débarquent le 24 mars. Une centaine de
marins sont déjà arrivés et occupent quelques maisons au bord de la
plage. Les « marsouins » s'installent dans d'autres habitations, à
l'école, à la citadelle. Plusieurs chrétiens absents de Sitia ont offert
gracieusement leurs demeures [2]. Le commandant Destelle s'occupe

---

n'affecte pas les états-majors, et pourtant les soldats, installés à terre plus confortable-
ment que les marins à bord, en pâtissent davantage. En 1909, les Anglais à l'arsenal
de la Sude avaient plus de 20 fiévreux sur un effectif de 60 hommes.

[1] Voir chap. IV.

[2] Geste adroit qu'on retrouve ailleurs.

A Volo (juillet 1897), Enver-Pacha, gouverneur de la ville, d'abord modestement logé

avec la plus grande sollicitude de ses hommes dont il est très aimé;
il a entrepris en même temps que l'installation de sa troupe le
nettoyage général de la ville et il a fort à faire. Quand l'amiral
Pottier vient, le 30, visiter Sitia, la besogne est commencée. Il est
reçu par toute la garnison sous les armes[1], après quoi il visite les
casernements; officiers et soldats se déclarent satisfaits de leurs
casernements; ils ne sont vraiment pas difficiles à contenter. Par
ailleurs, la présence des troupes et surtout l'éloignement momen-
tané des émissaires grecs (Korakas opère dans l'Ouest), ont rendu
moins menaçante l'attitude des insurgés. Leurs chefs ont invité et
reçu des officiers à Piskoképhalo; ils expliquent que jamais ils n'ont
pensé à tirer sur les Européens, mais que la vue d'un fez fait
partir les fusils automatiquement. A défaut de fusillade il se produira encore des manifestations intempestives, comme à l'anniversaire de l'Indépendance grecque (6 avril) où 1,400 insurgés viennent faire une démonstration puérile et dangereuse à proximité
de la ville. Aussi, l'amiral expédie-t-il à Sitia (13 avril) une compagnie d'infanterie de marine et son deuxième détachement spécial de
100 marins.

Il a de suite tracé le programme : 1° évacuer les réfugiés; insister
auprès des ambassades afin d'obtenir de la Porte l'autorisation
nécessaire pour cela ; 2° retirer les troupes turques; si les renforts
demandés arrivent, un bataillon entier sera constitué à Sitia ; 3° éloigner les émissaires grecs. La pacification se fera ensuite tout naturellement. — Dès son retour à la Sude, l'amiral a entrepris d'obtenir
du gouverneur le départ des troupes. Pendant ce temps, pour démontrer aux insurgés qu'ils n'entendent pas rester bloqués, les Français
sortent en promenades militaires et prennent contact avec les chrétiens; les relations s'améliorent. Le dévouement de nos médecins

à l'auberge, est maintenant luxueusement installé dans une superbe maison. — Ce sont
les lois de la guerre....

Mais non, c'est simplement l'assurance contre le pillage. Cette demeure appartient à
un riche Grec président de la section locale de l'Hétairie nationale qui a si vivement
poussé la Grèce à la guerre. Si précipité qu'ait été le départ de ce patriote, il a pris le
temps de recommander au consul de France d'offrir sa maison au général turc qui sera
nommé gouverneur de Volo.

[1] 600 hommes, savoir : la compagnie de débarquement du *Suchet*, le détachement
spécial de 100 marins, les deux compagnies d'infanterie de marine, la garnison turque.
Le *Suchet* et le *Falco* seuls sont en rade.

contribue grandement à cet heureux résultat. L'un d'eux, vaccinant les enfants chrétiens à Piskoképhalo, obtient d'amener avec lui à Sitia un de ces mioches vacciné avec succès, qui fournira du sérum pour les petits musulmans. Les insurgés peuvent bien rédiger quelques libelles contre l'action de l'Europe : cela leur cause tant de plaisir et fait si peu de mal !

Le 25 avril, l'amiral Pottier aidé du lieutenant-colonel Famin a gagné son procès, et, le 27, la *Tyne* transporte à Candie, où elles peuvent être utiles, les troupes turques de Sitia et de Spinalonga[1]. A peine l'amiral a-t-il eu le temps de s'en féliciter que ses prévisions se réalisent : les émissaires de Vassos viennent encore une fois souffler la tempête. Il faut reprendre une attitude défensive et expédier (30 avril) la 4ᵉ compagnie du bataillon Destelle. Cette nouvelle agitation dure peu et les relations s'améliorent définitivement.

Le mois de mai est employé à perfectionner les installations. Vers la fin du mois, la *Nymph* et le *Fearless*, qui ne sont plus indispensables à l'amiral, quittent la station où leur concours cordial et dévoué a été grandement apprécié des Français.

Les édifices manquent pour les casernements et vont manquer davantage encore si les chrétiens rentrent prochainement, puisqu'il faudra leur rendre leurs maisons. Le *Chanzy* a bien rapporté du bois de Smyrne[2], mais qu'est-ce cela à côté du nécessaire ? On demande donc des tentes et des baraquements démontables. L'amiral presse l'installation, car il redoute l'été pour ses hommes. L'ambulance installée dans une maison au bord de la mer est terminée ; on a pu avoir deux sœurs françaises qui donnent leurs soins dévoués aux malades ; il faudrait aussi un aumônier. On a encore demandé un supplément de médicaments, car les médecins ont beaucoup de succès, continuellement appelés dans les villages des environs. Il n'est pas de meilleur moyen d'influence.

La police et la voirie ne sont pas négligées ; deux lieutenants de vaisseau, MM. du Couëdic et Chevalier, commandant les marins débarqués, se sont succédé aux « affaires indigènes ». Le nouveau

---

[1] Il reste 20 gendarmes à Sitia, 30 artilleurs à Spinalonga.

[2] Le *Chanzy* a remplacé pendant une dizaine de jours, à la fin d'avril le *Suchet*, en ravitaillement et en « détente » à Smyrne.

caïmacan, nommé en avril par le gouverneur, a d'abord voulu faire de l'obstruction, puis est venu à des idées plus raisonnables. Il y a rapport au konak tous les matins et le caïmacan fait exécuter les ordres de l'officier chargé des affaires indigènes. La ville est devenue propre; on a nettoyé les maisons, les fosses, les puits, les rues, employant à ces travaux des miséreux payés sur les fonds dont dispose l'amiral[1]. Dix ânes ont été loués pour assurer le ravitaillement en eau qu'il faut aller prendre à des puits assez éloignés. Les campements et casernements sont parfaits de propreté; des jardins, un gymnase, un manège les complètent. Un bureau de poste français est installé à Sitia au début de juin.

Avec l'été arrivent malheureusement les fièvres; il y a jusqu'à trente malades par compagnie, plusieurs décès surviennent. L'absence de tentes abritant du soleil la façade des maisons se fait cruellement sentir; l'amiral qui en a déjà demandé en France prend le seul parti possible et rapide d'y consacrer quelques toiles de son bâtiment. Le soulagement est sensible, mais il faut en juillet se décider à donner un peu d'espace aux hommes. On a installé une, puis deux compagnies sur la colline que la brise garantit de la fièvre; on évacue une compagnie sur la Canée; on envoie 50 convalescents à Spinalonga; enfin, on suspend le remplacement des rapatriés. Malgré tout, l'état sanitaire ne s'améliorera sérieusement qu'au mois d'octobre[2].

Pendant l'été, les relations avec les chrétiens deviennent excellentes; à part quelques membres du parti militaire, chacun ne songe qu'à se remettre au travail. Les chrétiens viennent tous les jours en ville, désarmés s'il y a lieu aux avant-postes, et repartent le soir. Une école a été fondée par les Français, où fréquentent plus de 30 enfants musulmans. Il y a bien encore quelques coups de fusil

[1] Les affaires étrangères ont fait tenir à l'amiral Pottier 10,000 puis 5,000 francs pour faire face aux nécessités. L'amiral demande encore, en décembre, 5,000 francs « dont l'emploi ne sera pas difficile à trouver ».
L'amiral a en outre distribué (mais ceci à la Sude principalement) près de 8,000 kilogr. de farine et de biscuit aux malheureux qui se pressent chaque jour à la coupée de son bâtiment. On interrompra en février 1898 ces aumônes dont les Crétois ont abusé; on ne donnera plus de secours que par l'intermédiaire des chefs ou du clergé.
[2] De février à décembre 1897, les Français ont perdu en Crète 15 marins et 26 soldats soit 41 hommes dont 26 par fièvres typhoïdes et autres et 4 par dysenterie, sur un effectif moyen de 3,250 hommes.
Pendant cette même période on a rapatrié 444 hommes pour cause de santé..

dans la campagne, mais ce sont maintenant les chrétiens qui les échangent entre eux. Du côté des autorités ottomanes il a fallu remettre les choses au point. L'influence fourbe et tracassière d'Ismaïl s'est fait sentir jusqu'à Sitia où, sur son ordre, le caïmacan a prétendu faire payer les droits ·d'entrée en ville, aux provisions achetées par les troupes au cours des promenades militaires, et expulser de Sitia l'interprète chrétien des Français. Inutile de relater l'accueil fait sur place à ces prétentions. Le résultat inattendu pour Ismaïl-Bey est une lettre de l'amiral Pottier lui demandant instamment de remplacer le caïmacan Kadry-Bey par le maire actuel Tewfik-Effendi. L'amiral ajoute :

> Je viens de visiter Spinalonga et Sitia. Jamais, depuis les malheureux événements de février, ces deux localités ne m'ont paru jouir d'une pareille tranquillité; aucune plainte ne m'a été adressée. Aussi, je ne vous cacherai pas combien il m'est pénible de constater avec quelle facilité Votre Excellence accueille les dénonciations les plus invraisemblables contre nos soldats, et cela dans un arrondissement où nous avons rendu tant de services à la population musulmane.
>
> J'ajouterai que je n'ai voulu recevoir ni le maire de Spinalonga, ni le caïmacan de Sitia qui se sont présentés à bord de l'*Amiral-Charner*.

Ismaïl répond (2 juillet) en donnant satisfaction et en reconnaissant une fois de plus que tout est faux dans les plaintes qu'il a ·transmises.

Les tremblements de terre cessent rarement tout d'un coup; au début d'octobre une légère tension se manifeste entre chrétiens et musulmans. L'épitropie interdit aux insurgés l'entrée de Sitia. Est-ce pour mieux vendre les denrées chrétiennes dont le marché s'installe hors de la ville? Est-ce en réponse au bruit répandu par un journal d'Athènes que la pacification de l'Est serait due à Djevad-Pacha? Cette tension ne dure pas; on reprend sans même en attendre la fin les promenades militaires et les excursions interrompues pendant les fortes chaleurs. En novembre, la 3e compagnie est ramenée à la Canée; il n'en reste plus que deux à Sitia.

II.

L'occupation de Spinalonga s'était présentée sous un jour un peu différent. Cette misérable bourgade, enclose dans une forteresse vénitienne, sur un rocher aride, peuplée de quelque 2,000 musulmans peu intéressants, vrais pirates, nullement désireux de la venue des étrangers, ne comportait, aux yeux de l'amiral Pottier, que la protection d'un bâtiment léger, suffisant pour empêcher les insurgés d'attaquer la ville comme ils l'avaient fait le 12 mars 1897.

Dès le 19 avril il fallait revenir sur cette décision ; les autorités de Spinalonga, craignant d'être molestées à nouveau par les chrétiens, demandaient des troupes qu'elles s'offraient à loger. Le peu de sécurité du mouillage par mauvais temps, la crainte de voir les insurgés s'emparer de Spinalonga, décidèrent l'amiral à faire occuper ce point par 75 Français et 5 Anglais. A la fin de mai il remerciait l'amiral Harris du concours de ses bâtiments dont il pouvait désormais se passer. La garnison était alors composée de 100 marins français commandés par le lieutenant de vaisseau Dupourqué.

Le cadre est ici tout autre qu'à Sitia. La muraille vénitienne enserre sur cet âpre roc des maisons à demi ruinées. Il n'y a ni eau potable[1], ni terre cultivable, ni espace ; c'est la réclusion mal déguisée dans des logements mieux faits pour servir de prisons que de casernements, en compagnie de 2,000 Spinaliotes, musulmans rudes à la réputation douteuse, à la malpropreté certaine. L'inaction serait ici la neurasthénie à bref délai ; mais avec M. Dupourqué cette maladie n'est pas à craindre. Il faut d'abord nettoyer et assainir les logements qui n'ont jamais vu tant de pétrole et tant de chaux ; huit jours de travail assidu les rendent habitables. Le détachement qu'ils abritent n'est pas quelconque, composé de marins brevetés, en majeure partie des fusiliers ; il sera, jusqu'à son départ, le modèle de toute la Crète par sa belle tenue, son entrain et son allure militaire.

Ayant fait la propreté des casernements, il ne faut pas oublier celle de la ville ; après s'être contenté de prêcher d'exemple pendant quelques jours, M. Dupourqué, secondé par M. Degrenand, enseigne de vaisseau, et M. de Parseval, aspirant de marine, organise cette petite révolution : chacun nettoiera la rue devant sa maison. Des rondes s'assurent de l'exécution de cette prescription qui ne va pas sans quelques protestations tout d'abord. Il faut aussi surveiller

---

[1] Il faut ravitailler la garnison en eau distillée.

les barques; elles sont toutes numérotées, inspectées au départ et
au retour. Plus tard, dans la campagne voisine, le bétail sera marqué au coaltar. — Les marins n'ont-ils pas la manie de tout matri-
culer? — Ceci ne convient pas beaucoup au maire, mais la justice
sommaire des Français met le comble à son étonnement. Il en écrit
à son chef, le gouverneur de Candie :

Le commandant Dupourqué s'interpose dans toutes les affaires privées et a
commencé à juger les procès de dettes. Il prononce des sentences sans
témoins et sans constatations, ne se basant que sur la simple parole du
plaignant; il impose des amendes et empêche toutes les demandes du gouvernement local. Un certain créancier avait à recevoir quelque argent du
batelier Hussein Fanardjaki et s'était adressé au commandant français;
celui-ci a condamné le débiteur à une amende de 20 francs et au payement
de sa dette. Hussein étant parti pour aller auprès de Votre Excellence afin
d'être exonéré, le commandant a donné à ses soldats l'ordre de le tuer à son
retour.
Il exige, en outre, que tous les habitants se lèvent quand il passe, et il a
déclaré qu'en cas contraire il les punirait. Mais, comme il se promène toujours dans les rues et que les habitants sont occupés, ils ne peuvent à chaque
instant laisser leurs occupations pour se lever sur son passage.
Les démarches de cet officier étant inopportunes, je m'empresse de vous
en informer.

Cette lettre va au gouverneur général, à l'amiral Canevaro, parvient à l'amiral Pottier, qui n'y répond pas et fait engager le commandant Dupourqué à continuer. Le parti du maire[1] diminue d'ailleurs tous les jours et les habitants sont très satisfaits du nouvel état
de choses. Les relations se sont nouées avec les chrétiens qui viennent vendre des provisions et dont les chefs invitent les officiers à
aller les voir à Néapolis. Le commandant Hennique a autorisé les
promenades militaires qui ont si bien réussi à Sitia ; on a débuté
avec prudence, en commençant par la presqu'île et en s'éloignant
peu à peu. Dès le 7 juin, on pousse jusqu'à Elounda, les officiers du
Vautour jusqu'à Néapolis.

Agréable surprise : Spinalonga est très salubre ; il n'y a pas un
malade et il n'y manque plus que des moustiquaires pour avoir un
peu de confortable. Le prompt rétablissement des convalescents de
Sitia en juillet lui vaut la réputation d'un sanatorium. En jan-

---

[1] Ce pauvre maire est resté légendaire dans le pays; on dit encore « menteur comme
Ali-Effendi ».

vier 1898, le rocher deviendra de plus, la prison centrale des
condamnés de la Commission militaire[1]. Plus tard.... mais n'anticipons pas. Pour le moment il faut doter Spinalonga d'une chaloupe
à voiles pour communiquer avec San-Nicolo et faire au besoin la
police maritime des environs, d'un canot et de caisses à eau pour
s'approvisionner plus largement aux puits de la grande terre. La
petite garnison a maintenant des loisirs et fait des excursions dans
l'intérieur et de l'entraînement physique pendant que les petits
musulmans s'escriment à apprendre le français avec l'interprète du
détachement. Le tableau de service est approprié à la situation :
beaucoup de propreté, beaucoup de gymnastique; comme instruction, des lectures ou conférences faites par les officiers, y compris le
médecin, qui prêtent un concours dévoué au commandant. Les
marins goûtent beaucoup ces heures de causerie qui sont profi-
tables à tous, rapprochent les hommes de leurs officiers et ne
peuvent qu'augmenter l'estime, l'affection et la confiance réci-
proques.

Le 14 juillet est à Sitia comme à Spinalonga l'occasion pour les
Crétois de témoigner leur reconnaissance aux Français. Le barbare
assassinat d'un Spinaliote, auquel des bandits du parti chrétien ont
scié le cou, a pourtant justement ému la population au début de
juillet, mais les habitants commencent à distinguer les crimes des
exploits insurrectionnels. La fête nationale est donc un jour de
réjouissance pour tous. Des jeux divers, courses, régates, natation,
mâts de cocagne, illuminations, ont été organisés, auxquels prennent part les musulmans de Spinalonga, les musulmans et les chrétiens de Sitia. La solennité ne se déroule pas sans quelques adresses
et télégrammes de félicitations aux commandants et à l'amiral
Pottier.

Le *Suchet* va rentrer en France et les deux détachements de
marins de Sitia et de Spinalonga ne peuvent dépendre d'un navire
absent. L'amiral demande pour eux un état civil accordé le 16 août.
Sous le nom de Charner-Annexes n° 1, n° 2, ils seront commandés
et administrés par les lieutenants de vaisseau Chevalier et Dupourqué
nommés commandants comptables.

Le 12 septembre 1897, le *Suchet* quittait la Crète ayant assez

____
[1] On prépose à leur garde (août 1898) trois surveillants militaires venus de France.

avancé la pacification pour qu'il ne fût pas besoin de le remplacer.
L'œuvre accomplie par le commandant Hennique est admirablement
résumée dans la lettre que lui adressait à cette occasion l'amiral
Pottier :

Au moment où vous allez quitter définitivement la division détachée en
Crète, je tiens à vous exprimer toute ma satisfaction pour les services rendus
par votre bâtiment.

Dès le début, sous votre énergique direction, l'équipage du *Suchet* se
faisait remarquer pendant les incendies de la Canée ; quelques jours après,
dans la province de Sitia, grâce à votre initiative si bien secondée par des
officiers et des marins d'élite, de nombreux musulmans étaient sauvés d'une
mort certaine. Enfin, pendant les longs mois qui ont suivi, vous êtes parvenu, au prix d'une patience et d'une activité qui ne se sont jamais démen-
ties, à rétablir le calme dans la province la plus profondément troublée par
l'insurrection, et vous avez aujourd'hui en la quittant la légitime satisfaction
de la laisser presque complètement pacifiée.

Ces résultats ont grandement contribué à faire respecter et aimer ici le
nom français, non seulement par les Crétois de toutes religions, mais aussi
par les troupes et les marines étrangères ; ils vous font le plus grand honneur
ainsi qu'à tout le personnel placé sous vos ordres.

Encore une fois je vous adresse toutes mes félicitations, à vous tout particulièrement, mon cher commandant, à vos officiers, à votre équipage [1].

III.

Avant son départ le commandant Hennique avait eu d'autres
satisfactions. Les résultats obtenus par les Français à Sitia et
Spinalonga ne pouvaient manquer de leur amener des visiteurs
curieux de connaître l'œuvre et ses procédés. C'est d'abord l'amiral
Canevaro (2 juin) qui reste surpris des résultats obtenus en deux
localités si dissemblables, pendant que dans les divers centres de
protection, les autres nations hésitent encore sur la besogne à
accomplir. A la fin du mois, c'est l'amiral Hinke, auquel l'amiral
Pottier fait les honneurs de Spinalonga et de Sitia et qui est très
frappé de tout ce qu'il voit. Au mois d'août, c'est le tour de l'amiral
Harris qui visite le secteur avec le commandant Hennique. Les
Français entraînent à des promenades dans l'intérieur les Anglais
étonnés d'avoir apporté tant de revolvers inutiles ; tout ceci ne

[1] Le commandant Hennique, rentré en France, n'oubliera pas Sitia et grâce à lui le
« Souvenir français » s'intéressera aux tombes des marins et soldats morts en Crète.

ressemble guère à Candie[1]. L'amiral Andréeff enfin viendra en septembre voir ces curiosités. On lui montre tout en détail, on le promène dans l'intérieur. Son étonnement égale celui de ses collègues; il est frappé de la bonne installation de nos hommes, de leur entrain, de leur tenue remarquable; il admire l'ambulance de Sitia qu'il trouve incomparable.

La province française reçoit d'autres visites où le protocole fait place à la camaraderie. Les officiers en ont échangé une avec leurs collègues italiens de Hiérapétra. Le 16 novembre, c'est toute une compagnie italienne qui arrive de ce point avec étape de nuit à Lithinès, passe une journée avec les Français et repart avec une escorte d'honneur. Les Français vont à leur tour voir les Italiens à Hiérapétra. Au commencement de décembre, nouvel échange de visite entre Sitia, Hiérapétra, Spinalonga avec l'aide du *Faucon* qui transporte des Français de Sitia à Paschiamo, des Italiens de Paschiamo à Spinalonga et retour. En attendant mieux, la camaraderie qui s'est installée en Crète entre les divers contingents est déjà un résultat bien appréciable. Ces bonnes relations paraissent toutes naturelles aujourd'hui; en 1897, nous étions à la veille de Fachoda, et, de son côté, l'Italie n'avait pas abandonné son attitude hostile et défiante à l'égard de la France. L'amiral Canevaro et l'amiral Pottier ont grandement contribué à cet heureux résultat qui témoigne en même temps aux Crétois du parfait accord entre les marins et soldats internationaux.

Les venues de l'amiral Pottier dans cette région sont nombreuses; moins pourtant qu'il ne le voudrait. « Dans la matinée (2 mars 1898) je visite le poste de Spinalonga; je constate une fois de plus le parfait entretien des casernements de nos marins, leur tenue remarquable, et tout ce que M. Dupourqué fait pour rendre supportable le séjour sur cet îlot rocailleux. Les journées sont bien remplies à Spinalonga; avec un pareil régime on n'y voit que des hommes bien portants. C'est toujours avec une grande satisfaction que je viens visiter ce poste; on en revient plein de confiance dans notre

---

[1] Nos officiers connaissaient bien déjà la supériorité du paquet de cigarettes sur le revolver en tant que passeport. Aujourd'hui que le second n'est plus de mise, Dieu garde le touriste d'oublier le premier! Un petit faible pour le tabac algérien reste encore le signe distinctif des Crétois qui fréquentèrent nos marins et soldats.

personnel auquel on peut tout demander quand il est bien conduit. »

Certaines de ces visites sont l'occasion de manifestations spéciales.

Dans l'après-midi (28 août 1897), je me rends au village chrétien de Piskoképhalo où réside le comité insurrectionel de la province.

Les insurgés prévenus ont fait à la hâte de grands préparatifs pour me recevoir. A un kilomètre du village, je suis attendu par une garde d'honneur d'une vingtaine d'insurgés en armes qui forment la haie et m'escortent jusqu'à Piskoképhalo. A l'entrée du village est dressé un arc de triomphe en feuillage sur lequel flottent les pavillons français et grec. Partout de nombreux pavillons français. Des jeunes filles me présentent des bouquets et je suis reçu par les membres de l'épitropie et les chefs militaires qui me souhaitent la bienvenue.

Les chefs me répètent qu'ils sont à la merci des puissances, qu'ils acceptent l'autonomie avec le départ des troupes turques, mais ils supplient qu'on se dépêche.

Le moment est vraiment venu de donner, enfin, un commencement d'exécution aux promesses réitérées de l'Europe. Les chrétiens sont lassés, résignés ; ils acceptent tout, pourvu que les troupes ottomanes disparaissent. Ils déploient bien encore le pavillon grec, mais ils ne parlent plus d'annexion. Il ne faut perdre de vue que ce peuple crétois est essentiellement impressionnable et changeant ; et qui peut prévoir ce que seront ses dispositions si le statu quo dure encore de longs mois ?

Au retour, j'ai été, comme à l'aller, escorté par une garde d'honneur et les principaux chefs jusqu'à mi-chemin de Sitia.

Les chrétiens ne témoignent pas leur sympathie que dans la joie ; lors de la mort de l'enseigne de vaisseau Nicollet, ils apportent eux-mêmes une couronne de fleurs et assistent en grand nombre aux obsèques. Ils manifesteront encore en assistant nombreux à l'inauguration (8 juin 1898) du monument élevé par souscription dans le modeste cimetière de Sitia à la mémoire des 21 soldats et marins morts dans le secteur depuis le début de l'occupation. Le colonel Destelle, les commandants Chevalier et Dupourqué sont aux côtés de l'amiral pour cette cérémonie très simple et très touchante [1].

D'autres visites encore sont échangées ; à la fin de novembre, les évêques orthodoxes viennent voir l'amiral Pottier ; celui de Néapolis à Spinalonga, celui de Marounia à Sitia. Ce dernier, monseigneur

---

[1] Une cérémonie analogue a eu lieu pour l'inauguration d'un semblable monument à la Canée le 5 mai.

Ambrosio est même bien ému d'avoir à traverser la ville où il n'a pas pénétré depuis les massacres ; les Français le rassurent : il n'a rien à craindre sous leur protection. L'un et l'autre disent leur reconnaissance, leurs remerciements pour l'administration bienveillante qui a ramené la paix. Ils les répètent dans leurs télégrammes apportant les vœux de la population à l'amiral pour la nouvelle année. Aussi ce dernier peut-il écrire au 1er janvier :

« En apprenant, il y a bientôt un an, que nous occupions la province de Sitia, vous m'aviez témoigné le désir de voir créer dans cette partie de l'île un centre d'influence française. Je crois pouvoir vous affirmer aujourd'hui, monsieur le ministre, que sous ce rapport vos instructions ont été entièrement remplies. Dans toute cette région, les Français sont estimés, respectés et aimés. »

L'amiral, de passage à Spinalonga (26 novembre), s'était intéressé au mouillage de Poro, le meilleur, le seul de la Crète après la Sude, séparé de la baie intérieure de Spinalonga par un isthme étroit dont le percement faciliterait beaucoup les communications. L'étude de la question est vivement menée ; les travaux commencent le 15 décembre. Les marins qui ont fait un peu tous les métiers depuis leur arrivée dans l'île, ont un enthousiasme tout spécial pour celui de terrassier. Nombre de malheureux Crétois employés aux travaux y trouvent à gagner leur pain. Sous la direction du commandant Dupourqué secondé par M. Latapie, on s'ingénie à monter une drague d'un modèle inédit, on lutte sans découragement contre la mer qui démolit les jetées en miniature. Le canal sera ouvert le 10 mai 1898 et porté ensuite à une profondeur de deux mètres. Il rendra dès lors bien des services pour communiquer de Poro avec Spinalonga où le mouillage, tant intérieur qu'extérieur, est si médiocre que l'amiral hésite à y faire stationner un bâtiment.

L'hiver puis le printemps s'écoulent sans complications ; les incidents s'espacent à mesure que l'apaisement se fait ; ceux qui se produisent sont du domaine des faits divers et n'affolent plus toute une province. C'est ainsi que l'agression du 28 février à San-Nicolo contre deux officiers de l'*Etruria* n'est à signaler que pour mentionner la fermeté avec laquelle les Italiens la répriment. A Sitia, les chrétiens ont commencé à réoccuper leurs maisons ; les musulmans vont travailler à la campagne chez les chrétiens. A la fin de

février 1898 un mariage chrétien marque la reprise du culte orthodoxe à Sitia; l'évêque officie et quelques musulmans viennent lui
baiser la main. Bien mieux, un café mixte vient de s'ouvrir, où se
coudoient les deux éléments de la population. Un café! La moitié de
l'existence d'un oriental! L'entente est parfaite et les Français
trouvent maintenant une aide sérieuse pour la pacification tant
auprès de l'épitropie de la province que des autorités ottomanes de
la ville. Les musulmans comme les chrétiens demandent que les
malfaiteurs soient écroués à la prison française. L'amiral a fait
parvenir au comité chrétien quelque argent pour rétribuer la gendarmerie provisoire qui réprime la maraude dans l'intérieur à la
vive satisfaction des propriétaires musulmans; il a remis un secours
aux gendarmes turcs de Sitia, toujours dévoués, qui ont touché
12 francs depuis six mois[1].

Le commandant Chevalier est grand-maître de la justice à Sitia,
il joue le rôle de cadi, un cadi impartial et désintéressé comme le
pays n'en connut de longtemps. « Assis sur son divan crevé au bout
du quai, il rend la justice en plein air, tranche d'un mot ou d'un
sourire les différends et gouverne son peuple à la façon des bons
khalifes de la légende, par le mélange de tyrannie paternelle et de
fantaisiste équité que les Levantins ont toujours préféré à la stricte
justice de nos codes[2]. » Ses sentences à la Salomon sont souvent
de simples conseils presque toujours écoutés[3], mais il n'hésite
pas dans les cas graves à prendre des décisions plus énergiques.

Un berger musulman de Sitia a introduit (5 mai) son troupeau dans le
cimetière grec. Non content de souiller la chapelle du cimetière en y faisant
entrer son troupeau, il a brisé la sainte table et a détérioré une tombe placée
près de cette chapelle. J'ai fait incarcérer tous les bergers de la ville et je
connaîtrai vite le coupable qui sera puni de façon exemplaire.

En outre, j'ai fait faire toutes les réparations de la chapelle et de la tombe
profanée aux frais de la municipalité. Je viens justement de toucher pour
elle le loyer du télégraphe. Le comité chrétien, satisfait de ces mesures, s'est
empressé de m'écrire que le peuple chrétien ne confondait pas le coupable

---

[1] A partir de juillet 1898 on payera sur la surtaxe les gendarmes turcs employés par
les commandants des divers secteurs.

[2] V. Bérard, *L'Amiral Pottier*.

[3] Quand reprend la vie commerciale, il craint pourtant de choir dans quelque fondrière et constitue un tribunal commercial mixte (2 chrétiens, 2 musulmans) sous sa
présidence.

avec le peuple musulman tout entier, et qu'il n'y avait nulles représailles à craindre.

M. Chevalier ne juge pas que des causes capitales; il écrit le même jour :

Deux bonnes femmes se disputaient un rosier et sont venues me soumettre le différend. L'une d'elles a planté ce rosier, il y a trois ans, mais l'autre l'a soigné et arrosé depuis l'époque des troubles. A qui appartient-il maintenant?

J'ai confirmé la possession de la dame-planteur, mais en lui conseillant de donner quelques fleurs à la dame-arrosoir.

IV.

Le départ des Austro-Hongrois en avril 1898, donnait à la France la charge complète du secteur oriental. L'amiral Pottier distribua deux compagnies à Hiérapétra, une compagnie à Sitia, les marins avec le lieutenant de vaisseau Dupourqué à Spinalonga. Le lieutenant-colonel Destelle, commandant le secteur résidait à Hiérapétra ; le lieutenant de vaisseau Chevalier restait commandant d'armes à Sitia et directeur des affaires indigènes. L'amiral demandait en même temps quatre brigades de gendarmes français dont deux montées (avec chevaux indigènes) [1].

La nouvelle répartition de l'île permettait aux Crétois de supposer que, la question n'avançant plus, chaque puissance allait se charger de l'organisation complète de son secteur. « On ne cesse de nous dire, écrit M. Chevalier, que l'on est très heureux de voir toute Lassithi confiée à la France. Plus corrects et plus mesurés qu'on ne pourrait le croire, les comités sont très respectueux pour les Italiens et se montrent très reconnaissants de leur séjour à Hiérapétra, mais déclarent que les intérêts de Hiérapétra et de Sitia ont toujours été très mélangés et qu'il était logique de les réunir sous une même direction. »

L'occupation de Hiérapétra le 23 avril était suivie à bref délai de l'installation d'un bureau de poste français; à bref délai aussi,

---

[1] Le petit cheval crétois dont le caractère manque d'aménité est une bête admirable, rustique et endurante, cousine des chèvres de son pays par l'aisance avec laquelle elle grimpe et descend des chemins qui sont un heureux mélange de rocailles et d'escaliers.

d'un incident permettant de mettre de suite les choses au point. L'amiral Pottier respectueux de ce qu'avaient fait les Italiens, mais décidé à procéder tout autrement, avait prescrit au lieutenant-colonel Destelle de modifier peu à peu la situation en s'établissant en ville comme au faubourg; une fois les soldats casernés en partie dans la ville, les chrétiens ne tarderaient pas à revenir l'habiter.

Le 4 mai, vers 7 heures du soir, le colonel en uniforme est arrêté par une sentinelle turque du rempart; il se plaint d'une pareille insolence et de la consigne qui l'a motivée. Les autorités se confondent en excuses, mais le colonel, profitant de l'incident pour établir nettement sa situation de commandant supérieur, avertit le caïmacan de son intention d'occuper la ville et d'en laisser les portes ouvertes la nuit. Refus du caïmacan; télégramme à l'amiral; lettre de l'amiral au gouverneur général; désaveu du caïmacan par Ismaïl. La question est au point; le 12 mai, un poste français de 24 hommes cantonne dans la ville.

Le lendemain, l'amiral Pottier visite officiellement Hiérapétra. La joie des chrétiens est grande; les musulmans paraissent satisfaits. Visite du caïmacan, visite de monseigneur Ambrosio, visite de l'épitropie, arc de triomphe, feuillages, pavillons, discours... Bien plus que tout cela, l'état des casernements, de l'hôpital de vingt lits intéresse l'amiral. Quelques jours après, c'est le Cercle des officiers qui attire sa sollicitude, puis l'installation d'un service de cabotage assurant le transport du courrier et le ravitaillement du secteur, l'exonération momentanée des droits sur les marchandises pour favoriser la reprise du commerce, l'étude d'une maladie des oliviers..... Le 30 juin, il propose de reprendre l'hydrographie de Hiérapétra, en même temps que celle de Sitia, Spinalonga et autres points fréquentés par les bâtiments français. Mais toujours au premier plan de ses préoccupations se trouvent la santé et le bien-être de ses hommes.

La compagnie unique restée à Sitia est maintenant très à l'aise; les soldats s'y trouvent fort bien, alors que ce point possédait jadis dans le contingent français une mauvaise réputation. Au mois de mai il n'y a pas encore un malade, tandis que l'an dernier, à pareille époque, le nombre des fiévreux était déjà considérable. Il en est de même dans les autres localités occupées, et c'est plutôt par prudence que l'on suspendra les remplacements de juillet à octobre[1].

Les Crétois seraient heureux de voir les Français occuper l'intérieur ; ce serait la fin de l'anarchie ; ce serait la récolte assurée à qui l'a semée. Ils ont maintenant compris qu'il ne faut pas rendre tout un parti responsable de la faute d'un coupable et que l'assassinat d'un chrétien ou d'un musulman n'est pas forcément un crime politique. L'amiral, entré dans leurs vues depuis longtemps, pense qu'on ne peut mieux faire pour pacifier l'intérieur que d'y paraître, de s'y installer au besoin. Tourloti, à mi-route de Sitia et de Hiérapétra, est occupé le 27 juillet. Le 1er août, Spinalonga détache un petit poste de 20 hommes à San-Nicolo pour une autre raison : ce port présente de l'importance pour la perception des dîmes qui vont être la ressource du gouvernement provisoire.

Les gendarmes français sont arrivés en juin. En juillet, on a mis sous les ordres du commandant supérieur de chaque secteur quelques gendarmes turcs rétribués sur la surtaxe. Ces pauvres diables, non payés depuis quatorze mois, sont tout dévoués à leurs nouveaux maîtres et leur joie est grande. Elle est sincère : à Sitia, le lieutenant turc a préféré rester sous les ordres d'un sous-officier français plutôt que de rejoindre sa compagnie à Réthymno.

A Hiérapétra, ces gendarmes turcs sont exclusivement chargés de la ville ; pour le faubourg, quelques gendarmes chrétiens, indemnisés par l'octroi, assurent provisoirement l'ordre parmi leurs coreligionnaires. Il ne reste plus ici que deux ennemis : les autorités et les fièvres. Les autorités ottomanes ont pris à cœur d'empêcher le rapprochement entre les deux éléments de la population ; mais le colonel les a mises de côté en attendant qu'on les mette dehors. Les fièvres ne sont pas à beaucoup près aussi graves que le craignaient les Italiens ; il serait toutefois utile de supprimer le marais au nord de la ville. L'amiral, qui voit juste en toutes choses, n'ignore pas que les travaux publics sont l'empreinte la plus durable que l'on

---

[1] Une partie de la troupe loge pendant l'été sur la hauteur dans les baraquements venus de France et dits mobiles à cause, sans doute, de leur tendance à s'envoler les jours de coup de vent. Ces baraques se sont d'ailleurs présentées en Crète très simplifiées, sans plancher, sans double toit, sans doubles parois, sans vérandah... sans confortable.

puisse laisser dans un pays ; il propose de combler ce marais en utilisant la dune de sable voisine. Les frais seraient minimes et les miséreux auraient du pain [1].

De son côté, le lieutenant-colonel Destelle fait entreprendre et mener à bien la construction d'une voie carrossable de Hierapétra à Paschiamo (golfe de Mirabello). Cette route terminée en octobre rendra de grands services pour le ravitaillement et les communications, le débarquement à Hiérapétra étant souvent impossible.

Deux visites de l'amiral Skrydloff (mai), de l'amiral Bettolo (août) au secteur leur permettent de juger l'arbre d'après les fruits et de se convaincre de l'excellence des procédés employés. L'amiral Skrydloff fait une tournée autour de l'île, distribuant la farine que le tzar a envoyée (100,000 francs) à la Crète. Son arrivée dans le secteur des Anglais n'a pas causé un vif plaisir à ceux-ci. Les Français sont beaucoup moins susceptibles et pour cause ; les manifestations qui accueillent ces largesses restent nettement francophiles. L'amiral examine les moindres détails des installations et les admire ; il est fort surpris qu'un travail aussi important que celui du canal de Poro ait pu être entrepris par quarante marins sans matériel spécial ; il est « émerveillé » à Spinalonga de la propreté des hommes, de leur couchage, de leurs cantonnements. A Sitia, même étonnement ; il ne tarit pas d'éloges après la visite du camp, des baraquements, des cuisines, d'autres édicules, de ces derniers surtout.

L'amiral Skrydloff visite Piskoképhalo ; les seuls hommes armés sont les gendarmes du comité chrétien. Il se fait expliquer en détail le fonctionnement de la police et de la justice des insurgés ; il paraît tout d'abord surpris de voir les Français reconnaître la compétence judiciaire de ce comité. Le commandant Chevalier a tôt fait de lui expliquer que celui-ci s'est placé sous l'autorité française, agit d'après ses conseils et que lui-même assiste aux séances. Les Français ont ainsi la confiance du comité qui compte sur leur aide.

---

[1] La proposition de l'amiral resta sans écho ; en 1910 il y a toujours un marais et des fièvres à Hiérapétra ; les Crétois n'y remédieront pas de sitôt. Ils pensent peut-être même que les Français ont ici manqué à leur devoir. Le roi Georges ne s'étonne-t-il pas en 1907 d'apprendre que les troupes internationales n'ont pas encore desséché le marais de la Sude ?

Le calme et la confiance reviennent progressivement dans le secteur; les manifestations et les témoignages de reconnaissance se multiplient, trop nombreux pour être relatés. Le 14 juillet 1898, concordant avec la publication du projet de gouvernement provisoire, est vraiment la fête de la province. Les trois évêques et tous les chefs politiques des cinq districts ont écrit à l'amiral ou lui ont envoyé des télégrammes empreints de sentiments très élevés. La France a conquis les sympathies de toute cette région et trois officiers, le lieutenant-colonel Destelle, les lieutenants de vaisseau Chevalier et Dupourqué peuvent être fiers d'une œuvre à laquelle ils se sont consacrés avec un dévouement absolu. Mais il convient de laisser la parole à M. Chevalier pour nous conter cette fête à Sitia et d'abord sa visite dans la région de Kandra et de Ziro où les Français avaient paru une première fois en mars 1897.

La tournée officielle que nous venons de faire dans la mairie de Kandra, à la demande du comité particulier de cette région et des habitants de tous les villages, nous a permis de compléter les renseignements que nous avions déjà recueillis sur l'état d'esprit politique du pays.

Cette visite offrait d'autant plus d'intérêt que nous n'avions pas eu jusqu'à présent des rapports bien directs avec cette partie de la province. Aux premiers jours de l'insurrection, ce coin de l'île a été le théâtre des troubles les plus violents, et les habitants ne descendaient guère en ville. Ils craignaient les injures des Turcs et portaient avec peine devant nous le poids des massacres de l'an passé.

Mais pour apprécier sainement ce qu'il convient de faire ici, il ne faut pas oublier que ces massacres, si répréhensibles qu'ils soient, ne sont, après tout, que le résultat d'un gouvernement déplorable, et que la région belle et fertile de Kandra a souffert plus qu'aucune autre d'un joug toujours pesant et trop souvent cruel.

Je pris donc le parti, pendant toute ma visite, de ne pas rappeler du tout les mauvais jours de l'année dernière et de montrer aux populations toute la sympathie qu'elles ont méritée depuis par leur sagesse, leur tranquillité et la bonne organisation qu'elles se sont donnée elles-mêmes.

J'ai été reçu aux limites de la commune de Kandra par le président, M. Angelakis, entouré des chefs de police, des notables et d'un grand concours de population. Conduit au village, j'y fus l'objet d'une réception enthousiaste. On ne savait comment nous remercier de tout ce que la France a fait pour le bien du pays.

Dans l'après-midi du même jour, je me rendis à l'important village de Ziro, accompagné par tous les notables et les autorités de la mairie. Nous formions une cavalcade d'une trentaine de personnes, précédée au pas de course par les gendarmes du comité.

A Ziro, l'accueil fut non moins chaleureux ; les vieillards venaient m'em=

brasser et je dus visiter en particulier toutes les familles un peu marquantes du village.

Le lendemain, je visitai le monastère d'Agia-Sophia et les villages d'Armenos, de Lithinès et de Sikia. A Armenos, toute la population nous attendait à l'extrémité d'une longue avenue de grands arbres. Les petits garçons formaient la haie, tenant tous une branche verte à la main. Le chef du village, un grand et robuste vieillard, vint me souhaiter la bienvenue; puis, il m'embrassa et me prenant par la main, me conduisit jusqu'à sa maison. Les enfants des écoles et la population nous suivaient en chantant la marche des Pallikares. Même accueil à Lithinès et à Sikia. Ce village est le dernier de la mairie de Kandra. Nous y prîmes congé des chefs et des notables de la mairie, qui nous ont escortés jusqu'au bout, en les remerciant du fond du cœur.

Pendant deux jours, nous avions été bien heureux d'entendre acclamer la France avec autant de chaleur que de sincérité.

Pour pouvoir suivre de pareilles promenades il faut avoir un estomac cuirassé; les repas se succèdent comme au temps d'Homère et il faut faire raison à toutes les santés. Ce que nous avons dû manger est incalculable, ce qui explique comment nous avons pu tant boire.

La fête du 14 juillet, à Sitia, a revêtu un caractère tellement particulier que je m'empresse d'en envoyer un compte rendu sommaire qui jette un jour bien net sur l'état des esprits dans la région.

Ainsi que nous l'avons dit dans les précédents rapports, nous avions invité tous les notables et toute la population du pays à notre fête pour les remercier à cette occasion des bonnes relations que nous avions eues avec les comités et avec tous les habitants. Notre fête, cette année, coïncidait justement avec la publication du récent document communiqué à l'Assemblée crétoise. Le pays ne s'est pas mépris sur la valeur de cet acte; il en a compris toute l'importance et l'a accueilli avec enthousiasme.

L'affluence en ville n'en fut que plus considérable; nos soldats, qui ne comptent que des amis dans les villages, ont accueilli les habitants avec la plus grande chaleur. La journée est devenue une véritable manifestation crétoise autant que française, et dépassant même un peu nos prévisions. Nous ne pouvions qu'accepter le fait et assurer l'ordre par notre présence, ce que nous avons fait. Tout s'est très bien passé sans aucun fâcheux incident.

De 9 heures à 11 heures, nous avons reçu au cercle des officiers les comités, puis le clergé, les moines de Toplou et les notables; vinrent ensuite les notables et commerçants de la ville et enfin les autorités ottomanes. Nous avons offert à déjeuner aux présidents des comités et aux chefs militaires de la province.

A 6 heures du soir, pendant les jeux, M. le caïmacan nous apporta une dépêche par laquelle le gouverneur le chargeait de nous offrir ses vœux de fête et de nous apprendre que Sa Majesté le Sultan venait d'accorder la grâce de Papadakis. Cette dernière nouvelle mit le comble à l'enthousiasme. Les comités me prièrent de télégraphier de suite à l'amiral et de lui écrire à ce sujet.

La garnison et tous les commerçants de Sitia avaient décoré et illuminé
les casernements, les maisons et les rues avec beaucoup de goût. L'illumi-
nation du fort vénitien était particulièrement remarquable. Il serait inutile
aujourd'hui de chercher une bougie dans les magasins de la ville ; la retraite
aux flambeaux a tout absorbé. A 9 heures du soir, la foule vint nous
chercher au cercle, voulant nous escorter triomphalement jusqu'au théâtre.
Après de nombreux discours et de frénétiques acclamations, nous nous rendîmes au théâtre, escortés de mille bougies. Le spectacle avait son côté
comique, mais touchant aussi.

Quelque modeste qu'ait été, en somme, la fête d'une petite bourgade
comme la nôtre, je ne crois pas qu'il y eût hier un coin du monde où l'on
ait acclamé plus chaleureusement la bonne France, vieille protectrice des
chrétiens d'Orient et mère-nourrice de la liberté du monde.

Notre petite troupe théâtrale a été d'autant plus applaudie que les specta-
teurs ne comprenant rien applaudissaient tout le temps pour ne pas manquer
les bons endroits. Même retour triomphal au cercle ; la retraite aux flambeaux s'est prolongée longtemps, et les pétards et les fusées ont été ininter-
rompus jusqu'à 3 heures du matin.

Les Crétois conserveront longtemps le souvenir de cette journée. Depuis
des siècles, ils n'avaient pu manifester à leur aise ; ils se sont largement
rattrapés hier.

CHAPITRE IX.

Djevad-Pacha (24 juillet 1897-11 octobre 1898).

I. L'arrivée. = II. Attitude des troupes ottomanes. — Les cordons militaires. = III. Les revues. = IV. Les mouvements de troupes. — Le
départ.

I.

Abdul-Hamid n'ayant pu renforcer ses troupes en Crète (juillet
1897) y envoyait du moins Son Altesse le maréchal Djevad-Pacha,
ancien grand-vizir, nommé d'abord gouverneur général de l'île puis,
plus modestement, commandant militaire.

L'arrivée du maréchal fit l'objet d'une importante discussion au
Conseil des Amiraux, le 23 juillet. L'amiral Pottier exposant que la
venue de ce grand personnage à la place d'un simple général de
division naguère encore brigadier, Tewfik-Pacha, présageait à son
avis une politique de résistance de la Porte aux décisions des Puissances, proposa, pour éviter des difficultés certaines, de s'opposer au
débarquement de Djevad-Pacha. Ce geste montrerait au sultan la
ferme volonté des puissances de maintenir leur situation en Crète.
En envoyant un croiseur au-devant du maréchal la chose était aisée

et ne serait connue dans l'île qu'après son exécution. Le respect des
Turcs pour la force et le fait accompli garantissait contre toute agitation des musulmans ; on en serait quitte pour une protestation de
Constantinople. On ne pouvait oublier si vite l'expérience faite avec
le colonel Vassos.

Mais le temps de l'accord parfait était passé. Les amiraux Harris
et Andreeff, aux prises à Candie et à Rethymno avec des difficultés
sérieuses, redoutaient des troubles causés par la nouvelle du renvoi
de Djevad. L'amiral Hinke ne pouvait, au moment où l'Autriche
songeait à tirer son épingle du jeu pour ménager la Turquie,
appuyer une mesure désagréable au sultan. Après un échange de
vues assez long, l'amiral Canevaro proposa le vote, la décision de la
majorité devant, pour ne pas nuire à l'accord, être considérée
comme prise à l'unanimité. Les amiraux français et italien votèrent
contre, les amiraux anglais, autrichien, russe, pour le débarquement ; la venue du maréchal était acceptée.

Il débarquait le lendemain ; et, tout d'abord, se posa la question
des visites. Le maréchal « ignorait qui devait la première démarche,
mais se conformerait au désir des Amiraux ». L'amiral Pottier émit
l'opinion, aussitôt adoptée, que Son Altesse, ne pouvant se dé-
ranger pour chaque amiral, devait du moins la première visite au
Conseil.

Le maréchal se rend, le 25 juillet, à bord du *Re-Umberto* et, après
les compliments d'usage, aborde l'explication de son envoi en Crète.
Il ne vient pas comme administrateur, mais comme commandant
militaire, avec mission de contribuer à améliorer la situation des
musulmans en élargissant les cordons militaires et en réintégrant les
mahométans dans leurs propriétés, de rassurer ses coreligionnaires
en présence de cette autonomie toujours si lointaine ; il marchera
vers ce but d'accord avec les Amiraux.

L'amiral Canevaro lui répond qu'une telle mission paraît être
celle d'un gouverneur général plutôt que d'un commandant militaire ; que le Sultan, comme les six Puissances, tient sans doute à
honneur de réaliser l'autonomie promise ; que les Amiraux ont fait
leur possible pour la pacification de l'île et sont plus que jamais
décidés à sévir contre qui voudrait la retarder ; que l'élargissement
des cordons militaires, si désirable soit-il, ne peut se faire par la
force et sans l'accord des deux partis qui ont promis de rester sur

lès positions occupées. Il remercie le maréchal du concours qu'il veut bien promettre pour arriver au résultat poursuivi.

L'amiral Canevaro ajoute encore, quand les Amiraux rendent le soir même sa visite à Djevad, que le moment paraît mal choisi pour envoyer en Crète un personnage de son importance dont la venue inquiète les chrétiens; il espère que Son Altesse voudra bien contribuer à faire renaître les bonnes relations avec les troupes ottomanes dont l'attitude s'est modifiée d'une façon regrettable depuis peu de jours.

Dès maintenant, chacun est fixé; il n'y a aucun concours à attendre de Djevad-Pacha, dont la courtoisie insidieuse va pendant treize mois personnifier en Crète la politique dilatoire d'Abdul-Hamid. On regrettera de ne l'avoir pas empêché de partir de Constantinople; les Amiraux regretteront de ne l'avoir pas empêché de débarquer.

Le 25 au soir, le général Tewfik-Pacha s'embarque pour Constantinople. Avant de partir, il rend visite à tous les amiraux qui tous le remercient avec effusion du loyal concours qu'il leur a prêté.

Les Amiraux envisagent l'opportunité de faire venir un troisième bataillon par puissance; la mesure n'est urgente que pour les Anglais et les Russes [1].

Djevad-Pacha a l'esprit trop fin pour entrer en lutte ouverte avec les internationaux, mais les divergences de vues et les conflits avec le commandant militaire ne tardent pas à se manifester nombreux, bien que généralement voilés par l'exquise politesse du maréchal. Trop variés pour être rapportés dans l'ordre chronologique, ces différends peuvent se rattacher à quatre catégories : l'attitude des troupes ottomanes dans leurs relations avec les internationaux, la question des cordons militaires, la participation des troupes ottomanes aux revues internationales, les mouvements de troupes turques relevées ou renforcées.

II.

Les relations entre soldats internationaux et réguliers ottomans, correctes jusqu'ici et souvent cordiales, s'étaient trouvées modifiées, de la part de ceux-ci, dès la nouvelle de l'arrivée dn maréchal; la

[1] Les Anglais reçoivent à Caudie, le 3 août, 450 hommes de renfort.

Turquie, forte de ses succès militaires, allait enfin relever la tête et mettre dehors tous les étrangers. Djevad le laissait à entendre, parlant le lendemain de son arrivée de faire achever — singulière préface de l'autonomie — l'hôpital militaire qu'il avait commencé jadis comme vali (1890). Les soldats turcs encouragés par ces paroles, plus encore par les deux mois de solde que le commandant militaire leur faisait distribuer le 26 ainsi qu'aux fonctionnaires ottomans, se laissaient aller à des manifestations d'hostilité qui motivèrent des protestations des Amiraux. Djevad-Pacha témoigna de suite, avec une parfaite courtoisie de formes, son vif désir de voir rétablir les bonnes relations entre les Ottomans et les Européens. Une détente se produisit, mais plus apparente que réelle; le charme était rompu. Les troupes turques n'étaient plus une force commandée par un chef militaire, mais un parti dirigé par un personnage politique. Le maréchal continuait les distributions d'argent dans un but pacificateur peut-être, mais plus probablement diplomatique quand ses dons s'adressaient aux monastères orthodoxes. Il ne pouvait trouver une façon plus persuasive de créer un parti chrétien acceptant le *statu quo* avec application des réformes. Pourquoi donc en décembre cessera-t-il ces subsides, et même la fournitures des vivres aux gendarmes turcs de Candie qui depuis longtemps ne sont plus payés et qu'il faudra, à partir d'avril 1898, rétribuer sur la surtaxe douanière?

Le 16 février 1898, un incident sérieux se déroule au fortin de Soubachi. Le poste turc de Périvolia tente d'arrêter deux soldats français sans armes et s'empare de leurs outils. L'officier turc présent favorise de son mieux cette démonstration intempestive; la scène se corse et seule l'intervention de l'officier français empêche l'échange de coups de feu. Les Amiraux, après enquête sérieuse, exigent la punition de l'officier ottoman et de ses soldats, leur éloignement de la Canée après remise des outils sur le lieu même de la manifestation, en présence du détachement français en armes. De plus, pour éviter le retour de semblables incidents auxquels prédispose l'énervement général, les troupes turques du cordon seront ramenées en ville ou à proximité et remplacées par des internationaux. Ce sera d'ailleurs un progrès quant aux relations avec les chrétiens. Djevad-Pacha est fort surpris de l'importance que les Amiraux attachent à cette affaire. Il se conforme néanmoins à leurs demandes et prie seulement qu'on lui laisse une vingtaine de jours pour le retrait de la garnison turque de Périvolia, ce qui est accepté. Il faudra lui rappeler plusieurs fois son engagement, et le 2 avril seulement une compagnie d'infanterie de marine occupera, outre Soubachi, Périvolia et divers petits postes.

Dans l'intervalle (8 mars), une légère bagarre survenue à Koum-Kapou fait établir un poste international dans ce faubourg benghaziote de la Canée. Le 12 avril, une nouvelle rixe entre soldats français et turcs montre encore combien sont tendues maintenant les relations entre les Ottomans et les internationaux. Djevad, qui craint de dépasser la note, négocie un banquet de réconciliation franco-turque que l'amiral Pottier ramène à des proportions plus raisonnables. Il admet, en outre, de réduire les postes turcs aux portes de la Canée, d'en supprimer d'autres, de maintenir, en cas d'alerte dans la ville, les troupes ottomanes dans leurs casernes d'où elles ne sortiront que sur l'ordre du maréchal ou du commandant militaire international.

Le tournoi concernant l'élargissement des cordons militaire a été plus bref. A deux propositions raisonnables du maréchal, le 3 et le 8 août 1897, les Amiraux répondent avec sagesse que, la question comportant le consentement des chrétiens, le mieux est que Djevad-Pacha leur inspire confiance en désarmant les bachi-bouzoucks; les internationaux obtiendront alors le recul des insurgés dont ils garderont les villages. Le commandant militaire demande (13) si le terme de bachi-bouzoucks concerne tous les habitants armés ou seulement les 700 hommes qui, à Candie, aident les 1,600 réguliers à garder 22 kilomètres de cordon. Si l'on dégarnit ainsi les avant-postes, les Amiraux garantiront-ils la vie des musulmans? Le 14, nouvelle lettre; Djevad-Pacha signale que les chrétiens, apprenant l'élargissement possible du cordon, ont pillé et brûlé les récoltes musulmanes ménagées pour eux-mêmes jusque-là. Il considère que la question est close pour le moment; les bachi-bouzoucks ne pourront déposer les armes qu'à l'imitation des insurgés. Les Amiraux, en une lettre (16 août) sévère et méritée, expriment leur surprise d'entendre déclarée close par l'un des partis une question dont l'extrême gravité exigeait il y a quelques jours, au dire même du maréchal, des remèdes prompts et efficaces. Ils ne sauraient, quant à eux, se désintéresser de cet état de choses et tiendront le commandant militaire au courant des décisions prises qui pourraient l'intéresser.

Djevad-Pacha explique (4 septembre) qu'il a pensé bien faire, puisque les musulmans renonçaient à rentrer dans leurs villages, de proposer la clôture provisoire de cette brûlante question. Il discute ensuite le but de la mission des Amiraux en Crète et le bien-fondé de leurs actes exclusifs, et propose de prendre part à leurs conférences lorsqu'il s'agira de questions militaires. Cette fois les Amiraux se mettent facilement d'accord pour décider de borner au strict nécessaire leur correspondance avec les autorités turques, déclarer à Djevad que, malgré toute la déférence qu'ils ont pour Son Altesse, ils ne peuvent discuter sans cesse avec lui et lui faire comprendre qu'ils ne sauraient l'admettre à leurs réunions.

Voici enterrée la question des cordons militaires; on en redira bien un mot, entre internationaux, en août 1898; en fait, elle n'aura pas avancé d'un pas jusqu'au massacre de Candie.

III.

Dans ces pays d'Orient où le geste de balayage vaut un titre de propriété, « paraître » n'est pas un vain mot. La présence des troupes turques aux prises d'armes internationales impliquerait la reconnaissance tacite de leur nécessité en Crète, et laisserait à entendre l'utilité de leur collaboration à l'œuvre de l'Europe. Les chrétiens y verraient un geste de partialité hostile à leur endroit, les musulmans un témoignage de la puissance nouvelle de Constantinople. Autant de raisons pour que les Amiraux, convaincus déjà de la nécessité de l'évacuation des troupes ottomanes, conviennent de les écarter des revues internationales, pour que le maréchal déploie sa diplomatie patiente, sa ténacité inlassable à l'affût d'une occasion possible sinon favorable.

Djevad-Pacha débute par un succès. Il voudrait avoir les troupes internationales à la revue du 31 août pour rehausser le prestige de la fête de son auguste maître et, fort habilement, il fait admettre les siennes à la revue passée le 18 en l'honneur de la fête de l'empereur d'Autriche. Il n'a pas tenu à l'amiral Pottier de décliner son offre, de rejeter plutôt sa proposition quelque peu impérative. Il a fait ressortir les raisons qui ont écarté jusqu'ici les troupes ottomanes des fêtes militaires internationales; il a insisté sur l'effet déplorable que la participation des troupes européennes à la fête du sultan produira sur les chrétiens. L'amiral anglais est de son avis, les amiraux russe et austro-hongrois d'un avis contraire. L'amiral Canevaro hésite et craint de froisser l'amiral autrichien allié de l'Italie. Finament, l'offre du maréchal pour la fête du 18 est acceptée.

Du moins l'amiral Pottier a-t-il pu obtenir une opinion unanime pour la fête du sultan, et quand Djevad-Pacha remercie en espérant que désormais les troupes internationales et ottomanes feront cause commune dans toute manifestation de joie ou de douleur, les Amiraux lui répondent qu'ils craignent de voir les insurgés interpréter ce geste comme une partialité en faveur des musulmans : la revue du 18 août restera une exception. Ils ajoutent que ce sera un plaisir pour eux de se rendre personnellement aux fêtes militaires ottomanes, et qu'ils ne manqueront jamais, à l'occasion des revues internationales, de réclamer l'honneur d'être assistés du maréchal et de ses officiers.

Le commandant militaire pense que la question n'est pas mûre et qu'il vaut mieux s'éviter un refus; il n'insiste pas. La fête du sultan est célébrée le 31 août sans le concours des troupes internationales. La revue des troupes ottomanes est passée par le maréchal et les Amiraux. La fête est d'ailleurs particulièrement brillante.

Deuxième tentative à l'occasion de la fête onomastique de l'empereur de Russie (18 décembre); Djevad laisse à entendre que si sa proposition n'est pas agréée, il ne pourra paraître ni convoquer ses officiers supérieurs. Les Amiraux le regretteront, mais la question a été tranchée une fois pour toutes. La fête a lieu; pas un musulman n'assiste à la revue où ils venaient précédemment en grand nombre.

Le 9 janvier 1898, anniversaire de la naissance du sultan, Djevad-Pacha préfère renoncer à une revue écourtée et s'épargner un refus. Le gouverneur a informé les Amiraux qu'il recevrait, ainsi que le commandant militaire, des visites officielles. Les amiraux russe et austro-hongrois s'y rendent en personne; l'amiral Harris délègue le commandant du croiseur présent à la Canée; l'amiral Pottier envoie ses compliments par son chef d'état-major puisque Ismaïl ni Djevad ne sont venus à bord le 14 juillet. L'amiral Canevaro... est allé faire une tournée de quelques jours à Nauplie et Milo; son chef d'état-major le représente.

L'*Oldenburg* célèbre (27 janvier) l'anniversaire de la naissance de Guillaume II. Le commandant Wahrendorff aurait désiré avoir lui aussi une revue internationale, mais l'amiral Hinke l'en a dissuadé. Cette prise d'armes serait une nouvelle occasion de froissement pour Djevad-Pacha, et les amis de la Turquie ne voudraient pas lui être désagréables à la veille de se retirer de l'affaire crétoise.

Nouvelle proposition, même réponse lors de l'anniversaire de la naissance du roi d'Italie (14 mars). Djevad-Pacha invité à accompagner les Amiraux avec ses officiers supérieurs a décliné cette offre; aucun musulman ne paraît à la revue. Même répétition, le 28 juin, à l'anniversaire du couronnement de la reine Victoria.

Le maréchal revient une dernière fois sur cette question au 14 juillet 1898 demandant, au cours d'une visite à l'amiral Pottier, à laisser paraître ses troupes. L'amiral lui rappelle encore une fois la décision irrévocable du Conseil, ajoutant que la présence des Ottomans à la revue est moins possible que jamais dans l'état d'énervement où est le pays. Le commandant militaire ne paraît pas à la revue, mais il offre d'envoyer sa musique militaire jouer devant les casernes françaises, ce que l'amiral accepte en le remerciant.

Pour la fête du sultan (31 août 1898) Djevad-Pacha n'ose plus demander les troupes; il invite du moins à la revue les Amiraux qui déclinent son offre; le commandant militaire a trop affecté de ne pas paraître aux revues internationales.

IV.

La divergence de vues n'est pas moins complète à propos des troupes ottomanes. Comment en serait-il autrement? Les Amiraux ne songent qu'à les supprimer, le maréchal à les maintenir sinon à les renforcer. Au moment de son arrivée, il a été question de l'envoi de 30,000 soldats turcs; les Amiraux ont déclaré leur intention de les repousser par la force. Il faut s'y prendre autrement et commencer par un essai modeste. Un vapeur turc, venu sous prétexte d'embarquer des convalescents, tente (10 septembre) de débarquer 400 soldats; il est invité à conserver tous ses passagers et à s'éloigner dans les trois jours.

Le 27 décembre, la Turquie informe les ambassades de l'envoi de 5,000 recrues pour relever un nombre égal de soldats congédiables.

Les ambassadeurs ont répondu collectivement que la mesure est inopportune et qu'il y a lieu de la suspendre [1]. Ils ont sans doute de bonnes raisons pour ne pas tenir au sultan un langage plus ferme, mais les Amiraux, qui réclament depuis huit mois le retrait des troupes turques, qui ne sont pas écoutés et qui voient la pacification devenir incertaine, préviennent leurs gouvernements et leurs ambassadeurs que, sauf instruction contraire, ils s'opposeront par la force au débarquement des troupes ottomanes. Cette fois l'accord immédiat s'est produit sans la moindre hésitation, même de la part de l'amiral autrichien, ordinairement très contrarié des mesures désobligeantes à l'égard des Turcs. Cette décision est approuvée (30 décembre) par M. Hanotaux.

L'amiral Pottier reçoit (12 juillet 1898) la visite de Djevad-Pacha l'informant que 5,000 soldats turcs maintenus en Crète au delà de l'expiration de leur service vont être relevés. L'amiral le dissuade de donner suite à ce projet; la décision des Amiraux est ferme; ils n'admettront pas un soldat turc en Crète, mais ils favoriseront le départ de tous les congédiables. C'est une excellente occasion pour la Porte de commencer l'évacuation sous une forme qui sauvegarde sa susceptibilité. Le maréchal est un instant sans rien répondre, puis il remercie l'amiral de lui avoir dit franchement son opinion et ne cherche pas à la discuter.

Le 16 juillet, arrive à la Sude un vapeur avec 50 soldats turcs. On l'empêche de communiquer avec la terre; il devra être parti le 19 à midi. Les Amiraux interdisent alors toute arrivée de troupes turques, tout transport ou déplacement d'un point à un autre. Djevad-Pacha paraît cette fois sincère dans ses regrets de ce qui arrive malgré ses avertissements répétés à son gouvernement; il informe l'amiral Pottier qu'il a adressé sa démission au sultan.

Ceci ne l'empêche pas de demander encore (16 août) à relever la garnison de Kissamo pour cause d'insalubrité. Les Italiens ne s'y portent pas mal. Refusé. S'il y a 40 malades comme il le dit (14 septembre), qu'il les évacue sur le continent. Les Amiraux déclinent également son offre (7 et 10 septembre) d'envoyer des soldats turcs à Candie et à Rethymno.

Mais ces luttes prennent fin; il y a quelque chose de changé en

____

[1] Livre jaune.

Crète et il faut songer à une sortie honorable. Le maréchal, chargé par le sultan de recevoir et d'accompagner l'empereur d'Allemagne pendant son voyage en Syrie, informe, le 10 octobre, les Amiraux de son départ et de la remise du service au général de brigade Chakir-Pacha. Il part le 11 sur l'aviso *Fuad*.

La veille, il a croisé l'amiral Pottier sur la route de la Canée à la Sude; ils se sont arrêtés l'un et l'autre pour échanger des paroles d'adieu. Il y a quelque mélancolie dans la dernière rencontre de ces deux chefs qui se sont combattus pendant de longs mois, éminents l'un et l'autre bien que suivant des voies diverses. Certes, l'amiral Pottier est supérieur au maréchal de toute sa franchise, de toute sa loyauté de soldat qui n'ont pas une fois trébuché dans les pièges que leur tendait l'habileté de l'adversaire, mais il ne faut pas oublier que le régime modifie l'homme, et qu'ailleurs peut-être Djevad-Pacha se fut également dévoué à son pays, à son maître, sans transformer sa finesse en ruse, son adresse en dissimulation. S'il y a ici un vainqueur et un vaincu, la bonté de l'amiral l'oublie pour ne plus voir chez l'ennemi de la veille que ses charmes de haute distinction, d'intelligence et d'aménité. L'entrevue est des plus amicales. Son Altesse Djevad-Pacha désire qu'il ne lui soit rendu au départ aucun honneur. Il remercie avec effusion l'amiral de la courtoisie de ses relations personnelles et espère le revoir sur un terrain moins brûlant que la Crète.

CHAPITRE X.

Le gouvernement provisoire (août 1898).

I. Projet et propositions. — L'amiral Pottier président du Conseil des Amiraux. = II. Le comité exécutif. — Les difficultés financières.

I.

Pendant que l'île attend anxieusement une solution de la crise, que les Amiraux ne cessent de redire quelles mesures s'imposent pour la pacification, les cabinets envisagent des combinaisons diverses qu'il serait fort intéressant mais trop long d'examiner en détail. Tout au plus peut-on résumer brièvement les grandes lignes ou les idées directrices de quelques-unes d'entre elles en laissant de côté les innombrables propositions, notes et protestations de la Porte. Une telle série de fluctuations laisse deviner les difficultés du problème à résoudre; elle montre aussi l'Europe incertaine de la voie à suivre. Les divergences de vues sont d'ailleurs presque inévitables entre les cabinets étudiant patiemment la solution européenne de la question crétoise, et les Amiraux désireux de toucher rapidement le bénéfice crétois de l'intervention européenne.

Admission du principe de l'autonomie (février 1897) assurant à la Crète un gouvernement séparé sous la haute suzeraineté du Sultan et sans possibilité d'annexion actuelle à la Grèce. — Remise à la Porte (2 mars) d'une note dans ce sens. — Proposition anglaise (mars) de faire coopérer les troupes grecques à la pacification de l'île, sous les ordres des Amiraux. — Proposition russe (mars) d'une occupation franco-italienne avec 15,000 hommes. La France, consultée, est disposée à faire en Crète ce que feront les autres Puissances, ni plus ni moins. — Bases de l'autonomie proposées par les ambassades (10 avril) : suzeraineté du Sultan (sans immixtion dans les affaires intérieures, ont ajouté les Amiraux), réduction progressive des forces ottomanes, gouverneur élu comme en Bulgarie, milice, tribut, garanties pour les musulmans, capitulations, égalité absolue des Crétois. — Propositions françaises (mai) : autonomie sans troupes turques. — Propositions françaises (juin) : maintien des troupes turques concentrées en certains points de l'île[1]; autonomie de la Crète continuant à faire partie de l'empire ottoman. — Propositions diverses de faire choisir par les Amiraux un délégué (français) comme gouverneur provisoire (même date). — Projet discuté du choix du gouverneur dans un État neutre (même date). L'amiral Canevaro, fort surpris des propositions françaises de juin, qui constituent un pas en arrière, s'en ouvre à M. Visconti-Venosta, qui lui répond de suite que rien n'est changé en ce qui concerne la suzeraineté et que la concentration des troupes ne serait qu'une mesure provisoire[2]... — Interruption pour cause de négociations de la paix gréco-turque... — Les ambassadeurs à Constantinople étudient (novembre) l'organisation de l'autonomie crétoise. — Les ambassadeurs ont adopté un règlement provisoire de la Crète (décembre).

[1] *Souvenir du Règlement de 1896.* Art. III.
[2] On ne trouve pas trace de ceci dans le Livre jaune.

La France, l'Angleterre, l'Allemagne, l'Autriche y adhèrent. —
Candidature du prince Georges de Grèce au poste de gouverneur
(janvier 1898). — Projet russe (mars)[1]. — Projet franco-russe
(avril) : conseil administratif des Amiraux, concentration des troupes
turques, augmentation éventuelle des contingents, emprunt. —
Proposition anglaise (avril) de modification au projet franco-russe :
l'Assemblée crétoise désignerait un comité exécutif administrant
sous la direction des Amiraux les régions habitées par les chrétiens, tandis que les Amiraux administreraient les territoires occupés par les musulmans. — Instructions aux Amiraux (juin) dans le
sens de cette modification anglaise pour mettre sur pied ce régime
provisoire; on leur adresse en même temps le projet de règlement
provisoire de la Crète[2].

Après le départ des Austro-Allemands et la nouvelle distribution
des secteurs (avril 1898), deux mois s'écoulèrent incolores, à part
les incidents et complications avec Djevad-Pacha et parfois avec
Ismaïl-Bey. La besogne, par contre, ne manquait toujours pas; la
multiplication des affaires soumises à la Commission militaire amenait les Amiraux à autoriser la formation d'une semblable juridiction
dans chaque secteur avec application du code militaire de la
nation occupante (la mesure fut appliquée en juillet dans la zone
française).

Le 5 juin, le capitaine de vaisseau italien Amoretti, commandant
du secteur international, était remplacé par le capitaine de vaisseau
Sartoris, de la même nationalité. Ce même jour, le vice-amiral
Canevaro, en tournée à Salonique, partait pour l'Italie où il allait
prendre le portefeuille de la marine. Ces deux hommes avaient tenu
brillamment leur rôle et l'amiral Pottier rendait justice à la collaboration précieuse et courtoise de ces deux chefs à l'œuvre commune.
« Personne plus qu'eux ne s'est trouvé en rapport avec les marins et
les troupes internationales; personne non plus n'a contribué autant
qu'eux à l'établissement et à la continuité de ces relations cordiales
qui ont tant facilité notre tâche en Crète. »

Dès le départ de l'amiral Canevaro, l'amiral Pottier, devenu le
doyen, prenait la présidence du Conseil des Amiraux dans lequel sa

[1] Voir chap. VII, § III, page 89.
[2] Livre jaune, *passim*. Voir § II ci-après la réalisation de ce programme.

droiture, sa netteté de vues et la rectitude de son jugement comme son caractère d'une fermeté bienveillante lui avaient, malgré son langage émaillé d'interjections familières, assuré dès le premier jour une place prépondérante.

Les compétitions n'étaient pas toujours bannies de cet aréopage, témoin la question du commandement supérieur du secteur international, réglée le 1er juillet. Le principe verbal avait été posé jadis que ce commandement et les services en dépendant seraient de la même nationalité que le doyen des Amiraux; il était vraiment logique; son application rencontra néanmoins quelque opposition quand l'amiral Pottier proposa de faire passer des Italiens aux Français la direction des services. L'amiral Skrydloff admettait le commandant français mais ne jugeait pas nécessaire de remplacer les carabiniers italiens par des gendarmes français. L'amiral Bettolo désirait voir limiter la durée du commandement. Le commandant anglais, récemment arrivé, voyait peu clairement la situation et n'y voulait rien changer. On finit pourtant par s'entendre; la proposition de l'amiral était acceptée; on conservait l'application du code militaire italien pour la Commission militaire de la Canée; les décisions prises n'engageaient pas l'avenir.

II.

L'amiral Pottier prenait la présidence du Conseil au moment où surgissaient des difficultés d'un nouvel ordre. Après de longs pourparlers, les cabinets s'étaient mis d'accord pour la constitution d'un gouvernement provisoire; et comme il n'est pas de pouvoir sans argent, il fallait trouver des ressources. Les Amiraux, qui avaient jusqu'ici marché d'un pied sûr, se trouvaient fort embarrassés de se débrouiller dans ce maquis de l'administration où les ronces s'enchevêtraient à plaisir depuis deux ans. Ils recevaient, à la fin de juin, des instructions basées sur la proposition anglaise d'avril, ainsi qu'un projet de règlement provisoire de la Crète. Ils priaient, sur ordre de leurs gouvernements, les consuls d'établir un projet d'administration. En même temps ils exposaient (2 juillet) aux Puissances leurs desiderata si souvent répétés déjà.

Avant de se mettre, par l'intermédiaire des consuls, en rapport avec l'Assemblée crétoise, les Amiraux ont chargé les consuls d'établir les bases du gouvernement provisoire. Les instructions reçues les chargeant nettement du gouvernement des villes occupées, ils ne croient pas possible d'y maintenir les autorités civiles ottomanes et prient leurs gouvernements de demander leur rappel.

Les Amiraux, absolument certains que jamais les chrétiens ne laisseraient les musulmans revenir dans leurs propriétés de l'intérieur tant qu'il y aura des soldats turcs dans l'île, insistent encore une fois pour leur rappel. Une plus grande concentration serait sans utilité et ne changerait rien aux dispositions des chrétiens.

En ce qui concerne la situation financière, les Amiraux sont persuadés que la caisse de la surtaxe est insuffisante pour pourvoir aux besoins du gouvernement provisoire, et demandent à avoir le contrôle des douanes avec faculté d'employer ces revenus aux besoins du gouvernement provisoire et au payement de la gendarmerie dans les villes. Ce contrôle leur est, d'ailleurs, indispensable pour savoir si la caisse de la surtaxe reçoit bien les sommes qui lui reviennent[1].

Le projet d'administration provisoire demandé aux consuls, parvient aux Amiraux le 5 juillet, il est communiqué le 7 aux délégués de l'Assemblée crétoise. Ceux-ci, quoique péniblement déçus, font preuve d'une correction parfaite, annoncent qu'ils vont convoquer l'Assemblée et se bornent à ajouter : « Nous avons témoigné d'une patience exemplaire. Nous vivions dans le provisoire et nous, espérions arriver à une solution définitive qui mettrait fin aux maux de notre pays. Ce n'est malheureusement qu'un nouveau provisoire qu'on nous offre et les difficultés qui attendent l'Assemblée crétoise seront grandes[2] ».

Ces délégués font connaître (25) les réserves de l'Assemblée et les modifications très raisonnables qu'elle propose. Il en est largement tenu compte dans le texte définitif du projet rectifié le lendemain et accepté le 29 par l'Assemblée. Celle-ci, réunie pour la première fois le 18 juillet, a déjà terminé ses travaux après des séances calmes et bien conduites. Il sortirait du cadre de ce récit d'étudier les détails de ce document arrêtant les principes du statut organique de l'île : Assemblée, gouvernement par un Comité exécutif de cinq membres et un président (président de l'Assemblée); administration de chacune des cinq provinces par un administrateur général, de chacun des vingt districts par un administrateur ; justice comprenant tribunaux de paix et de première instance, cour d'appel et cour d'assises,

[1] Livre jaune, 5 juillet 1898.
[2] Livre jaune, 8 juillet 1898.

gendarmerie [1] ; budget avec contrôle des Puissances sur les recettes et les dépenses.

Le gouvernement provisoire installait son siège à Halépa, le 16 août sous la présidence de M. Sphakianakis, et se faisait de suite remarquer par un esprit politique développé et une bonne volonté qui ne se démentira pas dans les circonstances graves. Le 25 août, l'élaboration par la Commission consulaire et le Comité exécutif du règlement d'administration provisoire en 188 articles portant sur l'administration, la justice, la gendarmerie, était terminée.

Personne en Crète ne se faisait illusion sur ce règlement boiteux, adapté péniblement à une situation anormale, établissant le régime administratif de l'élément chrétien sans tenir compte des exigences et des besoins de l'élément musulman confiné dans les villes et dont le règlement semblait ignorer même l'existence. Quant au budget à prévoir, l'anomalie irait encore plus loin. Les dépenses seraient faciles à établir, mais les revenus de l'île ne comprenaient que deux sources : les douanes et les droits d'exportation [2] perçus en majeure partie dans les trois villes de la Canée, Rethymno, Candie, par l'administration inconnue du gouvernement provisoire. Il y avait encore les droits sur le tabac, appartenant à la Porte ; les droits sur le sel et le timbre (contestés quant au timbre [3]), garanties de la dette ottomane. C'est dire que le gouvernement provisoire n'avait entre les mains aucun revenu pour subvenir aux dépenses. M. Blanc, doyen du corps consulaire, en développant ces considérations [4] demandait qu'on remît aux Amiraux la douane et la dîme et qu'on fît une avance de 1,250,000 francs pour mise en marche immédiate de la nouvelle administration. Ce serait vraiment dommage pour le prestige des Puissances, disait-il, si ce projet d'organisation venait, comme celui de 1896, à échouer faute de ressources pécuniaires. Les

---

[1] Dès le mois d'août, le capitaine italien Craveri commençait à organiser la gendarmerie pour laquelle les Amiraux assuraient au comité exécutif une mensualité de 1,500 francs prélevée sur la surtaxe. Le budget mensuel de cette gendarmerie est d'environ 80,000 francs en 1910.

[2] Les droits d'exportation avaient, depuis plusieurs années, remplacé la dîme dont ils conservaient le nom.

[3] Le timbre ne figure pas au pacte de Halépa parmi les droits réservés à la caisse centrale du Trésor ottoman. La Porte ne pouvait donc disposer en faveur de la dette ottomane de ce droit revenant directement au Trésor crétois.

[4] Livre jaune. Les deux lettres de M. Blanc, du 8 juillet et du 24 août, montrent que notre consul général jugeait la situation exactement comme les Amiraux.

revenus de l'ile suffiraient à son existence, à la condition de ne pas les laisser entre les mains des autorités ottomanes dont la seule présence était anormale dans un pays que, depuis plus d'un an, les Puissances avaient déclaré autonome.

Mais ne poussons pas plus loin l'examen un peu aride de la question financière; il convenait toutefois d'en dire un mot montrant les difficultés multiples auxquelles se heurtaient les Amiraux pour arriver, non sans peine, à un règlement provisoire n'avançant en rien la solution nécessaire et désirée.

L'énervement du pays se manifestait par la reprise des agressions et des assassinats sur plusieurs points. L'amiral Skrydloff en concluait à la nécessité de demander des renforts, inquiet de la présence de 10,000 soldats turcs dont la moitié congédiables; sa proposition (29 juillet) ne ralliait pas la majorité. Bien au contraire, les artilleurs italiens quittaient la Crète; l'Angleterre venait de réduire son contingent de 300 hommes[1]. — Les bruits les plus invraisemblables trouvaient créance dans le pays : l'arrivée de gendarmes français pour le secteur international ayant subi quelque retard, les musulmans répétaient que le Sultan avait interdit l'envoi de nouveaux soldats internationaux en réponse aux Amiraux prohibant l'arrivée de troupes turques dans l'île. — Les autorités ottomanes entretenaient sourdement l'agitation et jouaient du prochain voyage de Guillaume II en Orient. — Les chrétiens s'opposant toujours au retour des musulmans dans leurs propriétés tant que les troupes turques seraient dans l'île, l'irritation de ceux-ci était grande; il devenait imprudent de les pousser à bout.

Malgré de nouvelles instances des Amiraux à la suite de leur demande du 29 juillet concernant les ressources à affecter au gouvernement provisoire, ils ne reçurent l'autorisation sollicitée que le 25 août. Ils décidaient dès le 29, de prendre en main le 3 septembre la perception des dîmes et rejetaient la demande d'un délai de trois jours présentée par Ismaïl-Bey. La remise des bureaux se faisait le 3, sans incident, à la Canée comme dans les secteurs français et italien; mais à Rethymno il fallait mobiliser la garnison et menacer d'employer la force. A Candie, Edhem-Pacha refusait catégorique-

---

[1] Au 9 juin 1898, d'après une déclaration faite à la Chambre anglaise des Communes, il y avait en Crète : 603 Anglais, 1,400 Français, 1,412 Italiens, 1,620 Russes.

ment de remettre le service. Les troupes dont disposaient les Anglais, 450 hommes environ, étant très insuffisantes pour imposer la décision par la force, les Amiraux sommaient Ismaïl-Bey de donner des ordres à Edhem-Pacha. Le gouverneur général envoyait alors un télégramme leur donnant satisfaction en apparence, « invitant Edhem-Pacha, en attendant la décision de la Sublime Porte, à n'intervenir aucunement aux mesures qui seraient prises par M. le commandant des troupes anglaises pour la perception des dîmes ».

CHAPITRE XI.

Le massacre de Candie (6 septembre 1898).

I. Le guet-apens. = II. Première impression. — Premières mesures. = III. L'écho du massacre dans le secteur français. = IV. Les Candiotes désarmés. — Les meneurs arrêtés. — Les renforts. — Faits divers.

I.

Le 6 septembre, à 3 heures du soir, un télégramme arrivait à la Sude : « Anglais attaqués, plusieurs tués, envoyez navires. » L'*Astræa* et le *Camperdown* partaient aussitôt, suivis de près, à Candie, par l'*Etruria*, le *Donetz* et le *Vautour*[1]. Deux compagnies d'infanterie de marine et de bersagliers se préparaient à partir de la Canée devant laquelle on détachait le *Caprera* en surveillance. A 2 heures du matin, l'*Astræa* télégraphiait de Candie pour demander les troupes qui partaient à 9 heures par le *Morosini*.

Les dépêches du commandant Hallet, du *Camperdown*, le 7, donnaient les premières nouvelles :

Les chrétiens se massent à l'extérieur du cordon. Le vice-consul anglais de Candie est tué. La situation est très grave.

Impossible de débarquer des hommes dans le port parce que les musulmans sont en possession de la ville. Je débarque quelques hommes sur la plage à l'ouest des fortifications. Le temps est si mauvais que c'est assez dangereux et que l'opération sera très longue ; mais cela se fait sans accident. Les chefs insurgés m'ont offert leur concours ; ils ont été remerciés et on ne permettra à aucun insurgé d'intervenir. Les pertes totales d'hier sont :

[1] Le *Faucon* venait de Port-Saïd, le *Léger* de Constantinople, le 14 ; le *Condor* de Toulon, le 19.

1 officier et 13 soldats et marins tués, 2 officiers et 40 hommes blessés. Edhem-Pacha est venu me voir ce matin; il paraît n'avoir aucune autorité sur les musulmans. Je ne puis fixer les pertes chrétiennes, mais elles sont considérables.

Les pertes des chrétiens ont été très lourdes la nuit dernière; 300 seulement ont pu s'échapper; 400 insurgés ont traversé le cordon et s'avancent en escarmouchant. J'ai donné l'ordre aux Anglais de rester neutres. La situation est très grave.

Une note fort intéressante du capitaine Berger[1] nous raconte l'événement d'une façon précise.

Depuis plusieurs jours avant les massacres du 6 septembre, de nombreux chrétiens avaient été prévenus par les musulmans que des événements graves se préparaient et qu'ils feraient bien de s'éloigner de Candie par mesure de prudence.

Le 5 septembre, une grande réunion eut lieu dans la rue Très-Camarès. A cette réunion assistaient Edhem-Pacha, Churchill[2], les beys influents et de nombreux musulmans, parmi lesquels se trouvaient les principaux agitateurs de Candie. On demanda l'élargissement du cordon des avant-postes. On protesta contre les chrétiens qui, franchissant ce cordon, venaient cueillir les olives appartenant à des musulmans. On parla surtout de la dîme. Une députation fut envoyée au colonel anglais Reid.

Il est impossible de connaître, d'une façon certaine, les décisions prises dans cette assemblée. Il est indiscutable, cependant, qu'on a arrêté qu'on s'opposerait à la prise de possession par les Anglais des bureaux de la dîme. La manifestation devait-elle être faite sans armes, comme le suppose M. Billiotti; ou, au contraire, le massacre des chrétiens a-t-il été décidé d'une façon ferme pour le lendemain? La chose ne peut pas être élucidée complètement.

Il était évident, cependant pour toute personne réfléchie que si les musulmans voulaient empêcher les Anglais de saisir les bureaux de la dîme, ceux-ci résisteraient, des coups de fusil partiraient et l'émeute deviendrait inévitable.

Il est impossible qu'Edhem-Pacha ne se soit pas rendu compte du danger. Quoi qu'il en soit, dans la soirée même du 5 septembre, plusieurs musulmans ont déclaré ouvertement à l'issue de cette réunion qu'avant vingt-quatre heures il ne resterait plus un seul chrétien à Candie. Il était, de

---

[1] Le capitaine Berger, de l'infanterie de marine, rapporteur près de la commission militaire de la Canée fut envoyé à Candie sur la demande de l'amiral Noël pour instruire le procès des inculpés. L'amiral Pottier le chargea en même temps d'une enquête sur l'émeute du 6 septembre.

[2] Le major Churchill, qui a ce grade dans l'armée ottomane, est un Levantin catholique, fils d'un Anglais et d'une Française. Il avait été choisi par le colonel Chermside comme chef de la gendarmerie turque à Candie. Il a très longtemps servi en Egypte. (*Note du capitaine Berger.*)

plus, défendu à tout musulman de causer avec des chrétiens, pour éviter toute divulgation.

Par contre, on doit remarquer que tout le quartier chrétien avoisinant la cathédrale a été respecté et que les habitants de ce quartier sont tous restés sains et saufs. Si le massacre général des chrétiens avait été décidé, ceux-ci n'auraient pas été épargnés. Il est vrai aussi que les habitants de ce quartier étaient généralement assez pauvres, et que les chrétiens riches habitaient tous la rue Vizir-Sarcy ou le quartier Kalakérino[1]. L'appât du butin a poussé, plus que tout le reste, les musulmans au pillage et à l'incendie.

Dans la matinée du 6 septembre, un premier groupe de bachi-bouzoucks s'est rassemblé sur le port et a tenté de saisir les archives de la dîme pour les jeter à la mer.

Le même jour, vers 1 h. 30 de l'après-midi, Edhem-Pacha et Churchill se sont rendus sur le port. Le colonel Reid, accompagné par les nouveaux employés chrétiens de la dîme, y est arrivé quelques instants après. Par mesure de prudence, il avait fait occuper la grande porte du port par un détachement d'une vingtaine de soldats anglais commandés par un officier. Ce détachement était rangé en dehors de la porte, à l'intérieur de la ville. Il avait également fait placer quelques soldats anglais et des matelots du *Hazard* près des bureaux de la dîme. Mais, pour éviter toute cause de provocation, ces détachements s'étaient rendus isolément à leurs postes, en suivant une route différente de celle du colonel Reid, qui était arrivé sans escorte.

Quand le colonel Reid arriva sur le port, les portes du bureau de la dîme étaient fermées et l'on en chercha inutilement la clef pendant plus d'une demi-heure. Pendant ce temps, Edhem-Pacha et Churchill disparurent. Il est probable qu'ils se sont retirés par le passage près des anciennes cales vénitiennes.

Cependant, des groupes de musulmans non armés, mais dont quelques-uns étaient munis de bâtons, commençaient à descendre par la rue Vizir-Sarcy. Les premiers groupes furent dispersés par la police, mais les manifestants arrivant toujours plus nombreux vinrent se buter contre le détachement anglais de garde à la porte du port. Les Anglais mirent baïonnette au canon et essayèrent de faire refluer la foule. Deux ou trois bachi-bouzoucks réussirent à se glisser entre les soldats anglais et en frappèrent un ou deux à coups de couteau. Les soldats anglais tirèrent quelques coups de fusil. L'enquête n'a fait retrouver les traces que de trois bachi-bouzoucks tués à ce moment. Le cadavre de l'un d'eux est resté sous la voûte de la porte; les deux autres cadavres ont été rapportés vers le konak, l'un sur une planche, l'autre sur une chaise. Les musulmans reconnaissent eux-mêmes que les Anglais se sont montrés alors très modérés; s'ils avaient tiré résolument dans la foule compacte, ils y auraient fait des ravages épouvantables.

Tous les musulmans refluèrent vers le haut de la ville en criant « aux armes ». Le colonel Reid s'avança lui-même vers la porte de la ville pour

---

[1] Quartier Kalakérino, ainsi appelé du nom du vice-consul d'Angleterre, riche Crétois qui en possédait la majeure partie.

voir ce qui s'était passé, puis il revint vers les bureaux de la dîme. Au bout
de que'ques minutes, les musulmans reparurent avec leurs armes et ouvri-
rent le feu sur le détachement de garde devant la porte. Quelques soldats
anglais furent atteints; l'officier fut tué raide. Les soldats anglais fermèrent
alors la porte du côté de la ville et restèrent sous la voûte. Un peu plus
tard, ils réussirent à gagner la *Turquoise* en suivant le quai ouest du port.
Plusieurs chrétiens, parmi lesquels des employés de la dîme, les avaient précédés par ce chemin [1].

CANDIE.

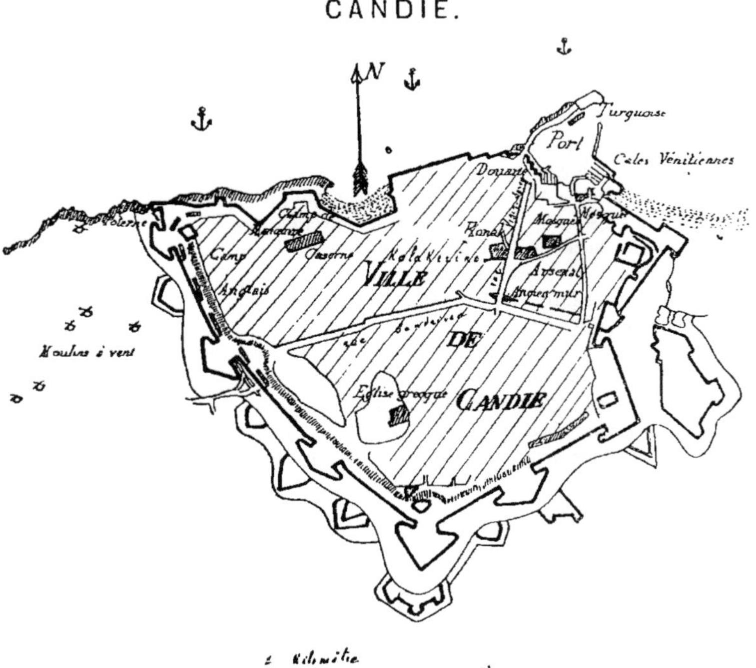

Cependant, les musulmans, voyant la porte principale du port fermée, se
précipitèrent vers le passage situé près des cales vénitiennes. Ils occupèrent
la partie supérieure de ces cales, les murailles est du port et toutes les
maisons situées de ce côté. Ils se mirent à faire un feu violent contre le
colonel Reid et son escorte devant la dîme. Le colonel se réfugia dans les
bureaux de la douane dont il fit barricader les ouvertures; il y resta jusqu'à
5 heures du soir. Edhem-Pacha arriva alors; d'un geste circulaire, il fit cesser
la fusillade, et le colonel put gagner avec son détachement la *Turquoise* qui

[1] La *Turquoise* était un petit vapeur affrété par les Anglais pour les ravitailler en eau
distillée. (*Note de l'auteur.*)

sortit aussitôt du port. Un peu auparavant, le commandant du *Hazard*, monté
dans une embarcation avec quelques matelots, avait essayé de se porter au
secours du colonel Reid. A peine avait-il franchi l'entrée du port que quatre
de ses matelots étaient tués par les Turcs qui occupaient les fortifications
est du port, et il dut rebrousser chemin.

En même temps que ces divers événements se déroulaient, les bachi-bouzoucks avaient attaqué l'hôpital anglais où ils tuèrent quelques soldats, et le
camp anglais où plusieurs soldats furent aussi mis hors de combat. Au
même moment, les massacres de chrétiens commençaient. La rue Vizir-
Sarcy et le quartier Kalakérino étaient mis au pillage et incendiés. Les
soldats turcs rivalisèrent d'ardeur avec les bachi-bouzoucks et la police
turque pour cela. Mais il est inutile d'insister sur ces atrocités.

Le nombre des chrétiens massacrés, pas plus que celui des musulmans
tués, n'a pu être établi.

Notons que le feu n'a pas été mis volontairement aux cafés turcs du port
dans l'intention de communiquer l'incendie à la douane où était réfugié le
colonel Reid, la douane était beaucoup trop éloignée pour cela; le feu a été
communiqué à ces cafés par des maisons chrétiennes.

Pendant tout le temps de l'émeute, Edhem-Pacha n'est sorti de chez lui
qu'à un moment, vers les 4 heures, pour envoyer la pompe de la ville près
de la poudrière et faire combattre l'incendie qui menaçait cette poudrière et
la grande mosquée.

Churchill, pendant tout le temps de l'émeute, est resté caché dans sa
maison, qui était gardée par de nombreux gendarmes; il eût été infaillible-
ment massacré s'il s'était montré. Le grand reproche qu'on peut lui faire est
que la veille il connaissait certainement que de graves événements se préparaient, et qu'il n'en a pas prévenu les autorités anglaises.

L'incendie, le pillage et le massacre continuaient pendant toute la
nuit devant les Anglais impuissants avec leurs 400 highlanders et un
seul contre-torpilleur au mouillage de Candie. La ville était au pouvoir des musulmans, tandis qu'eux-mêmes tenaient à grand'peine
dans leur camp où ils se retranchaient à la hâte. Le consulat d'Allemagne, la chancellerie et la poste françaises ainsi que nombre de
maisons étaient brûlés. 500 chrétiens environ étaient massacrés; des
atrocités étaient commises. Le vice-consul d'Angleterre était mar-
tyrisé par les cavas du consulat; des femmes étaient violées, mises
ensuite en morceaux, un grand nombre brûlées vives; pendant
plusieurs jours des cadavres horriblement mutilés flottaient en
rade.

Le 7 au soir, le temps s'étant un peu amélioré, le *Morosini* débarquait à Rogdia (13 kilomètres à l'ouest de Candie) les deux compagnies amenées de la Canée. Elles se portaient, le 8, sur Candie et

gagnaient par la poterne du nord-ouest le camp anglais renforcé déjà par cette même voie de quelques marins débarqués des navires. 1,500 insurgés avaient accompagné les soldats et ne s'étaient arrêtés à 600 mètres des remparts que sur la demande expresse du capitaine Gueshwind. Candie brûlait encore en dix endroits; les consuls n'étant pas en sûreté avaient gagné les navires. Edhem-Pacha était tenu pour personnellement responsable de l'incendie éventuel de leurs maisons comme de l'ordre dans la ville. Il avait déjà reçu du commandant Hallet, la veille, la lettre suivante :

> Monsieur le Gouverneur,
>
> Les chrétiens qui se trouvent réfugiés au sérail, à l'office télégraphique ou en d'autres endroits qui doivent être connus de vous, ne pouvant plus rentrer dans leurs maisons qui n'existent plus, ni se procurer des moyens d'existence et des vivres, leur émigration de la ville de Candie *au plus vite* est d'une nécessité impérieuse. Je viens donc vous inviter à trouver le moyen de faire conduire en sécurité tous les chrétiens en question en un lieu d'embarquement convenable, afin que leur transport et leur départ de la ville de Candie puissent avoir lieu sans incidents regrettables.
>
> En attendant que cette mesure puisse être mise à exécution et pendant qu'elle le sera, je tiens Votre Excellence personnellement responsable pour le moindre mal qui pourrait arriver à un de ces hommes, femmes ou enfants. Je ne doute pas que vous compreniez quelles pourraient être les conséquences fâcheuses qui résulteraient pour vous en personne, pour vos troupes et pour toute la population musulmane de la ville de Candie s'il se produisait un incident quelconque mettant en danger la vie de ces chrétiens pendant qu'une escadre internationale est mouillée sur cette rade.

Le camp anglais se trouvait maintenant dans une situation un peu moins précaire, bien que manquant d'artillerie. Néanmoins, le commandant Hallet, irrité de la lâche agression des musulmans, se déclarait prêt à tirer à la première alerte sur la ville où il ne restait plus de chrétiens et que les musulmans tenaient encore [1].

II.

On devine quelle répercussion semblable guet-apens devait avoir dans toute la Crète, l'exaltation des musulmans, l'exaspération des

---

[1] L'amiral Pottier n'oubliant pas que des femmes et des enfants seraient également victimes du bombardement, invitait le *Faucon* à prendre ses ordres, sauf urgence, avant d'ouvrir le feu.

chrétiens. A la Canée, les premiers célébraient sans réserve la conduite de l'armée turque venant de sauver l'armée anglaise et les chrétiens de Candie et de démontrer l'incapacité des Puissances; « il était temps que le sultan envoyât 50,000 hommes en Crète ». Les autorités ottomanes restaient correctes en apparence. Le 7 au matin, Ismaïl-Bey offrait de se rendre à Candie si les Amiraux y jugeaient sa présence nécessaire, et renouvelait l'offre de Djevad d'y expédier un bataillon turc — Grand merci ! — Ismaïl ne manquait pas, d'ailleurs, de vanter l'attitude des troupes turques auxquelles les Anglais devaient de n'être pas complètement anéantis. Quant aux chrétiens disparus des villes, ils s'armaient de toutes parts et marchaient sur Candie.

Le président du Comité exécutif adresse, le 7, sa démission à l'amiral Pottier. « Par déférence envers les Puissances, les chrétiens se sont conformés à toutes leurs décisions, ont attendu en vain l'autonomie, le retrait des troupes et des autorités ottomanes, le choix d'un gouverneur, se sont prêtés à l'application du régime provisoire sans espoir de réussite. Pour la troisième fois depuis deux ans le début des réformes est un signal de massacre. Dans ces conditions, le comité doit se retirer et demande la convocation de l'Assemblée nationale. » Oui, mais sa démission dans les circonstances présentes serait grosse de conséquences, et les Amiraux font appel à son patriotisme. Ils sont entendus; l'Assemblée ne sera pas convoquée, le comité restera à son poste, mais seulement pour servir d'intermédiaire avec les chrétiens, à l'exclusion de toute étude administrative. C'est très loyalement qu'il tiendra sa parole, se rendant digne de tous les éloges par ses efforts sincères pour apaiser la juste colère des chrétiens et empêcher des collisions regrettables. M. Sphakianakis a grand mérite à conserver son attitude pleine de tact et de modération, car il vient de perdre à Candie plusieurs membres de sa famille et d'y subir des dommages matériels considérables.

Les Amiraux avaient, dès le premier jour, demandé un bataillon de renfort par Puissance[1]; 500 hommes étaient annoncés de Malte. Djevad-Pacha, toujours à l'affût d'une occasion de recouvrer la libre disposition de ses forces, demandait encore (10 septembre) à envoyer 2 officiers et 10 soldats à Rethymno et autant à Candie. Djevad sait

[1] Le bataillon italien arrivait le 13, le français les 16 et 18, le russe le 26.

parfaitement, dit l'amiral Pottier, qu'il va au-devant d'un refus qui est une humiliation pour lui, mais il espère nous lasser et il recommencera demain.

Le maréchal se livrait à d'autres manifestations; il cherchait à occuper le premier le château vénitien qui commande Halepa, où le colonel Spitzer voulait loger une partie des renforts attendus et ne l'évacuait que sur ordre; il adressait à ses troupes une « consigne en cas d'alerte », dont le post-scriptum laissait rêveurs les internationaux.

P.-S. — Les musulmans de l'intérieur des cordons militaires sont en sécurité. Mais les chrétiens de l'intérieur de ces cordons étant en minorité, j'ai donné l'ordre aux officiers commandants ottomans en Crète, en cas d'alerte, de les réunir avec leurs familles dans des lieux sûrs, sous la garde de leurs troupes.

La dépêche expédiée ce jour-même (10 septembre) par les Amiraux disait toute leur confiance dans ces troupes turques.

La situation devient très grave; les chrétiens se rassemblent et marchent sur Candie, où un conflit avec les musulmans est imminent. A la Canée et Rethymno, l'attitude des musulmans devient menaçante. Les Amiraux ont la conviction que les autorités turques, correctes en apparence, sont la cause du mouvement de Candie. Ils jugent indispensable l'envoi immédiat d'un bataillon de renfort par Puissance.

Le commandant anglais à Candie affirme, d'après des témoins oculaires, que des soldats turcs ont tiré sur les Anglais. Il est certain que les troupes turques n'ont rien fait pour empêcher l'émeute. Près de 600 chrétiens, dont beaucoup de femmes et d'enfants, ont été massacrés ou brûlés vifs dans les maisons. En conséquence, les Amiraux demandent, de la façon la plus formelle, que le gouvernement ottoman soit mis dans l'obligation d'éloigner immédiatement de l'île les 15,000 bachi-bouzoucks de Candie, et de faire suivre cette mesure du rappel immédiat des troupes et autorités.

D'autre part, en présence de ces événements, le Comité exécutif a déclaré aux Amiraux qu'il ne pouvait plus continuer ses fonctions. Nous l'avons décidé à rester à son poste en ce moment critique ; il y a consenti, mais seulement pour nous servir d'intermédiaire. De fait, le régime provisoire s'est écroulé. Dans ces circonstances, les amiraux estiment que le moment est venu de régler la question par la nomination du gouverneur demandé par les Crétois [1]

L'alerte n'est pas complètement terminée. Sans doute, les troupes

---

[1] Livre jaune, 10 septembre 1898.

anglaises déjà renforcées reçoivent 500 hommes le 11 et en attendent d'autres; mais l'artillerie manque à terre et l'état du temps ne permet pas d'en débarquer; les musulmans tiennent la ville; il faut se garder sur la stricte défensive en éloignant les insurgés pour éviter tout prétexte à conflit; les chrétiens se rendent assez facilement à cette prière. Les Anglais se retranchent au camp et cette précaution n'est pas superflue puisque, pendant la nuit, des meurtrières sont pratiquées dans les moulins et les maisons musulmanes voisines des remparts. Edhem-Pacha reçoit du commandant du *Camperdown* l'ordre d'occuper ces bâtiments avec une garde turque et s'y conforme. Le commandant Hallet a mené les premières opérations aussi vigoureusement que le lui permettaient ses forces restreintes et les brises de nord contrariant tout débarquement hors du port. L'envie ne lui manque pas de faire davantage; il ne voudrait pas tirer un coup de canon avant que son personnel soit en sûreté, mais il désirerait « laisser sa signature sur quelque chose » avant de partir.

Le contre-amiral Noël arrive le 12, avec le *Revenge* et 500 soldats; 800 hommes débarquent encore le lendemain. Cette fois, les Anglais sont maîtres du port où la libre circulation est désormais assurée; les remparts se couronnent d'artillerie commandant les principales rues et l'ensemble de la ville. L'amiral ne se contente pas de l'occupation des 39 maisons pouvant menacer le camp anglais; il exige leur démolition qui, après vaines protestations d'Ismaïl et de la Porte, est chose faite le 14. Le service de la dîme fonctionne; Edhem est prévenu qu'au premier coup de fusil tiré sur les troupes anglaises, les navires ouvriront le feu sur la ville. L'amiral Noël a insisté pour obtenir l'arrestation immédiate des meneurs; le gouverneur n'ose dire non, mais il n'en fait rien. Il y a maintenant assez de troupes anglaises arrivées (2,800 hommes le 16); les autres détachements internationaux, débarqués le 7, quitteront Candie le 19 en grand apparat.

L'irritation des chrétiens augmente à mesure que sont connues les horreurs du massacre. Ils ne se rendent pas compte que quatre gouvernements ont plus de mal à s'entendre que quatre amiraux qui peuvent se réunir instantanément; ils s'étonnent qu'on n'ait encore rien fait pour la Crète, s'impatientent et parlent de venir eux-mêmes dans les villes venger leurs coreligionnaires. 800 montagnards séliniotes se sont portés sur la Canée; le comité a encore réussi à les arrêter hors du cordon, mais le président craint de ne pouvoir toujours les contenir, et les insurgés sont plus de 20,000 en armes. « S'ils persistent, écrit l'amiral Pottier, nous allons nous trouver en conflit avec eux pour les empêcher de traverser le cordon. Allons-nous donc tirer sur les chrétiens après les massacres de Candie, pour protéger les assassins? Je ne puis envisager sans frémir une pareille éventualité qui nous forcerait à un rôle si odieux qui serait cependant le devoir. Et, pendant ce temps, Djevad demande à suspendre la répression jusqu'à la nomination d'une commission internationale pour élucider ce qu'il appelle l'incident fâcheux de Candie; ce serait encore une fois l'absolution à toutes les infamies. J'adjure que les gouvernements ne suspendent pas l'exécution des mesures prises par l'amiral anglais, approuvées par les Amiraux, et ne consentent pas à la nomination d'une commission internationale. »

Et les Amiraux demandent encore une fois (14 septembre) une solution immédiate et radicale. Le 18, rien n'est décidé; les amiraux russe et italien insistent pour l'envoi d'un nouveau télégramme; l'amiral Bettolo parle même de conseiller à son gouvernement de retirer les forces italiennes de l'île si l'on ne prend pas des résolutions immédiates au sujet du règlement définitif de la question crétoise.

III.

Le massacre de Candie est une occasion au secteur français de prouver sa pacification réelle. La nouvelle a pourtant, comme ailleurs, provoqué l'exaspération des chrétiens et l'on a pu craindre des troubles. A Sitia, dont l'Agence Havas publiera les nouvelles les plus alarmantes, le commandant Chevalier, pour éviter les racontars faux ou exagérés, fait connaître lui-même les événements et promet à la population de lui donner les nouvelles officielles.

Le 8, frayeur chez les musulmans. Nous réunissons toute la population devant le konak; je place les musulmans sous la protection des chefs chrétiens en même temps que sous la nôtre. Tout le monde s'écrie qu'il n'y a plus à Sitia ni Grecs ni Turcs; mais seulement des Crétois. Les cafés se remplissent; Turcs et Grecs fraternisent; les notables des deux partis restent ensemble.

Le 9, malheureusement, des gens venus de l'extérieur, notamment les courriers qui arrivent de San-Nicolo, colportent des nouvelles exagérées. Les musulmans sont pris d'une frayeur intense ; ils viennent me demander de faire venir un vapeur pour les transporter tous en Anatolie ; un grand nombre s'embarque sur un brick en partance ; mes conseils pour les retenir sont inutiles. Je pense qu'il vaut mieux laisser partir tous ceux que leur affolement pourrait conduire à des actes néfastes.

Toutefois j'interdis le départ pendant la nuit. Je fais circuler des patrouilles continuelles, avec consigne de faire éteindre les lumières dans les maisons pour qu'il n'y ait pas chance d'incendie. Je fais faire toutes recommandations à ce sujet à la mosquée, à la prière du soir.

Pendant la nuit, nous apprenons que quelques chrétiens de la ville non moins affolés que les musulmans, ont écrit aux villages pour provoquer une descente en ville. M. Foundalakis court aux villages pour s'y opposer. Nuit calme.

Le 10, de nombreux villageois armés cernent la ville ; M. Foundalakis parvient à les éloigner par la persuasion. Il saisit et me remet plusieurs lettres écrites par des gens de Sitia. D'aucuns s'appuient sur de prétendus ordres de ma part pour faire descendre les villageois ; nous instruirons sévèrement cette affaire en temps opportun. De nombreux paysans se sont faufilés en ville, sans armes, mais, me dit Foundalakis, avec l'intention de piller si possible ; nous nous multiplions pour les faire évacuer sans brusquerie. Le calme se fait, mais les musulmans très effrayés se tiennent groupés près de nos maisons, près du cercle et des baraquements. Tous les magasins sont fermés. Cette nuit nous prendrons toutes les mesures nécessaires pour prévenir les vols et le désordre.

Dans la matinée, le préposé des douanes, positivement malade de peur, est venu me remettre les clefs de la douane ; il s'est enfui sur le brick en partance, malgré tous mes efforts unis à ceux du caïmacan et des notables musulmans. La présence à mes côtés de M. Foundalakis, du président du comité, M. Despotakis, et des principaux notables, m'est très utile ; l'attitude du caïmacan est parfaite.

Les mairies de Tourloti, Roukaka, Karidi, et Kandra sont parfaitement tranquilles ; l'agitation vient seulement des trois villages d'Ackladia, Khamesi et Scopi, situés sur la route de Candie, à quelques kilomètres de Sitia.

Spinalonga où il n'y a que des musulmans, San-Nicolo, habité exclusivement par des chrétiens, sont restés calmes. A Hiérapétra, les chrétiens du faubourg ont voulu donner l'assaut à la ville ; mais le colonel Destelle, tout en désirant vivement voir arriver une compagnie de renfort, est parvenu à les maintenir avec sa petite garnison ; la tension a été grande dans les journées du 9 et du 10. Les Turcs affolés ont fait tout ce qu'a voulu le colonel ; les autorités se sont mises absolument à ses ordres. Le calme ne tarde pas à revenir, tant à Sitia qu'à Hiérapétra.

Malheureusement, conclut le lieutenant-colonel Destelle, si nous avons pu éviter des violences et peut-être un grand malheur, il n'en résulte pas moins des faits actuels que tout le fruit d'une suite d'efforts patients et continus est à peu près perdu, et cela au moment où la situation était excellente. L'apaisement des esprits était fait et l'on pouvait envisager sans crainte le renvoi prochain des musulmans dans les campagnes. Actuellement les haines sont ravivées et la méfiance existe plus forte que jamais entre les deux éléments de la population.

Nons avons à remplir plus que jamais notre mission de conciliation et de paix, afin de regagner le terrain perdu.

Si le calme existe, la confiance n'est pas revenue avec lui, et, jusque vers la fin du mois, les deux éléments cesseront presque toutes relations à Hiérapétra; les musulmans sortent protégés par les soldats pour cultiver leurs jardins sous les murs de la ville. Les renforts parviendront les 22 et 23 septembre[1].

IV.

L'amiral Noël avait, dès son arrivée, exigé, comme le commandant Hallet, l'arrestation des meneurs de Candie. Après quelques tergiversations et l'emprisonnement de vagues comparses, Edhem-Pacha se décidait à sévir et, le 16, 42 Candiotes étaient livrés (il y en avait 149 vingt jours plus tard) et détenus à bord des bâtiments anglais. A cette même date l'amiral sommait le gouverneur de désarmer les bachi-bouzoucks dans les quatre jours; ce désarmement commençait le 20, après engagement écrit des chefs et des comités chrétiens de n'en pas profiter pour franchir le cordon et venir attaquer les musulmans désarmés; 3,500 fusils étaient remis le 22, 5,000 le 28. Cette bonne volonté tardive n'empêchait pas Edhem-Pacha de perdre sa place, remplacé le 29 par le colonel Chefki-Bey; il lui devait bien cela[2].

L'arrivée (26 septembre) des derniers renforts demandés donnait aux Amiraux une position mieux assise[3]. Les forces du secteur italien étaient restreintes comme aussi ses besoins. A la Canée, où il y avait 4,000 soldats turcs et 8,000 musulmans armés, les

----

[1] Voir Appendice VIII, § VIII, la composition des forces au 26 septembre.

[2] Le général Edhem-Pacha avait succédé à Chefki-Bey en janvier 1898. (Voir chap. VII, § IV.)

[3] Voir Appendice VIII, § VII, VIII, la composition des forces au 26 septembre et des navires au 14 octobre.

3,125 hommes du secteur international semblaient suffisants à l'amiral Pottier pour la protection des musulmans contre les chrétiens après le départ des troupes turques. Il invitait toutefois (30 septembre) Ismaïl à faire désarmer les musulmans de la Canée; — l'effectif actuel des troupes européennes leur permettait d'assurer en toutes circonstances la protection des habitants, et le gouverneur, ordonnant le désarmement, atténuerait grandement sa responsabilité en cas de troubles. — L'amiral Skrydloff se trouvait encore un peu faible à Rethymno avec 2,550 soldats. Les 610 hommes du secteur français et plus encore la situation morale acquise dans cette région enlevaient tout souci à l'amiral Pottier sur ce point, quoi qu'il arrivât par ailleurs. Candie le préoccupait davantage, insuffisamment protégé par 2,800 Anglais (il y en aura 5,000 le 5 octobre); la leçon du 6 septembre devait rendre ses défenseurs plus prudents. Sans doute la première responsabilité incombait au Sultan qui avait toujours refusé d'autoriser l'exode des musulmans et avait trop aisément fanatisé leur misère; mais comment, dans une ville de 60,000 habitants, la plupart réfugiés exaspérés, les Anglais avaient-ils pu réduire leurs effectifs à 450 highlanders et ne conserver qu'un seul destroyer, le *Hazard*, mouillé devant la ville?

Puisque les autorités ottomanes donnaient pour principale raison du maintien de leurs troupes la nécessité de protéger les musulmans contre les agressions des chrétiens, l'engagement pris par ceux-ci de déposer les armes après le départ des soldats turcs ferait tomber cette objection, les internationaux garantissant d'ailleurs la sécurité des musulmans. A une ouverture faite dans ce sens, le président du Comité exécutif répondit fort justement (23 septembre) que l'Assemblée ayant déjà pris cet engagement exécutoire après le départ des troupes ottomanes *et la nomination du gouverneur*, elle ne pouvait maintenant paraître abandonner cette dernière espérance; mais que néanmoins le comité s'emploierait de toute son influence à obtenir le résultat demandé par les Amiraux.

Au cas où les gouvernements remettraient aux internationaux le soin de faire partir les troupes turques, l'amiral Pottier pense ne pas être amené à faire usage de la force; les Ottomans céderont probablement à une mise en demeure d'évacuer, en créant, bien entendu, mille difficultés et cherchant à reculer le plus possible le moment de s'exécuter. Au cas où ils ne le feraient pas, les Amiraux estiment que

le meilleur moyen de les faire céder serait de les bloquer étroitement par terre et par mer dans les villes préalablement évacuées
par les Européens et les chrétiens, en laissant seulement toute latitude à l'émigration.

En attendant se déroulent les faits divers de la vie courante;
l'énervement ne va pas sans quelques meurtres et tentatives d'assassinats à la Canée, sur la route de la Sude, à Nérokouro... Ce qui
préoccupe davantage les Amiraux, c'est la reprise du mouvement
d'émigration; 1,000 Caniotes presque tous chrétiens, de nombreux
musulmans du secteur français ont quitté l'île en septembre. Puis
les vivres se font rares; il faut relancer Ismaïl pour continuer les
distributions de la farine destinée aux musulmans réfugiés. Les
Amiraux lui font remarquer également que la caisse de la surtaxe
ne doit pas être employée au payement des fonctionnaires; par
contre, on y puisera pour indemniser les victimes du pillage de
Candie.

Les Amiraux charment leurs loisirs en lisant les lettres peu flat-
teuses que leur écrivent, en termes vifs, les chrétiens de Malevisi,
l'archevêque de Candie... Celles du métropolite sont de forme plus
mesurée; le doux prélat demande toutefois une vengeance éclatante,
aussi terrible que les atrocités commises par les musulmans à
Candie.

On arrête à Halépa des musulmans et des chrétiens qui tiennent
des discours divers mais également provocateurs. L'un de ces derniers, chef de bande de l'Akrotiri, se voit octroyer six mois de
prison pour avoir frappé le président du Comité exécutif. Nous
retrouvons dans ces jours troublés une figure de connaissance;
M. Gennadis, qui soufflait la guerre il y a vingt mois, prodigue
maintenant de Grèce, et par ordre, les conseils de calme et de
patience.

CHAPITRE XII.

Le départ des Turcs (19 octobre-15 novembre 1898).
Le gouvernement des Amiraux (4 novembre).

I. Négociations. = II. Prévisions et préoccupations. = III. Les condamnés
de Candie. = IV. Tergiversations. = V. Le 4 novembre. = VI. L'ultimatum du 15 novembre.

I.

Les Crétois sont dans l'erreur en incriminant l'inaction des diplomates dont l'activité est extrême. Mieux que quinze mois de pourparlers, le massacre de Candie a avancé la question crétoise et les
notes se multiplient. L'Italie, la première, s'est mise en mouvement;
à la suite de la dépêche des Amiraux du 10 septembre, elle a fait
savoir (14) qu'elle est d'avis de leur laisser toute latitude pour
mener à bien les mesures qu'ils ont proposées. L'amiral Canevaro
se souvient sans doute de ce qu'il a vu en Crète. Dès le 15, Rome
propose une démarche des six Puissances; l'Allemagne et l'Autriche-Hongrie, pressenties, déclarent (22) ne pas modifier leur
ligne de conduite; elles s'abstiendront, mais ne donneront d'autre
part aucun appui à la Porte. L'amiral Canevaro insiste (22) pour
que les quatre Puissances se concertent d'urgence en vue d'inviter la
Turquie à commencer le 5 octobre l'évacuation de ses troupes qui
pourait durer de 20 à 30 jours. Il y a bien encore quelques fluctuations; le 5 octobre au matin, les ambassadeurs remettent à la Porte
une longue note, datée du 4, résumant la situation et abrogeant la
domination turque en Crète.

Depuis le jour où de regrettables discussions ont amené de nouveaux
troubles en Crète, les grandes Puissances ont cherché à rétablir la paix dans
l'île en donnant satisfaction aux légitimes aspirations des Crétois tout en
sauvegardant les droits souverains S. M. I. le Sultan.

Elles avaient pensé que certaines réformes administratives leur permettraient d'obtenir ce résultat; et un arrangement avait été signé dans ce but
avec le gouvernement impérial ottoman, le 25 août 1896. Mais, par suite de
retards imputables à la Sublime Porte, ces réformes n'ont pas été appliquées,
les désordres n'ont pas tardé à s'aggraver et il est devenu bientôt évident
que le projet arrêté entre la Sublime Porte et les Puissances ne répondait
plus aux exigences de la situation.

Les représentants des Puissances ont dû le constater dans une note remise à la Sublime Porte, le 2 mars 1897. Par cette note ils ont avisé le gouvernement impérial ottoman de la décision prise par les Puissances d'établir en Crète un régime autonome et d'en régler elles-mêmes l'organisation.

Un *pro memoria* complémentaire, remis à la Sublime Porte le 5 mars, stipulait que le nouveau régime comporterait la réduction progressive des troupes ottomanes dans l'île. Dans la pensée des puissances, le maintien d'une force armée turque n'étant pas compatible avec les principes d'une complète autonomie, cette réduction progressive devait amener l'évacuation totale de l'île.

....La présence des troupes ottomanes est une source permanente d'agitation et constitue la cause principale du désordre. Les événements sanglants qui se sont récemment déroulés à Candie démontrent leur complète impuissance à assurer la tranquillité sur les points qu'elles occupent. Leur maintien est un obstacle au désarmement de la population chrétienne et au rétablissement d'un état de choses régulier.

Les gouvernements de France, de Grande-Bretagne, d'Italie et de Russie estiment en conséquence qu'il ne sera possible d'établir en Crète le régime autonome concédé par S. M. I. le Sultan qu'après le retrait des forces ottomanes. *Leurs représentants à Constantinople ont donc reçu l'ordre d'inviter la Sublime Porte à rappeler, dans un délai d'un mois, toutes les troupes qui tiennent garnison en Crète, l'évacuation devant commencer 15 jours après la remise de la présente note.*

.... *Une adhésion sans réserve à cette demande devra leur être adressée dans un délai de 8 jours.*

La Turquie devait donc remettre le 13 sa réponse et commencer le 20 l'embarquement de ses troupes. Un refus, ajoutait la note, obligerait les Puissances à recourir à des mesures décisives pour faire évacuer l'île ; dégagées de toute obligation morale quant à la conservation de la souveraineté ottomane sur la Crète, elles aviseraient à constituer dans l'île un régime approprié aux vœux de la majorité de la population.

Après avoir tâté le terrain, la Porte se déclare (10 octobre [1]) prête à traiter les détails de la note du 4; dès maintenant elle a, comme preuve de bonne volonté, ordonné de retirer les troupes en laissant dans les villes fortifiées les effectifs nécessaires à la sauvegarde de ses droits souverains et de son pavillon. La Russie et l'Angleterre ne seraient pas hostiles à cette concession; la France et l'Italie réclament au contraire (12) l'adhésion complète demandée le 4, sans entrer dans les détails. Les Amiraux, de leur côté, trouvent qu'il

---

[1] Cette date expliquerait-elle celle du rappel du maréchal Djevad-Pacha?

serait déplorable de ne pas maintenir le principe de l'évacuation absolue. Les ambassadeurs prient la Porte (12) de vouloir bien leur notifier son adhésion pure et simple dans le plus bref délai.

Ils avisent en même temps les Amiraux que deux généraux, Osman-Pacha et Sabit-Pacha sont partis pour la Crète pour présider aux opérations d'évacuation aux lieu et place de Djevad-Pacha. Émoi des Amiraux. A quoi donc ont servi les expériences faites avec le colonel Vassos, avec le maréchal ? En admettant la mission de ces généraux telle qu'on l'annonce, leur venue serait des plus regrettables, constituant encore une espérance pour les musulmans, une appréhension pour les chrétiens. L'amiral Pottier télégraphie que les Amiraux sont d'avis de ne pas laisser débarquer ces deux officiers ; au nouveau commandant des troupes, Chakir-Pacha, successeur de Djevad, qui lui fait visite, il présente cet avis comme une décision, et en prévient son gouvernement.

Les Amiraux reviennent (13) sur la question de l'évacuation. Ils jugent que la mesure proposée par la Turquie de laisser des contingents dans les villes et forteresses serait très dangereuse dès maintenant et que pour l'avenir elle fournirait à la Porte un prétexte d'intervenir au cas inévitable où ses troupes seraient insultées et même attaquées. Ils insistent pour que l'évacuation soit totale et que toutes les forteresses et batteries soient détruites sans exception.

Une nouvelle note pressante est remise à la Porte (14) par les ambassades. M. Cambon télégraphie le 14 : les généraux Osman-Pacha et Sabit-Pacha n'ont pas encore quitté Constantinople. Leur mission consiste uniquement dans l'exécution des mesures d'évacuation pour laquelle ils emportent les fonds nécessaires. Dans ces conditions les quatre ambassadeurs ont fait savoir à leurs gouvernements . qu'ils ne voyaient pas d'inconvénient au débarquement de ces officiers. Réponse le 15 : « Les Amiraux insistent pour que les généraux turcs ne soient pas autorisés à débarquer en Crète tant que la Porte n'aura pas adhéré à l'évacuation complète ». Le 16, l'amiral Skrydloff est avisé du départ des généraux et prié de leur faciliter leur mission. L'amiral Pottier trouve regrettable que, contrairement à l'avis des Amiraux qui sont sur les lieux, les ambassadeurs aient jugé de Constantinople et fait savoir à leurs gouvernements qu'il n'y avait aucun inconvénient à laisser débarquer ces généraux, mais il ne faut à aucun prix laisser soupçonner qu'il peut y avoir divergence entre la manière de voir des uns et des autres; pour cette unique raison il admettra le débarquement.

M. Cambon télégraphie (17) à M. Delcassé que les généraux ne viendront pas en Crète. Il annonce pour le 20 la réponse de la Porte qui admettra le principe de l'évacuation complète, et émettra seulement le vœu qu'une garde suffisante soit laissée autour du drapeau ottoman dans les trois places de la Canée, Rethymno et Candie. La Turquie donne, le 20, son adhésion à la note du 14 en exprimant l'espoir que les Puissances donneront satisfaction à ses désirs légitimes concernant les droits sacrés du Sultan sur la Crète et la sauvegarde des droits et des intérêts des musulmans.

II.

Au cours de ces négociations les Amiraux envisagent les éventualités prochaines et préparent la besogne à accomplir. En apprenant, le 5 octobre, la remise de la note à la Porte, ils prévoient les renforts nécessaires qu'il vaudrait mieux demander immédiatement pour influencer la décision de la Turquie [1]. Les renforts sont accordés dans les quarante-huit heures, sauf pour la Russie qui ne pense pouvoir, dans les circonstances présentes, demander à la Porte le libre passage des Dardanelles. 200 tonneaux de farine par mois seraient nécessaires pour assurer, dans chaque secteur, l'alimentation des réfugiés musulmans dont la Turquie va forcément se désintéresser. Ismaïl est invité (7) à remettre, malgré ses protestations, la caisse de la surtaxe et ses 330,000 francs au colonel Spitzer. Mesure analogue le 14 pour les archives du bureau des hypothèques qu'on met également à l'abri. Il faut rassurer les beys très inquiets du sort des musulmans pour l'avenir, chercher à enrayer le mouvement d'émigration sous peine de voir la Canée bientôt déserte, arrêter, pour ramener un peu de calme, une centaine de turbulents plus ou moins bandits. La compagnie de l'Eastern Telegraph

---

[1]
Italie...... 1 bataillon, 2 grands navires (arrivent le 10).
Russie..... 2 bataillons, 100 cavaliers (les Russes seront effectivement renforcés d'un demi-bataillon les 26-28 octobre).
France..... 1 bataillon, 2 canons (arrivent le 18), 1 division cuirassée (ne viendra pas).
Angleterre.. Néant (effectifs suffisants).
Plus un transport par Puissance pour les réfugiés et les troupes à embarquer de force.

prendra le câble à bord d'un de ses navires en rade pour assurer l'échange des dépêches avec l'extérieur [1].

Abandonnant à la réflexion leur idée primitive de bloquer les troupes turques dans les ports et de les réduire par la famine, ce qui serait trop long, le Conseil arrête. (10 octobre) les propositions suivantes : S'il est nécessaire de contraindre par la force les troupes ottomanes au départ, les Amiraux voulant retarder le moment de s'attaquer aux villes où ils feraient forcément souffrir la population, commenceront les opérations par la baie de la Sude où ils n'ont devant eux que des navires et des troupes. La batterie d'Izzeddin serait détruite, les bâtiments coulés et les 900 soldats et marins turcs transportés par des navires de guerre internationaux dans un port ottoman. Il ne serait certes pas très glorieux de couler les vieux navires turcs, mais c'est le moyen qui amènera le résultat en causant le moins de ruines. Les Amiraux espèrent qu'après cette première action la Porte cédera ; sinon les opérations seraient continuées à la Canée, Hiérapétra, Spinalonga, Kissamo, Rethymno. En raison des récents événements de Candie, il n'y a pas les mêmes scrupules à avoir que pour les autres villes, et l'action se fera à Candie en même temps qu'à la Sude. Les opérations seront dirigées à la Sude par les Italiens, à Candie par les Anglais, à la Canée par les Français, à Rethymno par les Russes.

Les Amiraux prévoient qu'à la réception de leur ultimatum le gouverneur répondra qu'il n'a pas d'instructions ; ils demandent donc l'autorisation de lui adresser cet ultimatum le 18 octobre, deux jours avant la date fixée pour l'expiration du délai. Le gouverneur y sera prévenu que, passé l'heure fixée, les autorités et les forces ottomanes en Crète seront considérées comme ennemies.

Les internationaux ne manqueraient pas d'auxiliaires s'ils en désiraient ; les chrétiens qui brûlent du désir d'en venir aux mains avec les Turcs, surtout avec le concours des troupes européennes, font offrir leurs services aux Amiraux qui répondent en leur recommandant de la façon la plus formelle de rester tranquilles et de ne pas descendre dans la plaine de la Canée pendant la période d'action. C'est ailleurs qu'il convient de préparer l'événement et l'amiral

---

[1] L'Eastern Telegraph Co sera avisée le 22 que cette précaution est inutile ; elle prendra le 4 novembre le service télégraphique de l'île.

Pottier appelle l'attention du gouverneur, qui n'a pas encore d'ordres précis (14), sur l'importance qu'il y aurait à commencer l'évacuation le 20 au plus tard pour éviter toute mesure de rigueur. Ismaïl est avisé (16) par le ministre de la marine de la venue des bâtiments nécessaires à l'évacuation; il va recevoir des instructions précises. Il n'est pas seul à en attendre; celles des Français et des Italiens ne concordent pas (18); celles des Russes ne sont pas arrivées; celles des Anglais se sont arrêtées à Candie. Devant cette imprécision et la probabilité de voir céder la Porte, les Amiraux proposent de différer les mesures coercitives jusqu'à l'expiration du délai prévu pour l'évacuation; les troupes restant encore le 4 novembre seraient embarquées par la force. Mais il faut d'ici là prévoir des atermoiements, se montrer ferme et ne rien céder. Les troupes européennes ont, dès le 17, occupé les postes assignés pour procéder, s'il y a lieu, à des mesures de rigueur[1], et en même temps maintenir les chrétiens au dehors du cordon militaire.

Le 19 octobre, 3 bataillons turcs (1 à la Sude, 2 à Candie) s'embarquent pour Salonique; le geste de l'évacuation est esquissé.

La question du retrait des troupes n'est pas seule agitée au Conseil des Amiraux, celle du gouverneur y revient souvent. Les chrétiens ne veulent plus de provisoire et souhaitent par-dessus tout voir aboutir la candidature du prince Georges de Grèce, assisté comme conseiller de M. Numa Droz[2]. La nomination de ce dernier comme gouverneur temporaire serait donc bien accueillie, mais c'est le seul provisoire possible; encore faudrait-il l'abréger le plus que l'on pourra pour couper court à l'anarchie.

Les Amiraux sont en effet bien préoccupés du gouvernement de l'île après le départ des autorités turques, comme aussi de la question financière. Ils demandent (14) que la gestion des diverses administrations leur soit remise une semaine d'avance pour qu'il y ait transition naturelle, les droits étant perçus pour le compte de l'État ottoman jusqu'au 4 novembre, et obtiennent seulement que les nouveaux employés crétois viennent, à partir du 28, se mettre au courant du service. Il apparaît déjà que les revenus de la dîme et de

---

[1] Voir Appendice VIII, § IX, la répartition des troupes dans le secteur international.

[2] Numa Droz a été quelques années auparavant un président remarqué de la Confédération Helvétique.

la douane seront insuffisants, diminués encore par une contrebande
effrénée; qu'avec les ressources dont ils disposent, les Amiraux ne
pourront guère que gouverner les villes et assurer vaguement la
sécurité dans l'intérieur. A ce dernier point de vue le secteur français sera privilégié et ses protecteurs vont recueillir le fruit des
efforts du lieutenant-colonel Destelle, des commandants Chevalier
et Dupourqué, de leurs collaborateurs; dès le départ des troupes
turques les musulmans pourront rentrer dans leurs villages.

Mais pacifier n'est pas administrer. Toutes les affaires civiles et
commerciales sont en suspens depuis deux ans, sans tribunaux pour
en connaître; les commissions militaires ne jugent en effet que les
crimes et délits; les officiers délégués, les questions de simple
police. Les Amiraux ne peuvent, avec les ressources actuelles,
reconstituer une administration complète là où il n'existe plus rien;
ils se reconnaissent d'ailleurs incompétents et ne sauraient édifier
que du provisoire. Un seul s'en tirerait peut-être; à quatre, c'est
impossible. L'amiral Noël a demandé (22 octobre) 100,000 francs
par mois pour son secteur. Les autres seront-ils aussi favorisés?
C'est douteux; chacun va faire chez lui ce qu'il entend et la différence de traitement des secteurs peut présenter des inconvénients
sérieux. Si la nomination d'un gouverneur tarde trop, il faut s'attendre à voir les Crétois demander le protectorat d'une puissance
pour sortir de cette situation. Qu'on reprenne donc la candidature
du prince Georges, surtout s'il peut être accompagné de M. Droz,
puisque c'est le vœu de toute la population chrétienne et de bon
nombre de musulmans.

III.

Une grave question s'était posée à la veille du procès des émeutiers de Candie qu'allait juger une commission militaire appliquant
la loi martiale anglaise comme il avait été convenu. Les sentences
capitales seraient-elles exécutées?

Jusqu'ici les Amiraux avaient toujours, en vertu d'instructions de
leurs gouvernements, commué les peines de mort; mais, en raison
des circonstances, ils estimaient cette fois indispensable de faire un
exemple et ils demandaient (21 septembre) aux Puissances que la
peine de mort prononcée par le tribunal fût immédiatement suivie

d'exécution sans en référer aux cabinets. Ils étaient d'ailleurs décidés à appliquer dans l'île la loi martiale avec toutes ses conséquences si c'était nécessaire. Les Puissances ayant (sauf l'Angleterre) répondu négativement, les Amiraux insistaient à nouveau (29) sur la nécessité de cette mesure, sous peine de donner aux chrétiens l'impression d'un désaccord impuissant, aux musulmans un encouragement à renouveler le massacre de Candie, assurés d'une application illusoire de la loi martiale.

L'amiral Noël avait proposé de faire juger quelques Candiotes par la commission militaire de la Canée, et, pour cela, avait demandé le concours du capitaine Berger. Les Amiraux avaient unanimement approuvé cette mesure qui donnait un caractère international à la répression du massacre de Candie. La commission anglaise instruisait les crimes commis contre les soldats et les nationaux anglais, pendant que le capitaine Berger enquêtait sur les massacres des chrétiens, les pillages et les incendies; ils siégeaient à bord d'un navire de commerce anglais affrété dans ce but.

La commission militaire anglaise se transformait le 10 octobre en cour martiale commençant à siéger le 13. Déférant au désir exprimé par les gouvernements russe et italien, l'amiral Noël avait décidé d'ajourner le jugement des prisonniers pour ne rendre publiques les sentences qu'après la date (13) à laquelle la Porte était invitée à répondre à la note des Puissances. Il était convaincu que le Conseil des Amiraux penserait comme lui que le délai était suffisant et que l'effet des peines serait de beaucoup amoindri si les jugements étaient retardés davantage. Les Amiraux approuvaient encore, rappelant seulement qu'ils étaient sans nouvelles instructions de leurs gouvernements concernant les peines capitales. Le 14, nouvelle lettre de l'amiral Noël : « Les jugements par la cour martiale ont déjà commencé. Les arrêts concernant les prisonniers seront exécutés sans recours à une autorité supérieure comme c'est la coutume dans l'armée anglaise et, c'est à présumer, comme ce l'est dans toutes les armées d'occupation de n'importe quelle nationalité. Mon gouvernement approuve cette façon de procéder. »

Le geste anglais était aussi simple que naturel; devinant les Amiraux bercés d'atermoiements qui n'étaient pas le monopole de la Turquie, l'Angleterre, pour ne pas risquer de voir les sentences capitales

inexécutées si elle les présentait aux trois autres puissances, avait
tourné la difficulté en recourant à une cour martiale. Le 18, sept
condamnés étaient pendus sur les remparts de Candie, en présence
d'une compagnie de chaque régiment, le reste de la garnison étant
aux postes de combat; l'exécution ne donnait lieu à aucun incident. Les criminels exécutés avaient tué des soldats anglais couchés
à l'ambulance; il y avait eu guet-apens, préméditation et ces meurtres de malades avaient quelque chose de particulièrement odieux.
Une mesure de clémence aurait été aussi fâcheuse que déplacée.
Cinq autres condamnés étaient pendus le 29.

A partir du 26 octobre les inculpés étaient répartis en trois catégories : accusés de meurtres de soldats anglais, jugés par la cour
martiale; accusés de meurtres ou d'agressions contre des sujets
anglais, jugés par la commission militaire du secteur; accusés de
meurtres de chrétiens, d'incendies, de pillage, jugés par la commission militaire de la Canée.

L'amiral Pottier remarque (30) l'opportunité qu'il y aurait à
laisser exécuter les sentences capitales concernant les condamnés de
ces deux catégories. Il serait d'un effet déplorable que les seuls
crimes contre les Anglais fussent punis avec la dernière rigueur et
qu'on usât d'indulgence envers les meurtriers des chrétiens. Des
condamnations à mort prononcées par la commission militaire de
Candie lui sont l'occasion d'envoyer une demande dans ce sens;
n'ayant pas de réponse le 3, il télégraphie encore. Le 5 novembre,
il est le seul à n'avoir pas encore reçu l'autorisation demandée; il
est fort embarrassé d'en prévenir l'amiral Noël; les dépêches échangées en clair entre les Amiraux sont connues de tous les Crétois, le
pays entier saurait que seul l'amiral français s'est opposé au châti-
ment des assassins. L'amiral prend sur lui de donner son adhésion
à la pendaison (7) des cinq assassins du vice-consul anglais.

Les inculpés de la dernière catégorie sont ramenés à la Canée
pour y être jugés. Le 21 novembre, deux nouvelles sentences capitales exécutées le 23 conformément au code militaire italien appli-
qué dans le secteur international, les condamnés sont fusillés dans
le dos. Un millier d'habitants assistent au supplice; ce sera le dernier. L'amiral Skrydloff déclare en effet que la nomination du
prince Georges (28 novembre) ne lui permet plus de donner son
assentiment aux sentences capitales. Après un moment de surprise,

car le prince n'est pas encore en fonctions, les Amiraux, trouvant qu'il y a eu assez de sang versé en Crète et que l'on peut, sans inconvénient peut-être, incliner à la clémence, décident, le 30, sur la proposition de l'amiral russe, que les condamnations à mort ne seront plus exécutées.

IV.

Trois bataillons turcs sont partis le 19 octobre. 8,000 congédiables attendent des navires pour s'embarquer, comme Ismaïl des fonds pour payer trois ou quatre mois à ces troupes sans solde depuis quinze mois. Trois vapeurs arrivent le 22 et emmènent les congédiables le 26. Ces pauvres diables, enchantés d'avoir touché 12 medjidiés (50 francs), sont venus de la Canée à la Sude par petits groupes en chantant et en dansant, et poussent des hourras quand, à l'appareillage, leurs transports passent auprès des navires de la flotte internationale. Un autre vapeur emmènera des troupes le 31; il resterait encore 2,500 hommes sur 11,000 environ.

Les Amiraux avertissent officiciellement, le 28, Ismaïl-Bey qu'ils prendront, le 4 novembre, le gouvernement provisoire de l'île, et que tous les fonctionnaires ottomans devront ce jour-là cesser leurs services. Persuadés que les chrétiens ne déposeront pas les armes tant que flottera le pavillon turc, ils estiment que ce pavillon doit être rentré à cette date et prennent les ordres de leurs gouvernements à ce sujet.

Mais Ismaïl-Bey ne peut apporter beaucoup d'enthousiasme à préparer son propre départ; il entretient dans la population l'illusion que toutes les troupes ne partiront pas; les forts, l'arsenal, les navires ne font aucun préparatif d'évacuation ou de désarmement. Il faut lui rappeler (29) que le mouvement doit être terminé le 4 novembre. Ismaïl n'a pas d'ordres et va télégraphier pour en demander; par ailleurs, les navires turcs n'ont pas de machines et il faudra les remorquer.

En attendant, les Amiraux arrêtent les bases de leur gouvernement provisoire : administration complète des villes occupées, avec municipalités mixtes; perception des droits de toute nature; surveillance de l'intérieur par la gendarmerie et une garde civique ; justice exclusivement militaire (commissions, justice de paix); fonctionnaires engagés sans garantie de l'avenir; toutes affaires commer-

ciales, concessions....., réservées; *statu quo* pour le service sanitaire, les postes européennes, le télégraphe[1]; centralisation de la
comptabilité à la Canée. Il ne faut pas se payer de mots, observe
l'amiral Pottier; le provisoire sera la suite de l'anarchie; le gouvernement de quatre amiraux de quatre nationalités différentes
est forcément incapable de sortir le pays du désarroi où il se
trouve.

Ismaïl ne recevant pas ses instructions est prié, le 30, de faire
savoir par écrit s'il a donné ses ordres pour que tous les services
soient remis aux Amiraux le 4. Il est avisé (1er novembre) que les
commandants militaires ont des ordres pour occuper à cette date
les konaks, mairies, postes....., et en interdire l'accès à tous les
fonctionnaires ottomans; que les troupes turques encore présentes
en Crète devront, ce jour-là, cesser tout service militaire et, sauf
les officiers, ne plus paraître en armes; que la gendarmerie ottomane
sera licenciée. Il est en même temps prié de faire embarquer sur les
vapeurs présents le plus de troupes possible, de demander d'urgence
les navires nécessaires pour le reste, de mettre les marins à bord du
cuirassé turc qu'on conduira à Izzeddin en attendant des remorqueurs, de remettre l'arsenal aux internationaux. Si sa réponse
n'est pas satisfaisante, les Amiraux prendront les mesures que comportera la situation. Les internationaux ont mis à la disposition de
Sami-Pacha les vapeurs et chaloupes de l'escadre, à la disposition
du général Chakir-Pacha toutes les voitures régimentaires disponibles, pour transporter et embarquer les troupes ottomanes et leur
matériel.

Dans les instructions qu'il adresse à ses sous-ordres, la bonté
délicate de l'amiral Pottier reparaît, cette bonté qui a toujours pitié
d'un vaincu. De même qu'il apprécia naguère le geste du commandant
Nayel invitant à dîner à bord du *Faucon* les officiers grecs le jour
de leur rentrée à Volo après la guerre, de même il sent très vivement tout ce qu'a de pénible pour des soldats cette mise en demeure
de quitter leur poste. Il recommande de ménager leur susceptibilité,
de leur éviter toute humiliation, de ne les désarmer qu'en cas
d'absolue nécessité, de les conduire alors à bord d'un navire où ils
déposeraient leurs armes qui leur seraient remises à leur débarque-

---

[1] Eastern Telegraph Cᵒ.

ment. Il ne manque pas d'adresser ses remerciements au major Mehmet qui a dirigé la gendarmerie ottomane, au lieutenant d'artillerie Mahmoud-Agha qui, à Spinalonga, a toujours rempli son devoir avec une parfaite loyauté. Pour les fonctionnaires civils qu'il a pu apprécier depuis qu'il est en Crète, il a la décision plus vive : soyez courtois avec eux, mais s'ils vous gênent, expulsez-les.

Le 2 novembre, le gouverneur attend toujours des instructions; il a télégraphié le texte même des lettres des Amiraux à Constantinople pour en provoquer et « dit » que s'il n'en reçoit pas, il se conformera à leurs ordres. Il est prié de fournir une note écrite. Il répond (3) en donnant à peu près satisfaction : les troupes embarquent, il ne restera dans l'île que 550 à 600 soldats désarmés comme hommes de corvée pour le transport et l'embarquement du matériel et des munitions. Une grande animation règne en effet dans l'arsenal, dans les casernes, sur la route de la Sude à la Canée..... Mais voici une lettre de Chakir-Pacha : il espère que les Amiraux reconnaîtront avec lui la nécessité de faire garder militairement par quelques soldats turcs le matériel et les munitions qui restent en Crète. Les Amiraux ne sauraient revenir sur leur décision et prient Chakir de préciser le temps nécessaire à l'embarquement de son matériel, après quoi on lui fixera le nombre d'hommes à lui laisser et le délai à lui accorder. Le général propose 425 soldats ou marins et 50 officiers. Voici, pense l'amiral Pottier, 475 militaires qui nous causeront encore bien des ennuis avant d'être partis, eux et leur matériel. Les préparatifs d'embarquement continuent activement toute la nuit.

Les Amiraux n'ayant pas reçu les instructions demandées à leurs gouvernements au sujet du pavillon turc, décident qu'à partir du 4 le pavillon ne sera plus hissé qu'en un seul point de chaque chef-lieu; à côté des pavillons des Puissances et placé comme eux sous la garde des internationaux.

V.

L'échéance du 4 novembre est arrivée; la domination ottomane en Crète a vécu..... non sans protestations et faux-fuyants de la dernière heure de la part des autorités civiles et militaires. Chakir-

Pacha pense avoir trouvé son tremplin avec le noyau de soldats et les
50 officiers qu'il prétend garder pour l'embarquement du matériel;
reste à savoir si les Amiraux se prêteront à ce jeu. Ismaïl-Bey vient
de recevoir un télégramme du grand-vizir l'informant que des pourparlers sont engagés entre la Porte et les Puissances pour le
maintien de faibles garnisons dans l'île; les troupes restantes ne
doivent donc pas partir. Survient malheureusement une dépêche de
M. Cambon à M. Blanc : il est inexact que des négociations se pour-
suivent pour le maintien de garnisons en Crète. Ismaïl a, par
ailleurs, fait son possible pour brouiller les cartes, négligeant de
donner ses ordres dans les secteurs comme il a été prié et mis à
même de le faire.

Tous ces échappatoires étaient prévus et n'ont pas arrêté la
marche des événements, les Amiraux comptant pour peu les résis-
tances locales et les difficultés d'ordre militaire. Une proclamation a
été affichée au jour dans toute l'île, s'adressant aux chrétiens, aux
musulmans, aux Crétois, prêchant aux deux éléments l'apaisement et la concorde nécessaires pour relever le pays de ses ruines,
les invitant à remettre les armes qu'ils ont conservées avec un soin
jaloux et qui deviennent inutiles et dangereuses maintenant que le
sort du pays est assuré, demandant le concours de tous les gens de
bonne volonté, enfants de la même patrie. Ayant dûment averti la
population, les Amiraux n'ont plus qu'à agir.

A la Canée, dès le matin, les troupes ont occupé les postes prévus;
la prise des services civils s'est faite sans la moindre difficulté; la
municipalité mixte (1 maire musulman, 4 conseillers chrétiens,
4 conseillers musulmans) a été installée. Toutes les dispositions
étaient parfaitement arrêtées et ont été bien exécutées; partout où
les Français ont été seuls à agir, il n'y a pas eu le moindre incident.
Le succès pacifique de cette journée importante est dû, pour une
grande part, au colonel Spitzer, au commandant Arlabosse, au
capitaine Bastian, au capitaine de gendarmerie Jacquillat[1].

A la Sude, l'arsenal a été occupé sans incident; le *Fuad* a remor-
qué à l'îlot le cuirassé turc portant le pavillon de l'amiral Sami-
Pacha; l'amiral est resté à la Sude pour diriger l'embarquement du
matériel. Celui des troupes turques continue; les soldats qui partent

[1] Voir appendice X le rapport du colonel Spitzer.

aujourd'hui n'ont plus l'aspect réjoui et bon enfant des congédiables, ils ne saluent plus guère les officiers européens, leurs officiers ne saluent plus les Amiraux. Un vapeur part le soir même, l'autre le lendemain, passant à Rethymno, Candie, Spinalonga, Hiérapétra pour embarquer les derniers contingents [1].

A Grabusa les Italiens, à Rethymno les Russes ont dû avoir recours à la menace. A Candie, mieux encore ; le gouverneur n'avait pas d'instructions et les troupes ne se sont pas embarquées. L'amiral Noël a adressé un ultimatum à Chefki-Bey pour le 5 au soir. A l'heure dite, les casernements ont été occupés par les Anglais qui ont encadré les Ottomans et les ont vivement conduits à l'embarcadère. Le pavillon turc a été amené.

Une lettre du commandant Dupourqué raconte l'opération à Spinalonga.

Sitôt mouillé, je suis descendu à terre avec le commandant du *Faucon* ; j'ai réuni le maire et le lieutenant de l'endroit, et je leur ai lu votre lettre à Ismail-Bey, en leur disant qu'il fallait s'y conformer. Ce pauvre Mahmoud-Agha faisait peine à voir ; il était livide et pleurait. Il a refusé de se soumettre pour la remise des clefs des portes. Pour lui épargner des représailles ultérieures de la part de ses chefs qui l'ont toujours laissé sans ordres, j'ai transigé, prenant simplement les portes et lui laissant les clefs.

Ce matin (4 novembre) au lever du soleil, il a eu du mal à s'exécuter. La nuit avait porté conseil, il craignait de passer pour un lâche, ne voulait céder qu'à la force. Je lui ai donné une lettre constatant qu'il avait protesté avec dignité à mes communications et qu'il n'avait cédé que pour éviter tout conflit dont la population de Spinalonga aurait seule souffert, et tout a été fini. Les soldats sont rentrés chez eux, leurs armes ont été ramassées chez Mahmoud. J'ai mis des factionnaires aux deux portes, installé Ali à la douane et réuni les notables à qui j'ai dit nos projets. Comme beaucoup sont propriétaires dans la presqu'île ou tout autour de la baie de Spinalonga, ils vont me montrer leurs propriétés et s'y installer.

Je demande, au tout début, à mettre un ou deux marins avec eux pour leur donner confiance et attendre que les relations soient reprises avec les chrétiens voisins. Ainsi nous éviterons tout incident et ferons œuvre juste.

---

[1] Il n'y a pas à la Sude que les Turcs en déménagement. Le *Bugeaud* vient d'arriver pour remplacer l'*Amiral-Charner* et porter le pavillon de l'amiral qui, depuis vingt mois, promène sa valise de bateau en bateau. Le pauvre amiral sera bien petitement logé sur le *Bugeaud* ; encore doit-il passer au préalable par la phase ingrate du transbordement. Aussi le commandant de l'*Empress-of-India* offre-t-il, pendant cette désagréable période, les appartements de son cuirassé à l'amiral. Celui-ci le remercie de sa proposition gracieuse qui montre l'amabilité du commandant Campbell et la sympathie qu'a su s'acquérir l'amiral.

M. Dupourqué ajoute qu'avec son naturel bon enfant le marin est un précieux auxiliaire pour ce genre de besogne délicate [1].

A Sitia, pas le moindre incident ; le geste a paru tout naturel.

A Hiérapétra, au contraire, toujours par la faute d'Ismaïl, le caïmacan Ali-Riza et le commandant des troupes turques Othman, étaient sans ordres le 3. A 10 heures du matin ils consentaient à se conformer à la lettre des Amiraux si le lendemain à 8 heures ils n'avaient pas reçu d'instructions ; à 2 heures du soir, ils avaient changé d'avis et ne pouvaient plus obtempérer sans ordre de leur gouvernement ; un sursis leur était accordé, expirant le 4 à midi.

Le 4, à 8 heures du matin, ils déclarent qu'il est de leur devoir de ne céder qu'à la force ; impossible de les convaincre. Soit ; à midi l'ordre s'exécutera. Musulmans et chrétiens sont au marché, dans le faubourg, ne se doutant pas de ce qui se prépare ; à 11 heures, des patrouilles font rentrer les Turcs chez eux ; le *Condor* et le *Léger* s'embossent devant la ville. Les chrétiens comprennent que le moment de l'action approche et hissent tous des pavillons tricolores sur leurs maisons ; la ville, au contraire, se couvre de drapeaux turcs. A midi le *Condor* amène le signal convenu, le clairon sonne « en avant ». Les soldats français se présentent simultanément aux deux portes, isolent et désarment les sentinelles turques et refoulent les postes dans leurs casernements.

La citadelle refuse de se rendre ; on amène le canon de 65 ; après une première sommation on va l'employer contre la porte. Mais non, inutile ; une simple pierre défonce celle-ci ; les Français entrent ; ils sont maîtres de la citadelle et de ses 7 défenseurs. Le pavillon français est hissé à côté du pavillon ottoman ; l'opération est terminée, elle a duré trente minutes.

La guerre en dentelles n'est plus de notre temps ; nos soldats ont cherché à la faire revivre en soignant leur tenue avec une coquetterie particulière, en manœuvrant comme à l'exercice, sans bruit et sans désordre. Cette petite manifestation a été simple parade chez les Français, semblant de résistance chez les Turcs. Rien n'a

---

[1] Le procédé bon enfant n'est pas exclusivement réservé au marin ; son chef en fait parfois usage. Le maire de Spinalonga, invité à quitter la ville, est hésitant, quelque peu inquiet d'avoir à circuler dans le pays ; il voudrait un passeport, un bon passeport qui lui évite tout ennui Un bon passeport ? Voici le meilleur qui se fasse en Crète, avec lequel on peut voyager partout. Et le commandant Dupourqué lui remet... la photographie de l'amiral Pottier.

manqué à la mise en scène, pas même l'expulsion du caïmacan, sur sa demande, par deux gendarmes, pas même la protestation écrite d'Ali-Riza et d'Othman, qui prend, comme il convient, le chemin du panier.

En somme, tout s'est bien passé, et il n'y aurait eu nulle part le plus léger incident si, comme à la Canée, des instructions avaient été données par Ismaïl. On ne saurait s'étonner que des fonctionnaires et des soldats n'aient pas consenti à abandonner les postes qui leur étaient confiés sans vouloir paraître ne céder qu'à la force.

VI.

L'amiral Pottier avait vu juste en soupçonnant les difficultés que causeraient aux internationaux les soldats turcs restant encore en Crète. Dès le 6 novembre, il fallait faire remarquer à Chakir-Pacha qu'à Rethymno il comptait un peu largement en y laissant 200 hommes au lieu de 44 comme il était convenu. Le général ne faisant aucun préparatif de départ, l'amiral proposait, le 7, de lui adresser un ultimatum dont l'exécution ne laisserait en Crète ni le pavillon ottoman, ni un soldat, ni un navire ; il était de toute nécessité, dans l'intérêt même du prestige des Puissances, non seulement en Crète mais dans tout l'Orient, de compléter l'œuvre commencée le 4. L'amiral Bettolo et le commandant Campbell se ralliaient de suite à ce projet ; l'amiral Skrydloff demandait quatre heures de réflexion et... partait pour Rethymno. De retour, le lendemain, il faisait connaître son adhésion au projet de l'amiral.

Une lettre à Chakir-Pacha l'informait donc (8) des décisions suivantes, motivées par l'inaction des troupes turques, et qui seraient exécutées à la lettre, sans accueillir aucune proposition de délai.

Le 15 novembre, au lever du soleil, les officiers, soldats et gendarmes ottomans, ainsi que les navires, devaient avoir quitté l'île.

S. E. Ismaïl-Bey était invité à suivre les troupes.

Le matériel restant serait mis sous la sauvegarde des internationaux.

Le pavillon ottoman serait rentré.

La situation allait ainsi devenir nette ; le prince Georges pourrait arriver dans d'excellentes conditions ; n'ayant plus à gouverner sous pavillon ottoman, il éviterait un compromis que plus d'un le blâmerait d'accepter.

Au reçu de l'ultimatum, Chakir-Pacha venait demander à l'amiral des explications complémentaires. Ils jugeaient tous les deux nécessaires qu'un officier turc restât en Crète jusqu'à complète disparition du matériel, et Chakir avait un dernier espoir que ce fut lui-même. Non pas. Ce serait un officier subalterne, et du corps de l'intendance. Cette fois, le général perdait pied. Très affecté, craignant de rester sans instructions, il ne pouvait céder qu'à la force, tout en comprenant que la résistance était impossible. L'amiral devinait de suite qu'il convenait de rééditer ici avec variante la petite comédie de Hiérapétra. Soit! Les soldats turcs pouvaient même compter sur des égards pour leur adoucir l'humiliation du départ.

Et, de fait, les instructions de l'amiral aux officiers du secteur étaient minutieuses sur ce point : les honneurs réglementaires seraient (jusqu'au 15) rendus aux troupes s'embarquant avec armes et bagages; le pavillon ottoman ne serait amené qu'après leur départ; on aurait pour elles toutes les attentions que méritaient des soldats placés dans une situation aussi pénible et des chefs privés à dessein d'instructions pour leur laisser l'entière responsabilité de leurs actes. N'oubliant pas la population, l'amiral recommandait encore de veiller soigneusement à ce que les réjouissances si naturelles auxquelles allaient sans nul doute se livrer les chrétiens ne fussent en rien froissantes ou provocatrices à l'égard des musulmans.

Le 11, Chakir faisait connaître qu'il avait reçu l'ordre de quitter l'île avec ses derniers hommes et qu'il attendait des transports le lendemain. Ce jour même, S. E. Ismaïl-Bey s'embarquait pour Constantinople après avoir rendu visite à l'amiral.

Divers navires internationaux ramenaient, du 12 au 14, à la Sude les derniers soldats restant à Rethymno, Spinalonga, Hiérapétra et Grabusa. Le 13, passaient à proximité de l'île d'autres bâtiments européens, dont on n'avait pas revu les couleurs depuis sept mois, qu'on n'attendait guère en semblable occurrence. Le *Hohenzollern*, yacht impérial allemand, escorté de la *Hertha*, stoppait au large ; pendant que le croiseur venait prendre le courrier, l'empereur Guillaume restait officiellement à bord de son yacht. Toutefois, à la Sude, chacun observait une grande discrétion à l'égard de quelques passagers débarqués de la *Hertha* et repartant bientôt avec elle.

Le 14 au soir, les transports attendus étant arrivés, les troupes embarquées, Chakir déclare qu'il a reçu l'ordre du sultan de rester en Crète pour surveiller l'embarquement du matériel, et qu'il ne peut partir ; il sera à bord du *Fuad* au lever du soleil, mais ne cédera qu'à de nouvelles injonctions. Il est facile de comprendre : le général désire un geste visible. Aussi, le 15 au matin, après une dernière sommation à laquelle répond un refus, le *Vautour* vient se placer devant le *Fuad*, en position de lui donner la remorque. Le *Fuad* à bord duquel sont le général Chakir-Pacha et l'amiral Sami-Pacha appareille aussitôt et va mouiller près de l'îlot de la Sude, le mauvais temps s'opposant pour le moment à son départ.

Inutile de s'attarder sur des derniers détails sans intérêt, sur l'appareillage du cuirassé turc et des deux transports retardés de trois jours par le mauvais temps, sur le désarmement à la Sude d'un aviso incapable de tenir la mer, sur le départ en paquebot des 15 derniers soldats turcs de Kissamo, sur la vaine tentative de la Porte (19) pour faire revenir Chakir-Pacha, sur l'enlèvement (21) du matériel restant par un transport turc. Ce chapitre est clos et bien clos ; les Turcs ont enfin évacué la Crète.

CHAPITRE XIII.

Le haut commissaire (21 décembre 1898).

I. Le pavillon ottoman. — La nomination du prince Georges. = II. Désarmement et détente. = III. Dernières dispositions. — Le pavillon crétois. — L'arrivée du prince.

I.

Tout serait pour le mieux si l'amiral Skrydloff n'avait officiellement demandé, le 13, sur instructions de son gouvernement, que le pavillon ottoman ne fut pas amené, le 15, à la Canée. L'Italie s'était montrée aussi, quoique d'une façon moins absolue, partisan de ce maintien. La question était dès lors tranchée ; l'unanimité du Conseil des Amiraux étant indispensable, surtout pour une décision de cette gravité, le pavillon ottoman continuerait à flotter sur la Crète. Le lendemain, l'amiral Skrydloff, revenant sur cette question, déclarait avoir reçu de son gouvernement, non pas des instructions formelles pour laisser le pavillon turc hissé à la Canée, mais seulement des conseils dans ce sens. L'amiral Pottier, ne variant pas dans ses opinions, estimait regrettable ce changement de front de la dernière heure et, selon son habitude, disait pourquoi :

« Le 4 novembre, délai fixé pour la fin de l'évacuation, non seulement celle-ci n'était pas terminée, puisqu'il restait 3,000 hommes environ dans l'île, mais encore il a fallu partout user de contrainte pour faire embarquer les troupes, excepté à la Canée et à Spinalonga.

« A ce moment, les Puissances auraient déjà pu mettre à exécution la menace qu'elles avaient faite de se considérer comme dégagées de toute obligation morale, en ce qui concerne la souveraineté de l'île si l'évacuation n'était pas complète à cette date.

« En consentant alors à laisser dans l'île 500 hommes environ pour l'embarquemnet du matériel, les Amiraux faisaient une grande concession.

« Or, 4 jours après, non seulement on n'avait pris aucune disposition pour l'enlèvement du matériel, mais encore le gouverneur Ismaïl répandait ouvertement le bruit que les 500 hommes ne partiraient pas et resteraient pour la garde du pavillon.

« Un nouvel ultimatum a été nécessaire, mais cette fois les Amiraux exigeaient l'évacuation absolue, se réservant la garde du matériel et consentant seulement au maintien d'un officier pour en surveiller l'embarquement. On a laissé au général toute une semaine pour prendre ses dispositions. Cette fois il y a encore eu un peu de retard, léger il est vrai, et qui, à la rigueur, peut être imputé au mauvais temps ; mais au dernier moment, Chakir-Pacha a émis la prétention de rester et il a fallu le menacer de faire remorquer le bâtiment qui le portait pour le décider enfin à s'en aller.

« Il me semble qu'il y a dans cette manière d'exécuter des engagements des raisons plus que suffisantes pour que les Puissances n'hésitent pas à rentrer définitivement le pavillon ottoman et à déclarer la Crète libre de toute suzeraineté envers le sultan.

« C'est d'ailleurs, à mon avis, la seule manière de régler définitivement la question crétoise.

« Je ne peux que regretter profondément cette déclaration de l'amiral russe ; je regrette surtout qu'elle soit si tardive, alors que tout le monde savait en Crète que le pavillon cesserait de flotter le 15. Les chrétiens étaient dans la joie et les musulmans complètement résignés.

« Je m'attends à une grande désillusion parmi les chrétiens, et je doute que nous trouvions autant de bonne volonté chez eux. Quant au prince Georges, son acceptation du poste de commissaire des puissances ou de gouverneur sous pavillon ottoman ne peut que l'amoindrir aux yeux de la majorité des chrétiens, et c'est encore profondément regrettable. »

Mais de quel poids pouvait être l'avis d'un marin auprès de celui des diplomates ? Le *pro memoria* à remettre au roi des Hellènes, en le priant d'autoriser le prince Georges à accepter le mandat de haut commissaire en Crète, était en préparation. Les ministres de France, d'Angleterre et d'Italie à Athènes proposaient (17 novembre) que le commissaire « reconnût la haute suzeraineté du sultan ». M. Onou, ministre de Russie, suggérait une addition présentée par son gouvernement, sous la forme suivante : « Le commissaire prendra les mesures nécessaires pour faire respecter le pavillon turc qui, selon la promesse donnée au sultan par les quatre puissances, sera admis à flotter sur une des places fortes de l'île en témoignage des droits suprêmes du sultan[1]. »

Un échange de vues avait lieu sans retard sur l'addition proposée par M. Onou. La France et l'Angleterre l'acceptaient ; l'Italie, maintenant, la trouvait inopportune, mais se ralliait à la majorité, et, le 26 novembre, les ministres des Puissances à Athènes remettaient au roi Georges le *pro memoria*.

Les Puissances que nous avons l'honneur de représenter, confiantes dans l'esprit de sagesse de Votre Majesté, nous ont chargés de la prier de donner à S. A. R. le prince Georges l'autorisation d'accepter le mandat de haut commissaire en Crète dans les conditions suivantes :

1° Le haut commissaire sera investi d'un mandat temporaire d'une durée de trois ans pour la pacification de l'île et l'établissement d'une administration régulière.

2° Le haut commissaire reconnaîtra la haute suzeraineté du sultan et prendra des mesures pour la sauvegarde du drapeau turc qui, selon la promesse donnée par les quatre Puissances au sultan, flottera sur l'un des points fortifiés de l'île.

3° Son premier soin sera, d'accord avec l'Assemblée nationale où tous les éléments crétois seront représentés, d'instituer un système de gouvernement autonome capable d'assurer dans une égale mesure la sécurité des personnes et des biens ainsi que le libre exercice de tous les cultes.

---

[1] Livre jaune, 13 novembre 1898.

4° Le haut commissaire devra procéder immédiatement à l'organisation d'une gendarmerie ou milice locale capable de garantir l'ordre.

En vue de faciliter l'organisation de la nouvelle administration et de pourvoir aux charges personnelles de S. A. R. le prince Georges, chacune des quatre puissances fera, sauf approbation des Chambres pour les pays parlementaires, une avance d'un million de francs qui sera ultérieurement remboursée sur le produit de l'emprunt à réaliser par la Crète sur ses revenus.

Onou, Egerton, d'Ormesson, Nobili[1].

Ce même jour, 26 novembre, le prince Georges de Grèce acceptait le mandat de haut commissaire des quatre Puissances en Crète.

De leur côté, les ambassadeurs à Constantinople « se plaisaient à constater (30 novembre) que le gouvernement impérial ottoman, se conformant au désir exprimé dans la note du 4 octobre 1898, avait pris les mesures propres à assurer la pacification définitive de la Crète. Les gouvernements des quatre Puissances étaient, en conséquence, tout disposés à confirmer les droits suprêmes de S. M. I. le Sultan sur la Crète[2] ».

L'Europe, l'Angleterre et la Russie tout au moins[3], n'étaient pas hostiles à l'idée de voir le pavillon ottoman maintenu à la Canée, mais les Amiraux avisés officiellement le 2 décembre qu'il eût à flotter « sur un seul point fortifié de l'île » choisissaient rapidement l'îlot de la Sude. Le pavillon turc serait rentré à la Canée la veille de l'arrivée du prince et hissé sur l'îlot avec les drapeaux des quatre Puissances. Ainsi fut fait, et, depuis douze ans, l'Europe a eu le temps et quelques occasions d'apprécier l'heureuse inspiration qui sut tout concilier en confiant le gouvernement de l'île au prince grec venu quelques mois plus tôt pour l'arracher au sultan, en opposant à la réalisation du rêve des Hellènes la barrière du pavillon turc et de la suzeraineté ottomane.

II.

Le 15 novembre marquait la délivrance définitive de l'île, que les chrétiens tenaient à célébrer le matin même par un *Te Deum* à la réouverture de l'église orthodoxe de la Canée fermée depuis février

---

[1] Livre jaune, 26 novembre 1898.
[2] Livre jaune, 30 novembre 1898.
[3] Livre jaune, 21 novembre 1898.

1897[1]. L'amiral Skrydloff désirait beaucoup voir les Amiraux assister officiellement à cette cérémonie un moment compromise par son geste trop réussi de défenseur du pavillon ottoman. L'amiral Pottier estimait au contraire qu'au moment où les internationaux proclamaient leur impartialité entre les deux éléments de la population, il n'était pas convenable d'afficher devant les musulmans la joie de voir partir leurs coreligionnaires; et pour couper court à toute discussion, il faisait en sorte que le métropolite n'invitât pas les Amiraux. Les chrétiens comprenaient parfaitement cette abstention, et M. Sphakianakis n'en venait pas moins le jour même témoigner aux Amiraux la reconnaissance des chrétiens pour l'œuvre accomplie.

Sans attendre le départ des dernières troupes turques, les insurgés, sagement conseillés par le Comité exécutif, avaient, en réponse à la proclamation du 4 novembre, commencé à déposer leurs armes. En trois jours, 1,650 fusils étaient remis à la Canée. Des perquisitions étaient prévues pour la recherche des armes, pouvant s'exercer après un délai d'une semaine; il n'y eut pas lieu d'y procéder, car le mouvement spontané se généralisait peu à peu. Au 1er décembre, le désarmement, terminé dans le secteur français, était très avancé dans les secteurs anglais et russe, commencé dans le secteur italien.

Les Crétois n'étaient pas seuls à désarmer; l'Europe commençait dès le 16 novembre le retrait d'une notable partie de ses troupes. Le départ de deux bataillons français par le *Shamrock*, le 21 novembre, donnait lieu à une manifestation de sympathie touchante. En outre de l'escorte traditionnelle de détachements de chaque puissance, nos soldats étaient accompagnés jusqu'à la Sude par une foule de chrétiens avec des drapeaux français et crétois. A la Sude, des bouquets étaient distribués, des discours prononcés par le maire de Halepa et le maire musulman de la Canée remerciant la France des services rendus à la cause crétoise. — Il est juste d'ajouter que le bataillon de bersagliers, partant quelques jours plus tard, était entouré des mêmes sympathies, bien méritées par son attitude en Crète depuis vingt mois. — Le 15 décembre, restaient dans l'île 4 bataillons anglais (2,300 hommes), 3 bataillons russes (2,300),

---

[1] La cathédrale orthodoxe, brûlée en février 1897, fut reconstruite en 1899 grâce à une subvention du Tsar.

2 bataillons italiens (1,200), 2 bataillons français (1,200, plus le personnel des annexes et les gendarmes).

Le désarmement du secteur français procurait à l'amiral des satisfactions légitimes contrastant avec les difficultés répétées, inattendues et inexplicables rencontrées à la Sude. A la nouvelle que le *Bugeaud* allait venir dans le secteur, les Crétois ont déclaré ne vouloir remettre leurs armes à nul autre que l'amiral Pottier en personne. Aussi, à San-Nicolo le 22, à Sitia le 23[1], la même cérémonie se renouvelle : réception par les notables et la population, discours disant en substance : « Grâce à vous, nous n'avons plus d'ennemis ici et nos armes nous sont devenues inutiles; nous vous les remettons donc en dépôt, nous vous confions nos vies, nos familles, nos biens, et nous vous donnons l'assurance que nos frères musulmans peuvent rentrer en toute sécurité dans la province où ils seront bien accueillis. » Après quoi, remise des armes en commençant par l'évêque et les chefs, chacun remettant son fusil en mains propres à l'amiral.

A Hiérapétra, le 25, une fusillade nourrie ouvre la fête, chacun brûlant à la hâte ses dernières cartouches. La ville est pavoisée aux couleurs françaises, les maisons sont enguirlandées de feuillage. Le cortège, formé de tous les villageois des environs, précédé de la bannière de l'insurrection, part du faubourg vers la ville où il est reçu au konak. Discours du chef militaire à l'amiral auquel il fait don de la bannière et remet son fusil, imité par tous les habitants, les musulmans de la ville s'intercalant pour cette cérémonie entre deux groupes de chrétiens.

L'amiral procède ensuite à la démolition de la muraille qui sépare la ville du faubourg. Cette disparition ne peut que hâter la fusion définitive des deux éléments de la population; elle est aussi une satisfaction donnée aux chrétiens. Leurs aïeux ont été contraints par le conquérant à élever ces murailles dont la chute devient pour ces populations impressionnables un symbole d'affranchissement. « L'affluence de monde est considérable; les murailles sont couvertes de chrétiens la pioche en mains. Monté sur la porte principale, j'adresse à cette foule quelques paroles traduites immédiate-

---

[1] M. Dupourqué, profitant de l'émotion due au massacre de Candie, a désarmé au début d'octobre la population de Spinalonga.

ment en grec par un notable, puis je donne le signal en portant un
premier coup de pioche. C'est alors un enthousiasme indescriptible,
et tout le monde se met à l'œuvre. Quand, une heure après, je
repasse en cet endroit pour me rendre à bord du *Bugeaud*, la
muraille de l'est n'existe plus [1]. »

Une détente générale des esprits accompagnait la remise des
armes; depuis le 4 novembre et plus encore depuis le 15, la vie nor-
male reprenait partout. A la Canée, les maisons étaient réoccupées,
les magasins ouverts à nouveau; un certain nombre de musulmans
retournaient dans leurs propriétés; des chrétiens revenaient de
Grèce. La levée officielle du blocus (aboli en fait depuis longtemps),
proposée par les Amiraux le 27 novembre, était accordée à compter
du 5 décembre, l'introduction des armes et munitions de guerre
restant prohibée de la façon la plus absolue. Dès la fin de novembre,
le secteur français se déclarait prêt à recevoir 2,600 musulmans de
la province, réfugiés à Candie depuis le début des troubles et nourris
aux frais du gouvernement français depuis le 4 novembre, et l'on
concentrait à Sitia et Hiérapétra les tentes disponibles pour les
abriter pendant la reconstruction de leurs demeures. L'amiral Noël
venait le 1er décembre avec 60 chefs de ces familles se rendre
compte de l'état des esprits dans la région de Sitia, et se trouvait
surpris de la tranquillité avec laquelle les musulmans circulaient
sans escorte dans la province. Les chefs de famille réglaient leurs
affaires pour préparer le retour des leurs qu'ils allaient peu après
chercher à Candie. Le commandant Chevalier profitait de la visite
de l'amiral Noël pour le dissuader de rechercher et de punir les
auteurs des massacres de Sitia en 1897; on pouvait espérer close la
série des crimes; l'heure était à l'apaisement, sans aller toutefois
jusqu'à l'amnistie entrevue par le haut commissaire.

Le lieutenant-colonel Destelle avait achevé la pacification en
plaçant dans les principaux centres du secteur de petits détachements d'infanterie et des gardes civiques. Les Français occupaient
maintenant vingt-sept points du secteur, plus seize postes de douane.
« Le résultat dans le secteur français est complet, écrivait l'amiral
Pottier à la fin de novembre; il est la consécration de la ligne de

---

[1] L'on voit encore en 1910, à la mairie de Hiérapétra, la « pioche de l'amiral » et
aussi la photographie du petit outil en argent offert par la ville à l'amiral en souvenir de
cette journée.

conduite impartiale et ferme suivie depuis le début de notre occupation, et il est dû à l'activité de nos officiers sans cesse en courses dans l'intérieur, se faisant connaître et aimer des populations; à nos médecins de la marine qui n'ont pas ménagé leurs peines et ont fait un bien considérable dans la province; et, enfin, à l'union intime des différents corps de la marine se prêtant en toutes circonstances le concours le plus absolu et le plus amical. »

III.

A la nouvelle officielle (28 novembre) de la nomination du prince Georges, les Amiraux lui adressaient leurs félicitations et proposaient leur propre rappel.

« Lorsque les Amiraux auront remis au prince Georges le gouvernement de l'île qu'ils exercent provisoirement depuis le 4 novembre, ils estiment leur présence en Crète inutile, déplacée et gênante pour le prince. Il est en effet impossible d'établir quel serait leur rôle. Leur autorité ne saurait être au-dessus de celle du prince, et, ayant exercé le pouvoir suprême, ils ne pourraient avoir avec lui des rapports de dépendance quelconque. On ne saurait non plus les considérer comme des intermédiaires entre les Puissances et le prince puisque celui-ci se présente déjà comme un envoyé des Puissances pour gouverner en leur nom. Les Amiraux ont donc fini leur mission et doivent être rappelés après l'arrivée du prince.

« Après leur départ, le Conseil des Amiraux cesse d'exister ; il ne doit pas être remplacé par un conseil d'officiers d'un grade inférieur. Les commandants des secteurs seront ramenés au rôle de commandants des forces militaires dans le secteur, et chargés uniquement d'y maintenir l'ordre et d'y assurer la sécurité. Le commandant supérieur de la zone internationale exercera des fonctions analogues dans cette zone, et, comme il se trouvera près du prince, il servira en outre d'intermédiaire entre lui et les commandants supérieurs des troupes dans les secteurs. Il est bien entendu que pour les mouvements des forces militaires, les ordres ne pourront être donnés que par les commandants supérieurs désignés par les gouvernements.

« Les Amiraux estiment qu'après leur départ, il suffit que chaque

Puissance entretienne en Crète 2 bataillons et 1 navire en station. Les consuls des quatre Puissances pourront être appelés à servir de conseil au prince pour tout ce qui concerne la diplomatie, la politique et les questions civiles et administratives. »

L'amiral Pottier prévoyait en même temps l'organisation française à conserver dans l'île : colonel Spitzer, commandant supérieur ; 2 bataillons d'infanterie de marine avec 5 compagnies à la Canée et 3 dans le secteur dont le lieutenant-colonel Destelle serait commandant militaire ; maintien de la gendarmerie ; désignation du *Condor* comme stationnaire ; maintien des 2 annexes (50 hommes seulement à Spinalonga) avec MM. Chevalier et Dupourqué dont la présence nécessaire était d'ailleurs demandée par tous les notables de la province[1].

Les Amiraux convenaient de rester en Crète 5 jours encore après l'arrivée du prince pour faciliter la transmission des services. Ils envoyaient dès maintenant un de leurs chefs d'état-major auprès du prince pour régler avec lui les dispositions à prendre en vue de son arrivée. La vigilance clairvoyante de l'amiral Skrydloff tenait en échec l'influence envahissante de la France et le capitaine de corvette italien Gerra était chargé de cette mission.

Le comité exécutif ayant décidé de se retirer était prié par le Conseil de bien vouloir rester en fonctions jusqu'à l'arrivée du haut commissaire ; la sagesse, la prudence, le patriotisme éclairé qu'il avait montrés en toutes circonstances, le rendaient jusqu'au dernier moment un utile intermédiaire entre les Crétois et les internationaux.

Nouvelle question de pavillon ! Les musulmans de la Canée veulent arborer le drapeau ottoman le jour de l'arrivée du prince ; c'est leur droit strict, mais, d'autre part, les chrétieus ne toléreront pas cet emblème. Il convient, pour éviter des désordres, de proscrire ce jour-là les drapeaux ottomans et, par suite, les drapeaux grecs. Le pavillon crétois sera seul autorisé, mais encore faut-il qu'il existe un pavillon crétois ! Le prince Georges fait connaître, le 10 décembre, ses propositions à ce sujet : pavillon bleu percé d'une croix latine blanche, le carré supérieur de gauche rouge percé d'une croix latine

---

[1] M. Dupourqué rentrera en France en juin. M. Chevalier en juillet 1899.

blanche[1]. Le projet menace de sombrer à Constantinople, puis le pavillon crétois apparaît à temps pour l'arrivée du haut commissaire, le 21 décembre.

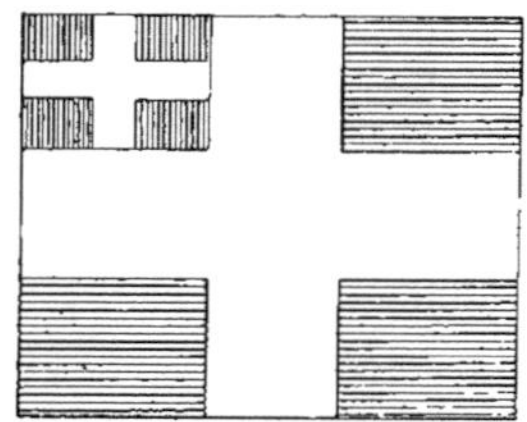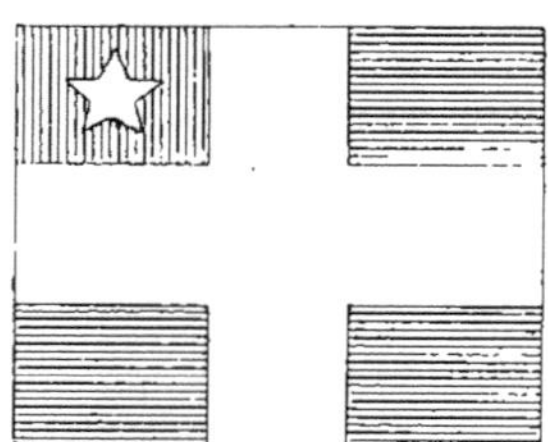

La nomination du prince a été notifiée, le 10, aux Crétois par une proclamation des Amiraux. Le désarmement volontaire de 2,500 chrétiens de la province de Cydonie, le surlendemain, est une occasion de connaître l'état des esprits à la veille de l'arrivée du haut commissaire. Les chefs de la province, remerciant les Amiraux, ne laissent aucun doute sur leurs sentiments au sujet de la venue de M. Droz. « Le prince Georges est le fils de notre race, nous l'aimons, nous ne voulions que lui pour nous gouverner, mais ne nous abandonnez pas, restez auprès de lui pour le conseiller. » Et quand on leur dit que c'est impossible, mais que M. Droz accompagnera le prince, leurs figures s'illuminent et leur doyen s'écrie : « Alors, la Crète est sauvée ! »

Il ne faut malheureusement pas se faire illusion ; les chrétiens sont divisés, non seulement de province à province, mais encore dans la même province, et tous ces partis sont en ce moment fort préoccupés de l'influence que tel ou tel d'entre eux pourra prendre auprès du haut commissaire. La venue de M. Droz, coupant court à ces compétitions, serait un heureux événement[2]. Les chefs insistent beaucoup aussi pour que l'occupation internationale ne cesse pas de longtemps, et l'amiral Pottier pense de son côté que rien ne doit être modifié à l'organisation actuelle des secteurs (2 bataillons-

---

[1] Cette croix devient une étoile dans le pavillon adopté.

[2] Et M. Droz ne vint pas..., préférant s'abstenir, disent des personnes informées, plutôt que de renoncer aux unités suisses qu'il lui semblait indispensable d'introduire dans la gendarmerie. S'il en fut ainsi, les gens qui connurent depuis lors la Crète et sa milice penseront que M. Droz fut un sage.

annexes-gendarmerie-stationnaire) pendant une période de 4 à 6 mois suivant que l'organisation administrative se fera plus ou moins vite.

L'amiral ne s'abuse pas davantage sur les regrets que les internationaux laisseront derrière eux : son sentiment est que les Crétois les verront partir avec satisfaction. « Certes, ils vont dans le premier moment d'enthousiasme nous remercier avec effusion, nous acclamer comme les libérateurs de leur patrie ; et cela, ils le feront en toute sincérité ; mais ce petit peuple remuant a soif de liberté, il veut se gouverner lui-même, et trouve déjà trop militaire le gouvernement des Amiraux ».

Le 21 décembre 1898, le prince Georges de Grèce, reçu à Milo par les Amiraux qui l'ont salué avec pavillon grec, arrive à bord du *Bugeaud*, escorté des autres navires, à la Sude (le *Bugeaud* arbore le pavillon crétois à l'entrée de la baie), d'où il se rend en cortège à la Canée. Il assiste d'abord, à l'église orthodoxe, au *Te Deum* dont l'amiral Skrydloff a réussi à lui démontrer l'opportunité si douteuse pour tous ses collègues. Au konak, où se trouvent réunis le corps consulaire, les commandants supérieurs militaires, les officiers des armées de terre et des bâtiments en rade de la Canée, le Comité exécutif, les municipalités de la Canée, Halépa, la Sude, les beys musulmans, l'amiral Pottier remet, au nom des Amiraux, le gouvernement de l'île au prince. Le pavillon crétois, hissé au centre des pavillons internationaux, est salué par les navires en rade. Le gouvernement provisoire, le Conseil des Amiraux, ont rempli leur mandat et disparaissent. Le prince Georges de Grèce est pour trois ans le Haut Commissaire des quatre Puissances protectrices de la Crète.

TROISIÈME PARTIE.

L'AUTONOMIE.

CHAPITRE PREMIER.

Le prince Georges.

I. Lune de miel. — La léproserie de Spinalonga. = II. Premiers nuages. — Menées princières. — Mort de l'amiral Pottier. = III. Tournée annexionniste. — La note des Puissances.

I.

Opprimés pendant des siècles par les Turcs, devenus les victimes de ceux-là mêmes qu'ils avaient bien accueillis, les Crétois ont désiré changer de régime. Telle était leur misérable situation, telles furent les vexations commises par la Turquie que, malgré l'inertie de l'Europe, la liberté leur est enfin venue ; plus complète qu'ils ne l'avaient rêvée puisque, à défaut de l'annexion à la Grèce, objet de leurs vœux, on leur a donné l'autonomie qui les fait maîtres chez eux. Les voici désormais livrés à eux-mêmes sous la direction du gouverneur de leur choix, sous la protection de l'Europe, sous sa surveillance temporaire. Ils ont eu droit jusqu'ici à la pitié pour leurs souffrances, à la sympathie pour leurs révoltes, à l'indulgence pour leurs excès. Maintenant qu'il n'y a plus en Crète ni bourreaux ni victimes, il ne tiendra qu'à ce petit peuple jeune et impatient de jouir de sa liberté de prouver, par son sens pratique des réalités, qu'on peut sans retard l'affranchir de la tutelle immédiate de ses protecteurs.

Toute union comporte une lune de miel, si brève soit-elle. Celle des Crétois et du haut commissaire dura près de deux ans et demi pendant lesquels le pays travailla à se relever de ses ruines. Les bases de l'administration de l'île avaient été bien posées et la Crète marchait vers l'aisance, sinon vers la richesse. La dette allait diminuant ; l'apaisement était complet, facilité par toutes les bonnes volontés de la première heure. L'Europe pouvait s'applaudir d'avoir si heureusement solutionné la question crétoise.

Il ne faudrait pas en effet voir un dernier indice de troubles dans l'émigration musulmane qui, commencée en 1898, dure encore de nos jours. Il n'était besoin d'aucune vexation pour arriver à semblable résultat. Le musulman ne s'accommode pas du régime chrétien et fuit le pays de gouvernement orthodoxe comme le lièvre fuit le lapin. Il se passe ici ce qui s'est produit en Grèce puis en Thessalie; c'est une affaire de temps, de peu de temps, pour qu'il ne reste plus de musulmans en Crète d'où leur départ n'est cependant désiré ni par les Turcs ni par les Grecs [1]. Ils étaient 70,000 à 80,000 en 1896; il en reste à peine 28,000 en 1910.

Cette période d'absolue tranquillité eut naturellement sa répercussion sur les effectifs du secteur français. Une demi-compagnie rentra de Hiérapétra en février 1899, puis les annexes de Sitia, San-Nicolo, Spinalonga furent supprimées en avril de la même année. Il ne restait plus dans le secteur que quelques marins (infirmiers, timoniers) avec les troupes. Celles-ci, devenues inutiles, quittaient (7 et 18 décembre 1899) le secteur français pour se concentrer à la Canée, laissant ainsi la partie orientale de l'île vivre sa vie propre et montrer qu'elle savait faire bon usage de sa liberté.

Le départ de ces troupes donnait lieu à des manifestations de sympathie à Néapolis, à San-Nicolo, à Sitia. A Hiérapétra, monseigneur Ambrosio, le clergé, le maire, la gendarmerie, la population tout entière assistaient à l'embarquement de nos soldats qui passaient sous un arc de triomphe décoré d'une photographie de l'amiral Pottier et surmonté d'une banderolle : « Braves soldats français, du fond de notre cœur nous vous disons merci et bon voyage ».

La forteresse de Spinalonga évacuée en avril a déjà connu quelques métamorphoses; successivement point stratégique, nid de pirates, sanatorium, prison centrale, elle subira encore un avatar; en 1905 elle deviendra léproserie. La terrible maladie existe en Crète; au temps des Turcs, le vali avait d'autres préoccupations que celles de l'hygiène publique et les malheureux contaminés vivaient un peu à l'aventure, tantôt concentrés, tantôt en contact avec la

---

[1] Voir p. 222 pourquoi les Hellènes tiennent à conserver quelques musulmans en Crète.

population. En 1900 une mission de trois médecins (danois, allemand et crétois) étudia le problème de l'extinction du fléau et conclut à l'internement des malades à Spinalonga. L'idée était fort heureuse et le lieu très bien choisi ; nombre de Spinaliotes avaient déjà abandonné leur rocher ; aux quelque 30 familles restantes le gouvernement offrit une indemnité d'expropriation, modeste d'abord (de 10 à 40 francs par famille), et dont la fixation donna lieu à des procès non terminés encore aujourd'hui.

En 1905 les lépreux de toute l'île étaient concentrés dans leur nouvelle résidence où le gouvernement crétois leur distribue des vivres et leur alloue une indemnité de 0 fr. 50 par personne et par jour[1]. Ils sont au nombre de 130 environ en 1910. Il n'existe nulle part en Crète, où les ruines de la dernière insurrection se rencontrent partout, de tristesse plus poignante que sur ce rocher où des misérables s'éteignent dans la décrépitude. On oublie le cadre et sa sévérité, la ruine de ces masures, l'état lamentable des casernements français si brillants jadis, tout ce qui paraîtrait lugubre ailleurs, pour ne plus voir que ces créatures humaines dont les membres s'en vont en lambeaux. Leur attitude n'est pas comme on pourrait le croire celle de la révolte ou d'un désespoir farouche ; non, ils semblent s'être familiarisés avec leur mal, et la visite de quelques officiers français leur est une distraction ; leur joie de voir d'autres êtres humains n'est pas feinte et volontiers ils les pilotent dans les ruelles du village en évitant soigneusement (le règlement doit être sévère) de les frôler. Cette gaîté est plus douloureuse qu'une manifestation hostile. Ce n'est pas que les plaies apparaissent nombreuses ; les cas pathologiques les plus palpitants sont dissimulés sous des bandeaux, ou gisent dans ces masures sur quelque grabat. Mais comment ne pas voir ces membres recroquevillés par le mal, ces mains aux phalanges incomplètes, ces visages rongés par la nécrose, ces orbites vidés, ces facies léonins ? Il y a des femmes parmi eux ; ces lépreux s'unissent ; ils ont des enfants ! Et ceci est plus triste que tout le reste ! Voici deux fillettes de 14 à 15 ans, gentilles et bien tournées ; l'une d'elle dissimule une main torturée par le mal ; à regarder l'autre de plus près, l'un de ses yeux se voile déjà du brouillard de la lèpre. Et ce joli bébé de 3 ans

---

[1] La léproserie de Spinalonga figure pour 58,000 francs au budget de 1907.

blond et rose; il est déjà marqué par la terrible maladie. L'on se
prend à souhaiter involontairement quelque cataclysme qui balaye-
rait ce village de la mort... Au départ, toute la population valide
accompagne au quai les visiteurs, et ceux-ci refoulent l'angoisse
qui les étreint pour faire bonne figure à ces malheureux et répondre
à leur amical « au revoir ».

II.

En septembre 1900, le haut commissaire avait adressé aux Puissances un mémorandum demandant l'annexion de la Crète à la Grèce;
les gouvernements avaient répondu en février 1901 par une fin de non-
recevoir. Le ciel n'était plus sans nuages depuis quelque temps, mais
le premier grain n'éclata qu'en avril 1901. M. Vénizélos, conseiller à
la justice, traitant la question crétoise « après avoir vu échouer tous
les efforts du haut commissaire pour l'annexion de la Crète à la
Grèce [1] », proposait de changer l'état autonome en principauté,
émettant une opinion qui se pouvait résumer ainsi : puisque nous
ne devons pas compter sur l'annexion immédiate, contentons-nous
provisoirement et sagement d'une autonomie qui vaut mieux peut-
être puisqu'elle nous exempte de la conscription et des énormes
impôts que nous aurions à payer à la Grèce. Ce raisonnement
déplut aux Hellènes, et la presse attaqua vivement M. Vénizélos.
Celui-ci adressa alors sa démission au prince Georges qui la refusa
et fit afficher la nuit suivante la révocation de son conseiller à la
justice « pour avoir professé des opinions qui sont contraires à nos
aspirations et à notre mission ». La guerre était déclarée; le prince
avait désormais un ennemi irréconciliable. La lutte allait s'engager
entre les gouvernementaux et les vénizélistes.

Poursuivant son idée, le prince Georges appuyait, en juin 1901,
une démarche annexionniste faite par les députés à l'ouverture de
la Chambre; il était cette fois rappelé à l'ordre par les Puissances.
Le geste de celles-ci avait même causé un froid durable entre le
haut commissaire et les consuls; les relations, cordiales jusqu'alors,
s'étaient sensiblement espacées. Sans s'arrêter à cet avis, le prince
faisait peu après dans l'île une tournée annexionniste qui accentuait

[1] Prince Georges, Livre jaune, 27 mai 1905.

la tension entre lui et le corps consulaire. Pour avoir estimé les menées du haut commissaire en contradiction avec le mandat accepté, pour ne les avoir pas secondées, notre consul général était considéré par lui comme un ennemi personnel, et un très haut personnage venu en France exprimait à M. Loubet, Président de la République, le désir de voir éloigner de Crète un agent qui compliquait la tâche du haut commissaire, ami personnel du tsar [1]. Les agissements du prince éloignaient également de lui son conseiller aux finances M. Foumis, qui démissionnait devant la tournure inquiétante que prenaient les finances de l'île et passait naturellement à l'opposition [2]. Le caractère intrigant du secrétaire privé du prince, M. Papadiamantopoulos, paraît avoir été pour beaucoup dans ces révolutions de palais.

Tout ceci ne détournait pas les Puissances d'offrir au prince un nouveau mandat de durée illimitée à l'expiration du triennat (1898-1901), n'empêchait pas le prince Georges d'accepter cette charge, bien que « dès l'instant où il pouvait même prêter attention à une solution de la question crétoise par l'érection d'une principauté, ayant même sa personne comme prince de la Crète, il dût se considérer comme traître envers l'hellénisme et usurpateur des droits de son père, S. M. le roi des Hellènes [3] ». Les Puissances opposées à l'annexion maintenaient donc en Crète un haut commissaire exposé à trahir son pays ou son mandat.

Une nouvelle année s'écoulait sans événements marquants. En novembre 1902, 500 hommes environ d'infanterie métropolitaine remplaçaient l'infanterie coloniale qui, depuis le début de l'occupation, avait contribué à former le contingent français en Crète. La répartition des troupes internationales avait peu changé depuis trois ans. Les Anglais gardaient toujours Candie, les Russes Rethymno,

---

[1] M. Blanc quitta la Canée le 4 octobre 1901 pour occuper bientôt après le consulat général de Smyrne. Un banquet d'adieu lui était offert par la colonie française, un punch d'honneur par les officiers; le stationnaire venait à la Canée se mettre à sa disposition pour faciliter son embarquement.

Le roi de France ne vengeait pas les injures du duc d'Orléans; le roi de Grèce oubliera les griefs du prince Georges en octroyant une décoration à M. Blanc nommé ministre en 1908.

[2] La monnaie crétoise (argent et nickel d'après le système décimal) était mise en circulation en août 1901, remplaçant l'inénarrable monnaie turque, écartant le sordide papier grec.

[3] Prince Georges, Livre jaune, 27 mai 1905.

où l'élément musulman nombreux comportait une surveillance protectrice plus immédiate ; les Italiens avaient, comme les Français, évacué leur secteur pour se concentrer à la Canée. A la Canée, à la Sude, flottaient les quatre pavillons des Puissances escortant le drapeau crétois ; à l'îlot de la Sude, point fortifié jadis, cinq pavillons encore, dont le drapeau ottoman, emblème des droits suzerains de la Turquie[1].

En 1903, le prince Georges, continuant son œuvre patriotique, faisait dans l'île (février-mars) en vue des prochaines élections, une tournée électorale au cours de laquelle il déclarait que voter pour ses candidats était assurer l'annexion immédiate, tandis que l'élection des candidats vénizélistes retarderait indéfiniment l'union à la Grèce. On prévoyait pour les élections, entre les partisans du gouvernement annexionniste et de M. Vénizélos, autonomistes, des troubles qui ne se produisirent pas. Les élections, habilement conduites (la Crète n'a rien à envier sous ce rapport aux pays les plus civilisés), donnèrent au gouvernement une majorité qui semblait devoir consolider son autorité et ramener le calme dans l'île.

Au mois d'août 1903 s'éteignait l'amiral Pottier. Toujours sur la brèche, il avait depuis son départ de Crète commandé l'escadre d'Extrême-Orient puis l'escadre de la Méditerranée ; c'est là que le mal vint le terrasser. « La Crète tout entière s'unit dans un même désir de témoigner publiquement son deuil. Elle voulait qu'un service solennel fût célébré à la cathédrale de la Canée. Mais les politiciens qui entouraient le prince Georges refusèrent la cathédrale qui, disaient-ils, était en réparations ; pour ces Grecs, l'Europe, la France en particulier, n'a pris aucune part à la libération des Crétois ; la seule bravoure hellénique a tout accompli. Les Crétois alors remontèrent dans ces lignes de l'Akrotiri où, si longtemps, ils avaient tenu tête aux Turcs et aux Amiraux. Ils choisirent la petite chapelle de Hagios-Ilias où, dès le début de la campagne, l'amiral Pottier

---

[1] Cependant que le *Condor*, puis le *Faucon* montent fidèlement la garde auprès des couleurs ottomanes.

A ce poste se sont succédé depuis douze ans : le commandant Le Prieur, le commandant Jacquet (18 octobre 1899-18 avril 1901), le commandant Gervais (19 avril 1901-26 novembre 1902), le commandant Escande (27 novembre 1902-8 juin 1904), le commandant Dourver (9 juin 1904-8 décembre 1905), le commandant Frot (9 décembre 1905-9 juin 1907), le commandant Jézéquel (10 juin 1907-3 décembre 1908), le commandant Daveluy (4 décembre 1908-3 mai 1910).

était venu leur offrir des médecins pour leurs blessés et du biscuit pour leurs femmes. Après le service funèbre, l'un des chefs de l'insurrection célébra la mémoire du pacificateur de la Crète [1] ».

L'œuvre de l'amiral en Crète avait été celle d'un homme de cœur. Venu avec mission d'empêcher autant que possible l'effusion du sang et de soulager les misères, il avait accompli sa tâche et au delà, profitant de toute occasion de faire pénétrer dans ce malheureux pays un peu de justice et d'humanité. Que de répétitions s'il avait fallu rappeler au cours de ces pages toutes les circonstances où, pour arriver à ce résultat, il avait dû lutter contre l'inertie hostile des Turcs, la défiance des chrétiens, les divergences de vues que les coalitions européennes faisaient pénétrer jusque dans le Conseil des Amiraux. Il avait par sa franchise, sa bonté persuasive et sa loyauté, vaincu tous les obstacles, surmonté toutes les difficultés, sauf une dernière, dressée précisément par les alliés de la France ; l'insistance moscovite avait réussi à maintenir dans l'île le pavillon ottoman.

L'amiral disparaissait au moment où le fragile édifice bâti par les Puissances en Crète commençait à se lézarder, où l'Europe allait être amenée à douter de l'efficacité de son œuvre. Lui du moins n'avait rien à craindre du jugement de l'histoire. Comment attaquer un homme qui, après douze ans, reste encore en Crète, pour ceux-là mêmes qu'il a dû parfois mettre à la raison, un modèle de bonté, de droiture, de clairvoyance et de dévouement ? Partout dans l'île, on trouve des portraits de l'amiral ; partout, ceux qui l'ont connu et approché manifestent une joie sincère à parler de lui, à redire avec une affectueuse reconnaissance les services qu'il a rendus à leur pays. Il n'est pas, aujourd'hui encore, de marin, d'homme plus populaire en Crète que l'amiral Pottier [2].

III.

Le succès gouvernemental officiel aux élections de 1903 n'avait pas ramené le calme dans l'île ; l'illusion sur ce point n'était guère permise à qui connaissait les menées annexionnistes du haut com-

[1] V. Bérard, *L'Amiral Pottier*.

Un des derniers services rendus en Crète par l'amiral fut l'ouverture à la Canée (1904) du collège des Frères de la Doctrine chrétienne qui porte son nom.

missaire. Celui-ci se plaignait, d'autre part, « de la protection et des encouragements donnés par certains consuls à M. Vénizélos destitué, protection continuée même après le remplacement de ces consuls prêts à lui tendre la main pour la réussite de son projet de principauté[1] ». Il eût fallu, à vrai dire, non pas remplacer, mais supprimer les consuls pour être agréable au prince Georges. « Mais enfin, messieurs les diplomates, déclarait-il au cours d'un dîner (juin 1904), pourquoi êtes-vous encore ici? Pourquoi ne voulez-vous pas partir? » — « Pour le plus grand bien du pays, Monseigneur », lui répondait M. de Bronewsky, consul général de Russie. — Les relations avec le corps consulaire restaient donc un peu tendues; le pays se détachait du prince qui lui avait promis l'année précédente l'annexion sans pouvoir la réaliser ; il ne restait plus à celui-ci, pour éviter la faillite de son projet, que le moyen de la propagande personnelle en Europe. Il entreprenait donc une tournée, visitant de septembre à novembre 1904 les capitales, y exposant ses idées avec beaucoup de force et de conviction.

L'Europe avait depuis beau temps oublié la Crète et accueillit avec un geste de lassitude ce nouveau développement de la thèse de l'annexion. Chacun consulta toutefois ses voisins avant de répondre que l'on s'en tenait à la formule : « ni annexion, ni occupation », que l'avis des Puissances « semblait être en ce moment opposé à l'annexion, au rappel des contingents internationaux, à l'introduction des troupes grecques », que « le moment serait bien mal choisi pour soulever de nouvelles difficultés avec la Turquie[2] ». Puis, la Russie proposa (22 novembre) de rédiger une note en réponse au mémorandum du prince Georges.

Les Puissances « n'étant pas préparées à discuter l'idée de l'annexion dès maintenant[3] », ne mettaient pas moins de quatre mois, en faisant diligence, à rédiger une note (3 avril 1905) estimant impossible l'annexion « dans les conjonctures actuelles », promettant de ne pas annexer l'île elles-mêmes et de ne pas permettre l'annexion par une autre puissance contre le gré des habitants, offrant par contre d'ajourner pour cinq ans les intérêts de l'avance

[1] Prince Georges, Livre jaune, 27 mai 1905.
[2] Livre jaune, septembre-décembre 1904.
[3] Livre jaune, 30 novembre 1904.

internationale de 4 millions, parlant d'un emprunt, de la reconnaissance du drapeau crétois par le sultan, de la remise à la Crète des condamnés crétois détenus en Turquie, de la signification des actes judiciaires crétois dans l'empire ottoman. Elles faisaient soigneusement remarquer que ces satisfactions étaient le maximum de ce qu'elles pouvaient consentir présentement.

Il va de soi que les Puissances protectrices avaient pris garde de consulter au préalable l'Allemagne et l'Autriche-Hongrie. Fort heureusement, car celle-ci rappelait qu'en retirant de la Crète son contingent « elle ne s'était pas désintéressée du sort de l'île, se réservant de coopérer avec les autres Puissances à toute modification politique ou à un changement fondamental dans son administration ». L'Allemagne, plus logique, « restait comme par le passé une Puissance désintéressée des affaires de Crète[1] ».

CHAPITRE II.

Le mouvement de Thérisso.

I. L'assemblée de Thérisso. — L'entrevue. = II. Essais de cordons militaires. — Escarmouches. = III. L'émigration musulmane. — Réoccupation du secteur français. — Action militaire des Russes et des Anglais. = IV. Situation générale. — Revendications justifiées. — Négociations. — La fin de la sédition.

I.

Pendant que l'Europe rédigeait sa note, les événements en Crète suivaient leur cours. Toutes les alouettes fascinées par le miroitement de l'annexion dont le prince avait habilement joué aux élections de 1903, prétendaient ne pas se contenter d'une vague promesse, et le haut commissaire perdait rapidement de sa popularité pour avoir promis plus qu'il ne pouvait tenir. Pas fâché au fond de mettre les Puissances en mauvaise posture, il se rapprochait d'elles en apparence (25 mars 1905), les priant « après avoir attendu plus de quatre mois la réponse des gouvernements[2], de bien vouloir lui

---

[1] Livre jaune, 18 février, 6 mars 1905. Il serait intéressant de connaître quel eût été le résultat obtenu si les quatre Puissances protectrices avaient adopté en 1898 la même formule que l'Autriche.

[2] La note-réponse des Puissances lui parvenait le 3 avril.

indiquer ce qu'il devait et pouvait faire » en présence des faits nouveaux.

Les vénizélistes, en effet, venaient de tourner casaque. Puisque le prince ne pouvait continuer à arborer ouvertement le drapeau de l'annexion, ils relevaient celui-ci pour leur propre compte. Opposants exclus du gouvernement depuis 1901 sous le prétexte de leurs tendances autonomistes, ils se prétendaient maintenant les champions de l'annexion.

La campagne des chefs vénizélistes se dessine et s'accentue. MM. Vénizélos, Foumis et Manos[1] publient assez complaisamment que leurs projets vont se traduire par quelque mouvement; ils visent surtout à attirer l'attention des Puissances.

Leur plan consisterait à provoquer une réunion de mécontents et d'opposants dont le programme comporterait, en premier lieu, le déploiement du drapeau grec et la manifestation de sentiments annexionnistes, bien que l'inclination vers l'union ne présente pas précisément le caractère d'un désir impatient de la part des chefs vénizélistes... D'après ce que l'on sait des tendances des instigateurs de ce mouvement, ce ne serait là qu'une attitude de formes s'imposant à tous les Crétois comme dominante de leurs manifestations. L'origine première de ce qui advient aujourd'hui provient de ce que ces notables Crétois ont été exclus et systématiquement tenus à l'écart du gouvernement.

Une rencontre entraînant répression sanglante serait susceptible de dépopulariser le prince, et cette conséquence ne serait évidemment pas pour déplaire aux chefs agitateurs, mais ils s'en préoccupent au point de vue des risques d'accidents pouvant, dans un conflit, survenir aux carabiniers italiens encadrant la gendarmerie[2] et de la réprobation qu'ils s'attireraient ainsi de la part des Puissances protectrices[3].

On ne pouvait mieux prédire le « mouvement de Thérisso », rassemblement de 1,500 manifestants environ, dont 600 armés de fusils, qui, formé autour de ce village à quelque 25 kilomètres de la Canée, ouvrait le feu (23 mars) sur un détachement de gen-

---

[1] M. Manos, riche Athénien qui s'est réveillé un beau jour patriote crétois (1897). Nous le retrouverons plus tard; il est de toutes les aventures qui ne demandent que de l'enthousiasme.

[2] La gendarmerie crétoise reconstituée par les officiers italiens et commandée de 1898 à 1906 par MM. Craveri, Caprini, Monaco, officiers de carabiniers, comprenait en 1905 des officiers italiens, des sous-officiers italiens et crétois, des brigadiers et gendarmes crétois. On doit rendre hommage à la façon brillante dont les officiers italiens avaient su organiser un véritable corps d'élite; il serait injuste de leur reprocher de n'avoir pu éviter complètement les inconvénients du recrutement régional.

[3] M. Maurouard, consul général de France, Livre jaune, 23-26 mars 1905.

darmes crétois commandé par un lieutenant italien, lui blessait deux hommes et l'obligeait à se replier, se constituait en assemblée générale (24) et proclamait l'union de la Crète à la Grèce; d'où la note du prince (25), d'où la demande par les consuls d'expédier de la Canée un détachement international de renfort pour appuyer la gendarmerie à Thérisso [1], d'où une légère panique chez les musulmans de la plaine de la Canée, d'où... une certaine préoccupation des agitateurs sur la suite de leur acte.

M. Vénizélos et ses acolytes ont bien tort de s'inquiéter; l'Europe ne songe guère à contrecarrer sérieusement leur entreprise. Le détachement de renfort proposé par les consuls est autorisé par les Puissances à contre-cœur, à la condition de n'intervenir que par sa présence, de ne donner qu'un « appui moral » à la gendarmerie; ce sera un détachement de figurants.

Vu le caractère de la mission incombant aux troupes internationales, l'intervention de ce contingent consistera seulement dans l'effet moral à attendre de sa présence, sans comporter de sa part aucune action plus directe, hormis les cas purement défensifs et protecteurs [2].

Le détachement (600 hommes) formé pour la démonstration dans l'intérieur s'est mis en marche ce matin; ses ordres sont de toute prudence. Il prendra cantonnement à Alikianou (20 kilomètres de Thérisso) où les chefs insurgés seront invités à entrer en pourparlers avec une délégation d'officiers internationaux. Si cette démonstration ne suffit pas à intimider les insurgés, elle pourra du moins dissiper leurs illusions sur les dispositions des Puissances et sur leur pleine concordance [3].

La colonne en entier aura été amenée à distance convenable du lieu de l'entrevue et disposée en formation déployée, réalisant un aspect aussi imposant que possible. L'officier, chef de la délégation parlementaire, s'efforcera de tirer parti de l'effet combiné d'une exhortation pacifique et de l'attitude nettement résolue du détachement international qui pourra, selon les circonstances, recevoir des ordres ultérieurs si la négociation tentée n'aboutit pas. Il exhortera les insurgés à rentrer paisiblement dans leurs foyers et à se borner aux voies légales pour faire valoir leurs revendications. Les instructions ne sont d'ailleurs pas exclusives de la continuation éventuelle des pourparlers [4].

---

[1] Thérisso de Cydonie est un misérable village de 200 habitants dans les contreforts septentrionaux des montagnes Blanches. On y parvient de la Canée soit par Mourniès (25 kilomètres), soit par Alikianou, Fournès et Mescla (30 kilomètres).

[2] Instructions du comte Negri, doyen des consuls généraux, au lieutenant-colonel Benedetti, commandant supérieur des troupes internationales. Livre jaune, 29 mars.

[3] M. Maurouard, Livre jaune, 31 mars.

[4] Instructions du lieutenant-colonel Benedetti, Livre jaune, 30 mars.

Les séditieux, qualifiés du nom d'insurgés, désormais glorieux dans l'île pour avoir si souvent désigné les patriotes crétois qui luttèrent contre la tyrannie des Turcs, en prennent à leur aise puisqu'ils n'ont rien à craindre des internationaux. A l'entrevue de Fournès (1er avril), MM. Foumis et Manos déclarent au lieutenant-colonel français Lubansky ne pouvoir engager de pourparlers qu'après réponse à cette question : « quelles sont exactement les intentions actuelles des Puissances protectrices en ce qui regarde l'annexion de l'île de Crète à la Grèce? » Le lieutenant-colonel Lubansky n'a pas mission de répondre à cette question; il reprend en hâte le chemin de la Canée où les consuls lui font remettre, à 11 heures du soir, la note-réponse demandée : « Les Puissances protectrices sont unanimement d'accord pour ne pas permettre, dans les conjonctures actuelles, l'annexion de l'île au royaume de Grèce. »

Infatigable, le colonel repart à 2 heures du matin; à 8 heures (2 avril), il est à Thérisso; deuxième entrevue, à 200 mètres du village, avec MM. Vénizélos, Foumis et Manos. Ces messieurs soignent leurs gestes et leurs attitudes pour répondre à la lecture de la note (qu'ils connaissent déjà) par un instant de recueillement, et déclarer avec solennité que « représentant la pensée crétoise tout entière, leur parti s'incline devant la dernière décision des Puissances et saura ajourner la réalisation de son vœu suprême ». Suivent les développements des revendications des séditieux qui déclinent l'offre de condenser par écrit leur programme de réformes politiques et administratives pendant que le colonel, ayant passé une partie de la nuit à cheval, se reposera une heure ou deux sous un olivier; ils fourniront dans huit jours une réponse mûrie (et dilatoire). L'entrevue prend fin, stérile comme la première. Le colonel Lubansky a pourtant agi avec la dernière vigueur, repoussant le « petit café » des rebelles[1]. La voilà bien l'attitude nettement résolue !

II.

Le mouvement séditieux ainsi réprimé s'étend rapidement, gagnant Réthymno, Candie, Sitia; l'ensemble de l'île est cependant loin de désirer de nouveaux troubles; les gens laborieux et tranquilles

[1] Livre jaune, 2 avril 1905.

n'ont que faire de travailler au bénéfice de quelques agitateurs. Déjà les musulmans, inquiets d'un mouvement qui ne les vise pourtant pas, demandent la protection des Puissances. Le *Condor* paraît, le 7 avril, devant Sitia, y ramène le calme et fait enlever le drapeau grec arboré un instant aux lieu et place du pavillon crétois.

Le détachement international d'Alikianou, n'ayant pas réussi à impressionner les révoltés par la puissance de la manœuvre, est maintenant morcelé pour assurer la surveillance des élections complémentaires du 9 avril (empêchées huit jours avant, sur quelques points, par les rebelles), et les mutins se gardent bien de rien entreprendre contre les urnes protégées par les internationaux. Les Puissances sont amenées à accepter une participation plus directe de leurs contingents à la répression de la révolte; le principe du cordon militaire est encore ressuscité (mi-avril), en vue, cette fois, de barrer les principales voies d'accès vers Thérisso[1]. Des petits postes sont répartis dans les villages d'Alikianou, Varipétro, Mourniès, Malaxa-Condopoulo, Stylos, Izzeddin « points d'appui servant de soutiens à la gendarmerie pour ce service de blocus ». Les faibles effectifs des troupes européennes dans l'île ne permettent pas de faire davantage[2]. Par ailleurs, on craint pendant quelque jour des débarquements probables d'armes venues de Grèce, ce qui motive une croisière temporaire aux environs de Spada d'abord, puis entre Sphakia et Rethymno.

Le prince, ayant encore quelque espoir dans la Chambre à majorité gouvernementale, l'a convoquée pour le 20 avril. L'Assemblée réunie vote l'annexion de la Crète à la Grèce (la Chambre précédente avait formulé un simple vœu); les consuls répondent une fois de plus qu' « il n'est pas possible, dans les conjonctures actuelles, de modifier le statut politique de la Crète » et rappellent la note du 3 avril[3]. La Chambre accepte[4], le 27, la continuation provisoire du fonctionnement administratif et judiciaire suivant les lois en

---

[1] Livre jaune, 2 mai 1905. Il faut connaître les joyeux sentiers de chèvres que représentent « les principales voies d'accès vers Thérisso ».

[2] Au début de 1905, on trouve dans l'île : Français, 4 compagnies, 520 hommes, à la Canée; Italiens, 4 compagnies, 292 hommes, à la Canée; Russes, 1 compagnie à la Canée, 3 compagnies à Rethymno, 500 hommes; Anglais, 3 compagnies, 440 hommes, à Candie, sauf 50 hommes à la Sude.

[3] Voir page 182.

[4] A la rentrée de la Chambre après Pâques, les députés qui tiennent à leur tranquillité

vigueur. Les pavillons crétois, remplacés par des pavillons grecs, sont rétablis le 3 mai sans résistance.

De plus en plus rassurés sur les suites de leurs actes, les rebelles escarmouchent maintenant à droite et à gauche, sans grand dommage en général. Il faut, le 10 avril, faire à nouveau colonne vers Kandano, mais non plus dans le même but que le 8 mars 1897. Il s'agit cette fois d'aller délivrer un détachement de 40 gendarmes commandé par deux sous-officiers italiens, cerné par les mutins. 100 hommes pris dans les contingents des quatre Puissances ramènent sans encombre les gendarmes et 12 rebelles prisonniers de ceux-ci. Mais une manifestation vénizéliste les attend à la Canée; il faut rembarquer nuitamment les prisonniers à bord de la *Juno* qui les conduit à Khalyvès, d'où on les escorte à Izzeddin.

Dans les derniers jours d'avril, à Voukoliès de Kissamo, un conflit éclate entre la foule et la force publique; la caserne est incendiée et les gendarmes doivent battre en retraite en faisant usage de leurs armes. Huit morts et une vingtaine de blessés tombent, dont la plupart parmi la foule.

Le concours d'une colonne est encore requis pour aider la gendarmerie à revenir enquêter sur place et enterrer les morts. Cette coopération est admise à regret; 60 soldats italiens et russes doublent les gendarmes; les consuls anglais et français appuient l'expédition de ... leur signature au bas du protocole d'usage. L'opération projetée, contrariée par le temps, n'aboutit pas, et l'on y renonce purement et simplement.

Toute chose a son bon côté: l'affaire de Voukoliès démontre aux Français l'opportunité d'abandonner Condopoulo, « l'éventualité de l'attaque du poste de gendarmerie en avant de Condopoulo pouvant faire naître, pour notre détachement stationné dans ce village, le risque de se voir entraîné dans la lutte comme soutien de la gendarmerie[1] ». Un peu plus tard, le 14 mai, le cordon militaire était abandonné par les troupes internationales qui rentraient à la Canée « où elles étaient à peine suffisantes pour maintenir l'ordre ». Aussi le prince Georges écrivait-il le 27 mai :

votent 12,000 francs pour rémunérer des paysans armés de gourdins, enrôlés pour les protéger et imposer le respect aux vénizélistes.

[1] M. Maurouard, Livre jaune, 2 mai 1905.

Les insurgés firent savoir à la gendarmerie qui se trouvait avec les troupes internationales dans ces villages qu'ils allaient les attaquer. Dès que cette nouvelle parvint à MM. les Consuls, ordre fut donné à leurs contingents de se retirer à la Canée. La gendarmerie se voyant abandonnée et sans appui a été forcée de se retirer aussi, et les insurgés enhardis par ce nouveau succès occupèrent ces villages. Il est tout naturel ainsi que le mouvement ne pouvait qu'augmenter de jour en jour.

Ces mesures incompréhensibles et ces ordres et contre-ordres ne tardèrent pas à avoir un effet démoralisateur dans l'esprit comme dans les rangs de la gendarmerie.

Cette démoralisation amenait un certain nombre de gendarmes à déserter pour soutenir, les armes à la main, la cause des séditieux.

Les Puissances, après avoir hésité sur les moyens à employer pour enrayer la révolte, envisageaient maintenant l'envoi de renforts en Crète.

Les consuls ayant étudié la question avec les commandants des contingents proposaient (6 mai) diverses solutions : retour aux quatre secteurs (renforts nécessaires : 2 bataillons et quelques mitrailleuses par puissance); — colonnes d'opérations dans la région des rebelles (6 bataillons et demi, 3 ou 4 batteries de montagne); — blocus par terre et par mer (4 bataillons, quelques mitrailleuses, quelques navires); — simple occupation des trois grandes villes (renforts inutiles). — Une proclamation (12 mai) répétait aux Crétois que dans les conjonctures actuelles..., invitait les révoltés à déposer les armes et leur déclarait que les Puissances étaient résolues à prendre les mesures nécessaires pour maintenir l'ordre.

Le choix d'une solution militaire se faisant attendre pendant que l'Europe songeait à des envois de commissions et de commissaires, le prince Georges télégraphiait (11 juin) aux puissances :

Depuis la proclamation du 12 mai 1905 des Puissances protectrices au peuple crétois, trente jours se sont passés sans que les séditieux s'y soient soumis. La Chambre a suspendu ses séances en attendant la déposition des armes et le rétablissement de l'ordre. Les séditieux, au contraire, restant sourds à ladite proclamation et ne respectant pas la décision des Puissances, se jouent de la déposition des armes en formulant de fausses excuses. Comme cet état de choses ruine le pays et désole, sauf quelques factieux, toute la population de l'île, je prie les quatre gouvernements de vouloir bien, par une nouvelle proclamation ferme et déterminant un court délai pour la déposition des armes et en appliquant au district de la Canée les mêmes mesures prises aux districts de Candie et de Réthymno, faire respecter leur décision et mettre fin à la sédition qui pourrait épuiser la patience du pays et provoquer la guerre civile avec toutes ses suites désastreuses.

Les Anglais et les Russes venaient, en effet, d'utiliser leurs renforts[1] à l'occupation d'un certain nombre de points importants de leurs secteurs respectifs de Candie et de Réthymno. Les troupes internationales imitaient ce geste en s'établissant (6 juin) à Tsicalaria, Nérokouro, Mourniès et Périvolia, puis le 19, en quatre autres points de la côte Nord. Une compagnie française allant occuper Colymbari « était accueillie au passage du Platanos par la fusillade d'une quinzaine de rebelles dissimulés derrière des cactus; personne n'était atteint ; nos soldats ne ripostaient pas. Le lieutenant-colonel Lubansky arrêtait le mouvement pour rendre compte de l'incident à la réunion consulaire[2].

Ainsi se vérifiaient les prévisions d'après lesquelles la seule apparition de quelques soldats internationaux devait suffire à éloigner les rebelles. Des incidents analogues advenaient aux Russes à Alikianou et à Réthymno. Naturellement les chefs de la sédition désavouaient des hommes indisciplinés échappant à leur autorité.

La Russie, très décidée à réprimer la sédition, manifestait (21 juin) quelque étonnement du geste français :

Il paraîtrait qu'un détachement de soldats français, accueilli à coups de fusil par des insurgés crétois, n'a pas riposté et a suspendu sa marche. Le gouvernement russe craint que cet incident n'accrédite davantage le bruit que les troupes françaises ont ordre de ne jamais faire usage de leurs armes.

Il se préoccupe aussi de la question laissée en suspens du renforcement jusqu'à 800 hommes des divers contingents des troupes internationales. Il s'en faut encore que cet effectif soit atteint par les contingents français et surtout par le contingent italien[3].

De fait, l'Italie n'avait envoyé comme renforts (11 mai) que deux navires pouvant débarquer 200 hommes, mais pas de troupes. La France avait expédié, à la fin de mai, le *Kléber* (commandant Paupie) avec deux torpilleurs, le *Chevalier* et la *Tourmente ;* elle faisait

---

[1] 550 Anglais à Candie en fin de mai, 140 Russes à Rethymno au début de juin.
[2] Livre jaune, 19 juin 1905.
[3] M. Bompard, livre jaune, 24 juin 1905.

état de la compagnie de débarquement du *Kléber* pour estimer à 600 hommes son contingent en Crète.

Les bandes grossissant à proximité des points récemment occupés, Kissamo, Platania, Khalyvès, les consuls décidaient l'évacuation de cette région par les troupes internationales qui se concentraient une fois de plus dans un périmètre rapproché de la Canée. La région de Platania ayant été ainsi abandonnée, les rebelles y devenaient d'une arrogance extrême; il fallait les mettre à la raison. Le *Krabry* débarquait (30 juin) une colonne russe devant ce village. Accueilli par une fusillade, le détachement ripostait, soutenu par le feu de la canonnière. Les Russes, après avoir fait acte de supériorité sur les mutins en entrant dans Platania, regagnaient la Canée sans avoir subi de pertes.

Le poste de gendarmerie de Vamos, menacé par les insurgés, se retirait sur Khalyvès, à la faveur d'une nuit d'orage. La rumeur publique prêtant maintenant aux rebelles l'intention de tenter un coup de main sur la prison d'Izzeddin malgré sa garde internationale, un navire protégeait cette forteresse. Le *Condor*, de faction le 30 juin, tirait deux projectiles en avant d'une bande de factieux descendant sur Khalyvès que les Anglais venaient d'évacuer; les séditieux se dispersaient avec rapidité. Le lendemain, le commandant du *Condor* acceptait une entrevue à Khalyvès avec le chef de bande M. Manos, au retour de laquelle il déclarait avec un sens très avisé de la situation : « Les Français perdent leur prestige en Crète ».

III.

Les musulmans, de plus en plus inquiets, demandaient encore une fois (20 mai) la protection des Puissances; ne l'obtenant pas, une partie d'entre eux se résignait à l'émigration.

Ces exodes de familles musulmanes que nous voyons se produire à chaque départ de bateau pour la Turquie, appellent la sollicitude sur la situation de cette intéressante et utile partie de la population crétoise. Le nombre de ces musulmans que la gendarmerie signale comme ayant quitté l'île dépasse aujourd'hui 500, et ce courant d'émigration n'est pas arrêté. Leur départ prive la Crète d'un contingent de paisibles habitants et de bons travailleurs; beaucoup de ces braves gens s'étaient notamment adonnés à la culture maraîchère dans les environs des grandes villes; l'éclaircissement de leurs rangs sera une perte appréciable pour le bien-être et la prospérité de l'île.

Le gouvernement crétois ne paraît cependant pas se préoccuper de cette regrettable répercussion de l'agitation actuelle. Outre qu'il ne s'est jamais montré particulièrement soucieux du développement économique de l'île, il ne semble pas que sa politique soit complètement dégagée des dissentiments de religions et de races ; sans avoir persécuté les musulmans, il ne leur a pas épargné quelques tracasseries, et l'on comprend de leur part un certain défaut de confiance dans l'impartialité de ses dispositions [1].

Les consuls faisaient leur possible pour rassurer les musulmans. En ce qui concerne le secteur français, le *Condor*, déjà venu à Sitia le 7 avril, paraissait devant Sitia et Spinalonga (27-28 avril), devant Hiérapétra (15 mai), devant San-Nicolo (22 juin), calmant la population par sa présence sans avoir à intervenir très directement. Ce qui manquait le plus au secteur français, c'était l'établissement de quelques postes de soldats appuyant l'action de la gendarmerie.

L'évacuation du secteur français, en 1899, avait été parfaitement logique. Puisque cette région de l'île était pacifiée (tellement pacifiée qu'elle ne parvint pas à s'agiter sérieusement et à s'armer en 1905), il était d'une politique loyale d'en retirer le corps d'occupation. La concentration de celui-ci à la Canée laissait espérer l'envoi rapide de détachements en cas de besoin. En réalité, les effectifs un peu faibles conservés en Crète ne le permirent pas ; il faut beaucoup de soldats pour peu de besogne quand ils ne font pas usage de leurs armes, et le secteur français dut attendre pour recevoir quelques hommes l'arrivée des renforts français en Crète.

L'envoi de 200 soldats était décidé le 2 juillet ; ils débarquèrent le 3 août à la Canée où 130 Italiens étaient arrivés trois jours auparavant. Dès le 4, le *Kléber* conduisait 65 hommes à Sitia, 35 à San-Nicolo. A la fin d'août, le lieutenant commandant à San-Nicolo se rendait seul à Néapolis où les rebelles bloquaient la gendarmerie crétoise et les décidait à se retirer. Par prudence, Sitia et San-Nicolo étaient (2 septembre) renforcés de 60 et 40 soldats. Le bruit des visées de M. Manos sur Hiérapétra et sa douane avait déjà fait songer à réoccuper ce point ; on s'y décidait à la suite d'un conflit (25 septembre) entre gendarmes et rebelles à Kavousi, près de Tourloti. On expédiait 60 hommes à Hiérapétra et 40 hommes de renfort, partagés entre Sitia et San-Nicolo.

[1] M. Mourouard, Livre jaune, 20 mai 1905.

La Russie, dont on disait en Crète : « Elle protège l'ami du tsar [1] », avait trouvé la note juste en prenant une attitude ferme vis-à-vis de la sédition dont les agissements étaient sans excuse. Elle avait déjà à son actif l'affaire de Platania. Elle tentait une nouvelle opération militaire (7 août) pour reprendre aux rebelles la douane de Panormo de Mylopotamo, tombée entre leurs mains. 200 soldats amenés par le *Krabry* se disposaient à débarquer après que la canonnière eût bombardé le village qui n'avait pas hissé le drapeau blanc dans le délai fixé ; la fusillade des mutins les en empêchait et blessait légèrement un soldat. Le *Krabry* rouvrait le feu jusqu'à 6 heures du soir, puis partait pour Réthymno sans avoir accompli son programme.

Les rebelles, mécontents de l'attitude des Russes, tentaient le 14 une attaque contre le poste de Coubé, voisin de Réthymno ; le 15 au matin, les Russes devaient se replier sur la ville. Le colonel Ourbanovitch reprenait alors Coubé avec 400 soldats et délogeait, vers 5 heures du soir, les 250 factieux du village d'Azzipopoulo sur lequel ils s'étaient appuyés [2]. Il n'était plus question, cette fois, de coups de feu accidentels tirés sur les internationaux par des irresponsables.

Les Anglais, de leur côté, avaient à intervenir à main armée pour dégager (14 août) leurs postes d'Agios-Miro et de Korphès serrés de près par les séditieux. Une compagnie anglaise accueillie par le feu des révoltés (1 soldat blessé), ripostait en se portant en avant ; les mutins évacuaient leurs positions.

Le résultat de ces leçons ne se faisait pas attendre ; dès le début de septembre, les rebelles « vivement pourchassés par les Russes à Réthymno, sévèrement traités par les Anglais à Candie, avaient presque totalement abandonné ces deux secteurs », quelques-uns passant dans la province de Sitia, la grande majorité se concentrant dans les secteurs de la Canée et de Kissamo. Dans ce dernier ils avaient les coudées franches, les Italiens ne se décidant à occuper dans leur secteur, vers le 10 septembre, que la seule ville de Kissamo.

---

[1] Le prince Georges avait, dans un voyage au Japon (1891), protégé la vie de Nicolas II. alors tsarévitch, attaqué par un énergumène. Le tsar, resté très reconnaissant, écartait maintenant des pas de son ami les mutins et les consuls.

[2] 1 tué chez les Russes, 7 chez les mutins.

Voici les opérations de vive force terminées. Il ne conviendrait guère de ranger dans cette catégorie la délivrance par le *Chevalier* (22 août), sans coup férir, de quelques gendarmes et douaniers bloqués au cap Sidero par les rebelles. Il faut pourtant la mentionner comme unique incident militaire dans le secteur. La France recueillait encore une fois le bénéfice de l'heureuse influence de ses marins et de ses soldats de 1897 dans cette région, où demeuraient très vivants les souvenirs de l'amiral Pottier, de MM. Destelle, Chevalier, Dupourqué et de leurs collaborateurs. Le lien de sympathie se renouait de suite, la confiance renaissait ; les agitateurs n'avaient que faire ici et l'ordre n'était désormais plus troublé dans la province. A la demande des habitants, les Français occupaient Tourloti le 10 octobre et Néapolis peu après. Comme en 1898, le secteur était le premier à déposer les armes; 60 fusils étaient remis à Sitia dès les premiers jours d'octobre. Mais n'anticipons pas.

IV.

Que devenait pendant ce temps la situation générale du pays ? La situation ne laissait pas que d'être un peu paradoxale. Le prince Georges perdait chaque jour de son prestige et de son autorité ; son parti allait se désagrégeant et l'on pouvait prévoir que la conclusion de la rébellion, quelle qu'elle fût, ne se présenterait pas à son avantage. Comment d'autre part les Puissances, dépositaires de la Crète avec promesse d'y maintenir et faire respecter les droits suzerains de la Turquie, pouvaient-elles encore, en 1905, être représentées dans l'île par un prince grec annexionniste, défenseur temporaire de l'autonomie contre les autonomistes ayant arboré le drapeau de l'annexion ? Comment un conseiller de ce prince, M. Coundouros, « ne pouvant accepter comme membre du gouvernement, l'inaction et le manque d'énergie contre les séditieux », démissionnait-il « pour se rendre dans la montagne et y lever l'étendard de l'annexion[1] » ? Ces anomalies, quelques autres encore, ne demeurent pas incompréhensibles : ce sont choses de Crète, qui n'étonnent plus quand on connaît l'optimisme naturel de la diplomatie, quand on sait que dans l'île une idée est aussi propre à servir de prétexte à la révolte que la révolte à donner des armes à une idée.

[1] Livre jaune, 24-25 juin 1905.

Les rebelles... les rebelles commençaient à être très embarrassés de leurs faciles succès. Leurs chefs savaient fort bien d'avance que l'Europe n'accorderait pas l'annexion dont ils jouaient « visant ainsi à une surenchère du patriotisme pour grossir le nombre de leurs partisans et créer des embarras au prince [1] ». Ils avaient donné à leurs adeptes une assemblée générale, l'annexion, beaucoup de paroles, beaucoup de discours, toutes monnaies courantes en pays crétois ; mais, à part le trouble jeté dans l'île grâce au mutisme des fusils européens, et les timbres émis pour la plus grande joie des philatélistes, ils se trouvaient fort empêchés de procurer quelque avantage à leur pays bien aimé. Non pas qu'ils n'eussent à présenter de justes revendications dont les diplomates n'hésitaient pas à reconnaître le bien-fondé.

Plusieurs de leurs revendications en matières de réformes seraient en harmonie avec l'esprit des populations gréco-crétoises. L'allusion qu'ils font au besoin de développement économique de l'île correspond à un idéal des plus désirables.

On ne saurait méconnaître que la révolte est dirigée surtout contre le gouvernement actuel de l'île, et les plaintes qui s'élèvent ne paraissent point totalement infondées.

Outre le manque de développement de la prospérité matérielle, on reproche notamment au gouvernement et au prince l'exercice de pressions directes pour le soutien de candidatures officielles aux élections de 1903, l'application de mesures arbitraires et vexatoires envers les adversaires politiques du gouvernement.

Il semble incontestable que l'esprit du peuple crétois a été affecté par des procédés autoritaires. En outre, au point de vue économique (travaux publics, encouragements et améliorations de l'agriculture, judicieux emploi et méticuleux contrôle des deniers publics, etc.), rien ou à peu près rien n'a été fait [2].

Inutile d'entendre plus longtemps ce réquisitoire contre le mandataire de l'Europe. Mais, pour justes que fussent ces plaintes, il était impossible de les prendre en considération, présentées par des séditieux les armes à la main. De sorte que, dès la fin de mai, malgré l'extension et les progrès apparents de la révolte, les agitateurs « se voyant acculés à une impasse n'étaient pas absolument insoucieux de la voie qui s'offrait à eux pour en sortir ». Mais il est

[1] Livre jaune, 17 avril 1905.
[2] Livre jaune ; M. Maurouard, 26 mars ; M. Delcassé, 14 avril ; M. Maurouard, 17 avril ; 15 juillet.

plus facile d'entraîner un parti à franchir le Rubicon qu'à le repasser à nouveau ; aussi les meneurs arguaient-ils maintenant de leur peu d'influence sur leurs partisans pour s'excuser de ne pouvoir les amener au désarmement. Ils renonçaient déjà tacitement à l'annexion et parlaient (16 juin) d'une union administrative et financière avec la Grèce. En attendant la solution à intervenir, ils souffraient du mal endémique des jours troublés : le défaut d'argent, cherchaient en vain à s'emparer de quelques douanes (Panormo, Hiérapétra), puis, sans plus de succès, en septembre, à contracter un emprunt de 100,000 francs en Grèce. Il fallait décidément leur tendre la main pour les sortir de ce mauvais pas.

La population payait naturellement les frais de ce réveil patriotique ; le commerce et l'agriculture étaient en souffrance ; nombre de chrétiens regrettaient de ne pouvoir vivre en paix. N'exagérons rien ; le pays n'était nullement à feu et à sang ; il conservait en grande partie son aspect habituel. Le nombre des malandrins, débarrassés de la gendarmerie, et l'audace de leurs déprédations avaient toutefois notablement augmenté, enlevant aux honnêtes gens la sécurité du lendemain, paralysant les transactions, exposant ce peuple craintif et impressionnable à l'excès à quelque panique. Les musulmans en particulier, redoutant toujours que le mécontentement des uns et des autres se passât sur leur dos, n'étaient qu'à demi-rassurés par les bonnes paroles des gouvernementaux et des rebelles. Aussi l'émigration et la concentration dans les villes rappelaient-elles, bien que sur une échelle plus modeste, les temps de l'insurrection.

La Turquie déclarait n'admettre ni les prétentions annexionnistes (2 avril) ni même leurs succédanés.

L'assemblée révolutionnaire de Crète a remis dernièrement aux consuls généraux des quatre Puissances protectrices une requête pour demander que l'administration de l'île soit confiée à la Grèce sous la suzeraineté de S. M. I. le Sultan.

D'ordre de mon gouvernement, j'ai l'honneur d'informer Votre Excellence que la Sublime Porte ne doute point que les Puissances, fidèles à leurs engagements, ne rejettent cette demande comme entièrement inadmissible. Elle n'en croit pas moins cependant devoir porter à la connaissance de Votre Excellence qu'elle ne pourrait jamais y adhérer à aucune condition [1].

---

[1] Livre jaune, note de l'ambassadeur de Turquie à Paris, 29 juin 1905.

déserteurs et autres mutins exclus de l'amnistie, s'ils ne passaient
Il restait aux Puissances le bénéfice de débrouiller la situation.
En avril, l'Italie provoquait la réunion de la Conférence crétoise qui
proposait (5 mai) l'envoi d'un conseiller du haut commissaire. On
renonçait bientôt à la nomination de ce maire du palais à cause de
son choix difficile, de sa tâche plus délicate encore. Les consuls faisaient leurs propositions (6 mai) pour la répression des troubles [1].
La Russie et l'Angleterre prônaient (11 mai) la réoccupation des
quatre secteurs. Suivaient la proclamation des consuls (12 mai)[1],
un projet (8 juin) d'envoi d'une commission internationale d'examen
des réformes, le télégramme du haut commissaire (11 juin)[1]. Une
nouvelle proclamation des consuls (15 juillet) pouvait se résumer
ainsi : impossibilité de l'annexion, confirmation de la promesse
d'étude bienveillante des réformes intérieures, sommation aux
rebelles de déposer les armes dans la quinzaine, promesse d'amnistie comprenant tous les séditieux hormis les criminels de droit
commun et les déserteurs de la gendarmerie, application de la loi
martiale en cas d'insoumission. Le comité de Thérisso ayant envoyé
une réponse dilatoire, aucune arme n'ayant été remise, la loi martiale était proclamée (31 juillet) (commissions militaires internationales de justice et de police de 1897). L'arrivée des renforts
italiens et français permettait de réaliser plus complètement (août)
la reconstitution des secteurs. La Chambre crétoise, réunie à nouveau le 7 septembre, venait en secours aux Puissances en votant,
avant de se séparer (14), plusieurs réformes vénizélistes, ce qui du
même coup atteignait les thérissiotes dans leur attitude protesta-
taire et leur ouvrait une porte de sortie.

La démoralisation des agitateurs ramenés à la raison par quelques opérations militaires se traduisait le 6 octobre, et plus ouvertement le 20, par la renonciation à leurs revendications pour
lesquelles ils s'en remettaient aux Puissances protectrices. Les
révolutionnaires impénitents demandaient à conserver leurs armes
et à passer en Grèce. Cette combinaison ébauchée était abandonnée
au moment d'aboutir (6 novembre), mais sans inconvénient, car les
révoltés venaient à résipiscence (7) en acceptant de remettre pour le
moins 700 fusils avec environ 25,000 cartouches. Les gendarmes

[1] Voir p. 189.

ouvertement en Grèce, quittaient du moins l'île avec le consentement tacite des consuls. Après quoi, les rebelles ayant satisfait aux conditions posées par les Puissances pour la remise des armes et des munitions, l'amnistie visant les faits politiques relatifs à la sédition était proclamée le 25 novembre 1905. Le « Mouvement de Thérisso » était terminé [1].

CHAPITRE III.

Le départ du prince Georges (25 septembre 1906).

L'harmonie n'en restait pas moins détruite entre le haut commissaire et son peuple, entre les Puissances et leur mandataire. Pour qui espérait une paix durable les élections des maires, en janvier 1906, furent une désillusion. Déjà l'importation des armes venant de Grèce avait recommencé. La campagne électorale, vivement menée, comportait quelques précautions à prendre pour la surveillance des urnes, ce qui fut fait. Si le secteur français resta paisible, si dans la zone anglaise il n'y eut qu'un meurtre, si les Russes assurèrent chez eux le calme avec la victoire des gouvernementaux, des troubles eurent lieu dans le secteur italien, notamment à Kambano de Selino où le poste de 10 hommes dut faire usage de ses armes et perdit un soldat blessé d'abord puis massacré avec des raffinements de sauvages. Ces mœurs électorales en disaient long sur le degré de civilisation du pays [2].

Aussi les élections législatives de mai furent-elles entourées de plus de précautions encore. Les Puissances exigèrent leur scission en deux séries, permettant d'occuper les centres de vote avec des détachements plus imposants. On procéda au scrutin le 20 mai dans les secteurs italiens et anglais, le 27 dans les secteurs russes et français; tout se passa sans incident.

Pour les gens férus de statistique il serait curieux de rechercher pourquoi en janvier, sur 70 maires, la Crète choisissait 23 gouvernementaux, 44 vénizélistes, tandis qu'en mai les gouvernementaux

---

[1] Le *Kléber* rentrait en France à la fin de décembre.

[2] On juge toujours les gens de son point de vue. « Un diable est parti, quatre autres sont venus », disaient les Crétois mécontents de leurs protecteurs.

enlevaient 78 sièges à l'Assemblée avec 37,000 voix, les vénizélistes se contentant de 52 avec 32,000 suffrages. Les partisans de la représentation proportionnelle trouveraient aussi là sujet à remarques intéressantes; mais passons.

Les marins n'avaient à s'occuper de politique (et combien peu !) que les jours de vote pour la surveillance des urnes, leurs loisirs étant meublés par la chasse aux contrebandiers. L'importation des armes nécessitait, dès février, une répression que les gouvernements ou leurs consuls ne surent pas établir concordante; chaque nation devait surveiller son propre secteur. L'entente cordiale et l'initiative intelligente des commandants français et anglais les mettaient d'accord pour se prêter un mutuel concours, sous réserve de ne pas débarquer dans le secteur d'autrui. La *Flèche* (commandant Roque) qui avait remplacé en Crète le *Chevalier* et la *Tourmente*, prêtait son aide au *Condor* pour ces opérations qui restaient sans résultat tangible.

L'Europe avait envoyé en Crète des délégués pour étudier les réformes administratives à introduire dans l'île. Les conclusions de leurs travaux et propositions faisaient l'objet d'une note des Puissances (23 juillet 1906) exprimant leur « désir de tenir compte dans la limite du possible des légitimes aspirations de la Crète ». Elles jugeaient « possible d'élargir dans un sens plus national l'autonomie de l'île et de prendre une série de dispositions de nature à améliorer la situation matérielle et morale de la Crète » : réforme immédiate de la gendarmerie et création d'une milice où l'élément crétois-hellénique[1] pourrait être développé progressivement, sous la réserve que les officiers hellènes seraient rayés des cadres de l'activité de l'armée grecque[2]; retrait des forces internationales aussitôt que la gendarmerie et la milice crétoises seront formées et mises sous les ordres du haut commissaire, que l'ordre et la tranquillité seront rétablis et que la protection des musulmans sera assurée; prolongation de la surtaxe douanière de 3 p. 100, permettant de gager un emprunt de 9 millions dont 6 réservés à des travaux d'utilité publique; extension à la Crète de la commission de contrôle des finances helléniques, nomination d'un inspecteur

---

[1] « Ni annexion, ni occupation », disait la diplomatie en 1904.
[2] La Turquie s'est plainte à diverses reprises de l'oubli de cette clause.

(étranger) des finances ; ajournement jusqu'en 1911 du payement des intérêts et de l'amortissement de l'avance de 4 millions consentie à la Crète par les Puissances ; instructions aux ambassadeurs en vue de régler les affaires pendantes : drapeau crétois, actes judiciaires, Crétois prisonniers en Turquie, droits de phares, taxes télégraphiques, nomination des cadis, protection des Crétois à l'étranger et en Turquie [1] ; traitement sur un pied d'égalité absolue des éléments chrétien et musulman (fonctions publiques); formation d'une commission mi-crétoise mi-consulaire pour examiner les cas de dépossessions de mosquées, terrains....., commises au préjudice des collectivités musulmanes. Et la note concluait : « tout pas en avant dans la réalisation des aspirations nationales est subordonné à l'établissement et au maintien de l'ordre et d'un régime stable. » Le pays retirait un bénéfice marqué de l'agitation de 1905.

Ce n'était pas tout. Les perpétuelles menaces d'agitation, l'avortement assuré de toute tentative de réforme économique, la continuation des menées du prince Georges, la désaffection complète des Crétois à son égard avaient convaincu les Puissances de la nécessité de se séparer de leur mandataire. La Grèce prévenue de cette décision hésitait un peu à l'admettre; le roi Georges, le prince surtout auraient volontiers maintenu les choses en l'état et conservé cette situation de 200,000 francs. Les Puissances déclaraient alors que « pour manifester leur désir de tenir compte dans la limite du possible des aspirations du peuple crétois et de reconnaître d'une façon pratique l'intérêt que S. M. le roi des Hellènes doit toujours prendre à la prospérité de la Crète, elles se sont mises d'accord pour attribuer à Sa Majesté, toutes les fois que le poste de haut commissaire deviendra vacant, le droit de désigner un candidat capable d'exécuter le mandat des Puissances et de porter son choix officiellement à leur connaissance ». Quel moyen, vraiment, de repousser une offre de suzeraineté aussi peu déguisée? Le roi de Grèce considérant que cette concession, jointe à celle de la gendarmerie et de la milice, « constituait un pas vers la solution souhaitée par le vœu

---

[1] Presque tous ces desiderata sont restés en suspens. Le défaut d'entente avec la Turquie a, notamment, empêché jusqu'à ce jour (1910) la construction de quelques phares (Spada, Elaphonisi) dont le besoin serait urgent. Les navigateurs ne peuvent pourtant pas acquitter doubles droits au gouvernement crétois et à la Société des phares de l'empire ottoman.

unanime des Crétois », donnait son acceptation (14 août). Restait à obtenir le consentement du prince Georges ; une vigoureuse campagne de la presse hellénique se chargeait de l'enlever. Le prince démissionnait le 18 août. Nommé par les Puissances, remercié par elles, il lui appartenait de montrer à quel moment l'Europe s'était méprise sur sa valeur.

Le cuirassé grec *Psara* était venu à la Sude où le prince Georges devait s'embarquer à son bord le 25 septembre. Redoutant une journée un peu agitée, les consuls avaient provoqué certaines mesures d'ordre, mais avec le défaut d'ensemble et de fermeté qui caractérise les indécis. Certains stationnaires mettaient à terre leur corps de débarquement que d'autres conservaient à bord ; les postes placés çà et là avaient la consigne de ne prodiguer aux agités que les exhortations et les bons conseils.

Vers midi, les hauteurs dominant l'arsenal de la Sude se garnissaient de 200 à 300 hommes armés de fusils ; d'autres partisans occupaient la route. Les consuls avisés à Halépa détachaient à la Sude MM. Maurouard et Fasciotti, consuls généraux de France et d'Italie, pour vérifier la situation et informer les stationnaires de la modification du programme : la présence de bandes armées à la Sude et sur la route faisant craindre des incidents sérieux, peut-être même une tentative d'enlèvement du prince, celui-ci acceptait d'embarquer à la Canée, les consuls déclinant toute responsabilité s'il se rendait à la Sude.

Les nouvelles vont vite ; les consuls de retour à Halépa y étaient précédés par des partisans mobilisés pour empêcher le départ du prince. Ayant forcé le passage défendu par un poste de 15 hommes armés de bonnes paroles, les émeutiers s'étaient partagés en deux bandes ; la première, se portant vers le palais[1] du haut commissaire, s'arrêtait pour ouvrir le feu sur le consulat général de Russie, blessant un soldat et foudroyant d'une balle au front un cavas, à la fenêtre que le consul général venait de quitter[2], à peu près en même temps que la seconde, ayant débordé le poste des tribunaux, arrivait par la route de la Canée au petit ravin à l'entrée de Halépa. Il était environ 4 h. 30.

---

[1] Villa modeste à Halépa.

[2] L'assassin connu eut la gracieuseté de faire exprimer ses regrets aux parents de la victime, « la balle étant destinée au consul général ».

Cette seconde bande de 200 Crétois armés, conduite par un avocat, veut aller saluer le prince. — « Très bien, leur dit le colonel Lubansky[1], descendu au-devant d'eux, mais il vaut mieux vous y rendre sans armes. — Impossible, nous avons des ordres ! — Des ordres de qui ? —... Enfin nous voulons passer. — Je vous fais remarquer que vous troublez l'ordre public, et que je vais être obligé de vous contraindre par la force. — Fusillez-moi le premier, déclare l'avocat ouvrant les bras devant des balles imaginaires, mais nous passerons ! »

50 hommes de chaque contingent stationnent à l'entrée de Halépa depuis 2 heures du soir pour rendre les honneurs au prince (le reste des troupes est à la Canée). Le colonel Lubansky, remontant, suivi des partisans, ordonne à l'officier commandant le détachement français de faire charger les armes. Il n'en faut pas plus pour que tous ces Achilles s'éparpillent comme une volée de moineaux, fuyant vers la Canée. Les Français n'ont pas à ouvrir le feu.

Les Russes, par contre, voient rouge après l'attaque de leur consulat et tirent sans compter. Cette fusillade entre eux et les émeutiers ne va pas sans quelque dommage pour les curieux inoffensifs. Le consul général d'Italie et le vice-consul de France ont une belle attitude au milieu de cette bagarre, M. Fasciotti s'occupant avec beaucoup de sang-froid à calmer le désordre, M. Missir le secondant, faisant relever un mort et des blessés, détournant un coup de fusil tiré à bout portant sur le colonel Lubansky. Les émeutiers disparaissent, le calme renaît.

Le colonel qui a été superbe de calme et d'allure[2] se rend chez le haut commissaire et lui fait entendre qu'après ce qui vient de se passer il n'a plus qu'à partir discrètement. Les bandes avaient à leur tête des émissaires du prince connus des consulats, des douaniers, un cavas du palais en tenue. Le gouvernement et l'entourage du prince, le prince lui-même ont provoqué ce mouvement, dont le défaut de spontanéité est mis en évidence par le calme qui a régné partout ailleurs. Le palais a semé le bruit que le prince partait forcé

---

[1] Commandant supérieur des troupes internationales.

[2] Il ne faudrait pas juger le colonel Lubansky sur son attitude à Thérisso et au Platanos, situations spéciales où il agissait selon les ordres reçus qui ne correspondaient guère à son caractère jeune et entreprenant. Ce chef distingué, de grande valeur et de haute intelligence, mourait subitement deux mois plus tard, très regretté à la Canée où es témoignages de sympathie furent nombreux à ses obsèques.

par les consuls à quitter la Crète et a provoqué ainsi ces violences contre les consulats. S'il y a eu des morts et des blessés des deux côtés, la faute en incombe au haut commissaire et à son entourage.

S. A. R. le prince Georges s'embarque sans aucun honneur à 6 heures, au bas des rochers qui sont derrière le palais et se rend à bord du *Psara*, venu de la Sude à Halépa. Le cuirassé ne manque pas de saluer de 21 coups de canon le prince qui, par sa légèreté, vient de faire tuer une dizaine de personnes. Le départ de Djevad-Pacha était plus digne.

CHAPITRE IV.

Vers l'annexion.

M. Zaïmis, ancien président du conseil des ministres, désigné par le roi de Grèce, avait été agréé par les Puissances pour succéder au prince Georges. Les stationnaires allèrent le saluer à Milo et le conduisirent en Crète (1er octobre 1906). Le choix de M. Zaïmis était des plus heureux pour l'île ; homme de gouvernement ayant déjà donné la mesure de sa valeur, il possédait l'expérience qui manquait à son jeune prédécesseur. Silencieux et peu communicatif, il se tint à l'écart des coteries, ignorant les annexionnistes, autonomistes et autres variétés, travaillant pour le pays et son relèvement économique. Son administration, peu fertile en incidents, se résumerait mieux avec des chiffres qu'avec des mots. Laissons momentanément les premiers de côté comme trop arides, et mentionnons en passant, quelques modifications et faits divers.

Les officiers de carabiniers italiens, instructeurs de la gendarmerie, étaient remplacés (29 décembre 1906) par des officiers de l'armée grecque, qui fournissait aussi le cadre d'officiers de la milice destinée à succéder aux troupes internationales pour le maintien de l'ordre.

En juillet 1907, le *Faucon* ramenait 94 soldats libérables du secteur français. Hiérapétra, San-Nicolo, Néapolis étaient évacués en septembre ; il ne restait dans le secteur qu'un poste de 40 hommes à Sitia, sous les ordres d'un lieutenant. En juillet 1908, le dernier soldat quittait le secteur français au moment où les Puissances diminuaient de moitié leurs effectifs en Crète (27 juillet) avec promesse de rappeler le reste dans un an si le pays restait calme.

Ces menus faits, d'autres encore, comme le changement des consuls généraux après le départ du prince Georges et les tendances philhellènes des nouveaux agents diplomatiques, étaient autant d'indices d'une demi-annexion, en attendant le complément qui semblait inévitable et prochain.

La surprise des Puissances leur fut donc bien personnelle quand, à l'annonce du coup d'état bulgare, de la mainmise de l'Autriche sur la Bosnie-Herzégovine, la Crète pensa le moment venu de réaliser son rêve, profitant des embarras de la Turquie pour forcer légèrement la main à ses protecteurs.

Le 7 octobre 1908, l'annexion de la Crète à la Grèce était proclamée à la Canée [1]. De nombreux habitants, accourus des environs, accompagnaient ensuite dans le plus grand calme une délégation qui venait présenter un manifeste à notre consul général M. Bertrand [2]. La journée se compliquait au moment de l'apparition du drapeau grec aux lieu et place du pavillon crétois voisinant à Firka avec ceux des Puissances. Les soldats chargés de la garde des pavillons amenaient peu après ce drapeau grec, pendant qu'une compagnie de miliciens crétois, d'attitude très loyale, barrait résolument le chemin aux agités prêts à quelque esclandre. Trois membres du gouvernement approuvaient officiellement les événements de la journée, le quatrième, musulman, avait pris à temps un congé administratif [3].

Le lendemain, le gouvernement, les fonctionnaires, la gendarmerie et la milice crétoises conduites par leurs officiers grecs, prêtaient serment de fidélité à S. M. le roi des Hellènes devant le métropolite. Le pavillon crétois n'existait plus qu'à Firka et à l'arsenal de la Sude; les insignes crétois étaient partout ailleurs remplacés par les emblèmes helléniques : grecs les innombrables pavillons arborés, grec l'écusson de la gendarmerie, grecque la cocarde des troupes, grecque la surcharge des timbres, grec le sceau officiel... Le haut commissaire manquait à la fête; un heu-

----

[1] Pour la quatorzième fois depuis 1830 assure M. Reinach. (La question crétoise vue de Crète.)

[2] La délégation avait une surprise joyeuse; le consul général acceptait la proclamation tout en protestant qu'il n'y avait plus désormais en Crète de gouvernement légal. Le « geste » était acquis.

[3] Conseillers au pouvoir, MM. Papamastorakis, Pologiorgis, Modatsos, Nizim-Farfourakis.

reux congé l'avait éloigné de Crète 48 heures avant l'événement. Il n'y avait là contre lui que les apparences d'une absence préméditée; il négligeait toutefois de rejoindre son poste en usant du stationnaire russe, envoyé à ses ordres. La Chambre réunie déposait le gouvernement, et nommait le 14 un gouvernement provisoire de 5 membres, MM. Michelidakis, Vénizélos, Logiadis, Pôlogiorgis, Petychakis.

Passé la première minute d'étonnement, les Puissances acceptaient d'un cœur léger ce loyalisme étrange conduisant tous leurs mandataires à la défection; témoin la note du 28 octobre :

Les Puissances protectrices considèrent l'union de la Crète avec la Grèce comme dépendant de l'assentiment des Puissances qui ont contracté des obligations avec la Turquie.

Elles ne seraient pas éloignées néanmoins d'envisager avec bienveillance la discussion de cette question avec la Turquie si l'ordre est maintenu dans l'île, et si, d'autre part, la sécurité de la population musulmane est assurée.

Il est permis de supposer que si la reconnaissance de l'annexion n'avait dû entraîner du même coup l'acceptation du geste autrichien en Bosnie-Herzégovine, la Crète serait unie à la Grèce depuis octobre 1908.

A défaut de cette reconnaissance, les relations continuaient cordiales entre l'Europe et le gouvernement provisoire substitué à ses mandataires. Le 13 juillet 1909, une note des Puissances à la Porte déclarait que les troupes internationales évacueraient la Crète le 26.

Les quatre Puissances enverront chacune à la Sude un stationnaire et elles l'y maintiendront pour garder le pavillon impérial ottoman et les pavillons des quatre Puissances, ainsi que pour garantir la sécurité des Crétois musulmans.

La présence à la Sude des stationnaires témoignera du maintien des droits suprêmes de S. M. le Sultan sur l'île et de la protection des quatre Puissances.

Le présent *statu quo* ne pouvant être considéré comme une solution définitive, les gouvernements des quatre Puissances protectrices n'en continueront pas moins de s'occuper avec bienveillance de la Crète, en se réservant de saisir un moment plus opportun pour négocier avec la Sublime Porte au sujet du régime futur de l'île.

Les relations n'étaient pas moins bonnes entre les divers contingents qu'entre la Crète et l'Europe; l'heureuse influence du colonel

Delarue, commandant supérieur des troupes internationales, secondée par la bonne volonté et la courtoisie de chacun, terminait cette phase de l'occupation crétoise par le spectacle d'une réelle camaraderie internationale. Après s'être livrés en commun à des concours de tir, à des exercices en campagne permettant de comparer les méthodes de chacun, les divers contingents procédaient maintenant aux agapes et épanchements du départ. Les officiers de chaque Puissance, les officiers grecs, la municipalité de la Canée multipliaient à tour de rôle les réceptions dans lesquelles la sympathie et le champagne coulaient à flots.

Cependant, sans qu'on pût comprendre pourquoi, les modestes stationnaires des Puissances étaient remplacés ou renforcés à la Sude par des bâtiments puissants. Pourquoi ce geste de méfiance vis-à-vis des Crétois dont le départ des troupes récompensait la sagesse [1] ?

Le lundi 26 juillet, les commandants des contingents reçus par le gouvernement sous un arc de triomphe entendaient un discours de M. Vénizélos leur adressant les remerciements de la Crète et ses vœux de bon voyage. Le dernier soldat européen partait le jour même. Tout allait pour le mieux ; les Crétois avaient par leur sagesse bien mérité de l'Europe qui tenait sa promesse en les débarrassant de sa tutelle immédiate. — Ceci était pour le public ; dans la coulisse « l'affaire du pavillon » était ouverte depuis trois jours.

CHAPITRE V.

L'affaire du pavillon (18 août 1909).

Le seul geste complémentaire vers l'annexion que pût actuellement commettre la Crète était l'abandon définitif de son propre drapeau remplacé par les couleurs helléniques. Le vendredi 23 juillet, des délégués du gouvernement crétois avisaient le corps consulaire de l'obligation où ils allaient se trouver d'arborer le pavillon grec à la Canée, à la Sude, à Candie après le départ des troupes ; telle était la volonté formelle du pays à laquelle ils ne pouvaient résister. La

---

[1] Stationnaires: *Diana, Faucon, Khivinetz* (italien, variable).
Renforts : *Duncan, Jules-Michelet, Vettor-Pisani, Oleg.*

désapprobation de ce geste par les consuls fit espérer un instant aux délégués qu'ils tenaient le *non possumus* secrètement désiré, derrière lequel ils s'abriteraient pour déclarer au peuple qu'ils ne cédaient qu'à la force. Mais une solution aussi nette eût été contraire à toutes les traditions. Le corps consulaire, tenant sans doute pour négligeable un pavillon de plus ou de moins dans l'île où trois seuls drapeaux crétois flottaient encore[1] à côté de centaines de pavillons grecs tolérés depuis dix mois par l'Europe avec tous les signes extérieurs de l'annexion, un peu ému de la démission possible du gouvernement obligé de s'incliner devant la force[2], s'en tenait à des conseils d'abstention, n'ayant pas d'ordres pour interdire aux Crétois le geste annoncé, ne jugeant d'ailleurs pas la question assez sérieuse pour être portée à la connaissance des divers gouvernements.

Cette absence d'instructions ne concernait-elle que Candie et la Canée, puisque « jamais à la Sude un pavillon grec ne saurait flotter devant les stationnaires » ? Ou bien la complaisance nécessaire faisait-elle défaut aux marins ? Le 26 au soir, le dernier croiseur attardé à la Canée était invité par son consul à partir de bonne heure le lendemain, « pour ne pas voir le pavillon grec hissé sur Firka ».

Les couleurs helléniques étaient en effet arborées, le 27, à la Canée et à Candie. Mais les temps étaient changés. Si la révolution turque du 24 juillet 1908 avait ouvert une porte à tous les espoirs d'affranchissement, le coup d'état du 13 avril 1909 avait singulièrement précisé la situation. La Jeune-Turquie, à laquelle le bénéfice de la Constitution « semblait » avoir déjà coûté la Bulgarie, la Bosnie et l'Herzégovine, la Jeune-Turquie, aux aspirations nationalistes, ne pouvait sous peine de déchéance consentir à un nouveau sacrifice, fût-il plus apparent que réel. Profitant des heureuses dispositions de l'Europe à son égard, tablant non sans raison sur la fai-

---

[1] A la Canée (Firka), à la Sude (arsenal), à Candie (remparts). Ces trois pavillons hissés et surveillés par les soldats internationaux étaient appelés à disparaître tout naturellement au départ de ceux-ci.

[2] Cette perspective est un épouvantail des consuls qui n'ont peut-être pas assez considéré l'autre face de la médaille. Qui donc serait le plus embarrassé de l'Europe ou de la Crète en cas de quarantaine prolongée ? Le tablier se jetterait moins souvent à la tête des protecteurs s'il était bien établi que le pouvoir lâché sans assurer l'expédition provisoire des affaires ne se reprend plus par la suite quoi qu'il arrive.

blesse des Hellènes, la Turquie rappelait ses titres de souveraineté sur l'île à la Grèce se faisant toute petite pour éviter une guerre désastreuse, aux Puissances dépositaires de la Crète et gardiennes des droits suprêmes du sultan, exigeait la disparition des pavillons grecs hissés depuis le départ des troupes. La Grèce adjurait les Crétois d'amener ces drapeaux; les Puissances le leur enjoignaient. Peine perdue ! Ces enfants terribles ne voulaient rien entendre.

Les malheureux officiers grecs de la milice et de la gendarmerie se trouvaient du coup pris entre deux feux : d'un côté, l'Idée et ses adeptes; de l'autre, leur loyalisme envers leur souverain dont les ordres les orientaient maintenant vers la modération et la prudence. Leur intervention dans ce sens ne leur valait de leurs troupes, de leurs frères hellènes qu'insubordination, insultes et avanies[1]. Les insulaires, perdant toute mesure, défiaient maintenant l'Europe et la Turquie. Puisque la Grèce les abandonnait lâchement, ils voulaient mourir pour l'annexion. Et d'abord les Turcs pouvaient venir, ils sauraient les recevoir[2].

L'Europe, sans s'arrêter à si noble projet, ordonnait, le 12 août, d'amener le pavillon hellénique de Firka, en employant la contrainte s'il était nécessaire. Le doyen des commandants, consulté, déclarait aussitôt n'avoir pas sous la main les forces voulues pour semblable opération, et le corps consulaire demandait une fois de plus des renforts[3].

[1] Des pavillons grecs arborés aux diverses casernes et postes de la Canée, entre autres au poste voisin des tribunaux, avaient été enlevés nuitamment, et avec eux les hampes, sur l'intervention directe des officiers grecs. Au jour, l'escouade des miliciens détachée à la garde des tribunaux, s'apercevant de cette disparition, prétend rétablir le pavillon. Arrive le commandant de la milice qui cherche à raisonner ses hommes : « Ce drapeau enlevé n'a pas l'importance que vous lui prêtez; en Grèce, les étendards sont remis aux troupes par le roi; quand vous en aurez reçu un, nous l'arborerons. — Nullement, riposte un caporal sortant des rangs, nous voulons notre drapeau. Et d'abord, c'est moi qui commande ici; hissons les couleurs grecques, rendons-leur les honneurs et faisons-les flotter également sur les tribunaux. » Le commandant débordé requiert des gendarmes pour s'emparer des mutins. « Nous ne laisserons à personne, déclarent ces serviteurs d'élite, le soin de hisser le pavillon grec sur les tribunaux. » Le commandant R. . n'a plus qu'à se retirer... et à rentrer en Grèce.

Il est juste d'ajouter que le lendemain, les gendarmes, conscients de leur erreur, versent des larmes amères en réclamant eux-mêmes à grands cris leur expulsion d'un corps « qu'ils ont déshonoré ».

[2] D'autant plus volontiers que les internationaux seraient au premier rang. De fait, l'escadre turque ayant pris la mer, on organisa la réception à lui faire et elle n'alla pas plus avant que Scarpanto. Avait-elle jamais songé à venir en Crète?

[3] En rade de la Sude : *Diana, Jules-Michelet, Faucon, Vettor-Pisani, Oleg.*

La Chambre crétoise votait le maintien du pavillon grec, entraînant ainsi la démission du gouvernement du 14 octobre. Celui-ci était remplacé (15 août) par un comité exécutif de trois membres, dont le premier acte était de prêter serment au roi de Grèce, immédiatement avant d'être reçu et par suite reconnu par le corps consulaire trouvant ce geste tout naturel.

La frayeur renaissait en Crète et, avec elle, le délire des imaginations. Des Européens vivaient assis sur leur malle, prêts à s'embarquer au premier massacre. La panique jetait un soir le village musulman de Touzla tout entier à l'îlot de la Sude, d'où il fallait le sortir par la persuasion. 10,000 montagnards en armes se tenaient prêts à envahir la Canée. Tel farouche patriote prêchait la guerre sainte et passait pour héberger chez lui 200 Enfants du désespoir[1]. Les internationaux ne sauraient approcher du mât de pavillon, que 3,000 femmes en pleurs tiendraient embrassé. Les patriotes allaient se rendre à l'îlot pour abattre le pavillon ottoman, en réponse à l'injonction des Puissances; le poste de marins préposé à la garde des pavillons risquait fort d'être enlevé. La milice et la gendarmerie prendraient parti pour les patriotes... Les consuls eux-mêmes se montraient inquiets de la tournure des événements. Tel d'entre eux déclinait les charges et prérogatives que lui valait son rang de doyen. Tel autre envisageait l'attaque de la Canée par un corps de débarquement de 100 marins. Tel autre, préoccupé de conjurer tout risque de conflit et de ménager les susceptibilités crétoises, prescrivait aux marins de se comporter en toutes choses « comme à l'étranger »: pas de tirs à terre, pas de débarquements pour exercices, pas de détachements armés (exprimant en même temps le désir de voir circuler des patrouilles pour la police des marins à terre). Il oubliait peut-être ce simple détail, que les internationaux étant protecteurs de l'île où flottaient leurs pavillons, pouvaient y avoir des devoirs à remplir, des droits à exercer.

Avec les renforts demandés[2] venait en Crète un chef qui remettait les choses au point. Le commandant Thursby, arrivé le 15 à bord

---

[1] Le patriotisme ne va pas sans désillusions; **M.** Manos sera fort surpris quand, à la suite de son attitude xénophobe un peu accentuée, il verra se fermer devant lui la porte des consulats, en attendant que ses électeurs, lassés de sa perpétuelle agitation, lui ferment (mars 1910) la Chambre des députés.

[2] Renforts: *Swiftsure, Victor-Hugo, Francesco-Ferrucio, Khivinetz.*

du *Swiftsure*, s'inquiétait tout d'abord d'un détail auquel on avait jusqu'alors peu songé : les responsabilités. — « Qui commande la gendarmerie et la milice ? — MM. M... et R... — Très bien, je serais heureux de les voir. — Messieurs, vous êtes les chefs de la force publique ; quelle sera l'attitude de vos troupes ? Je ne dois pas vous laisser ignorer que je vous en tiens pour responsables, et que si un coup de fusil est tiré sur les internationaux, une cour martiale établira les sanctions nécessaires. — Monsieur le commandant, pourvu que vous ne demandiez pas à nos hommes d'amener eux-mêmes le pavillon, vous pouvez compter sur notre concours ». — Dès l'après-midi du même jour, le commandant Thursby réunissait les commandants des divers navires et leur exposait son plan dans tous les détails, cependant que les diplomates de la Canée s'étonnaient de « ce cinquième consul général » si différent du modèle des autres.

Le 17 août, appareillage international de la Sude où le *Faucon* restait seul pour garder avec 3 hommes l'îlot et ses pavillons ; l'escadre mouillait le soir devant la Canée[1]. Le lendemain, à 4 heures du matin, descendaient 200 hommes (50 de chaque nation) qui occupaient les abords immédiats de Firka, couverts par les canons des embarcations armées en guerre. La gendarmerie crétoise avait, dès 2 heures du matin, fait évacuer les maisons voisines et établi des barrages pour se mettre en garde contre le geste possible d'un énergumène. Un détachement international de 40 hommes sciait rapidement le mât de pavillon (à cette heure matinale les couleurs n'étaient pas hissées, ce qui épargnait tout froissement d'amour-propre). En dix minutes, l'opération était terminée sans un coup de fusil (les troupes avaient leurs armes approvisionnées); les 200 hommes se rembarquaient et le détachement de 40 hommes restait pour une quinzaine de jours au bastion de Firka.

Ainsi le commandant du *Swiftsure* vérifiait la justesse de la réponse de M. Pôlogiorgis, membre du gouvernement, auquel, vers le début du mois, M. G... demandait s'il y aurait quelques troubles à redouter pour les Européens : Quelles craintes pouvez-vous avoir et que voulez-vous que nous tentions contre la volonté de l'Europe? » La phrase de M. Pôlogiorgis et le geste du commandant Thursby étaient la mise au point de la situation.

---

[1] Sa vue seule mettait en fuite les montagnards assiégeant la Canée. Cette retraite des 10,000 se réduisait au départ de 40 exaltés.

A vrai dire, les craintes consulaires n'étaient pas absolument chimériques ; à peine les diplomates avaient-ils télégraphié (19) à leurs gouvernements la fin de ce cauchemar et l'enlèvement du pavillon grec à Candie, à l'imitation de la Canée, qu'ils apprenaient le rétablissement des couleurs helléniques à Candie. Alerte ! — La juste colère des consuls se calmait à nouveau le lendemain, à la nouvelle que le drapeau était définitivement amené ; c'était par simple malentendu qu'on avait rehissé ce pavillon [1].

Restant sur le qui-vive, les consuls conservaient à la Canée, jusqu'au 1er septembre, 4 bâtiments et le détachement à terre, pendant qu'ils négociaient pour obtenir des garanties de gens impuissants à leur en donner. La situation n'avançait naturellement pas.

Elle n'a d'ailleurs pas avancé depuis ; telle était la question crétoise en septembre 1909, telle elle demeure en mai 1910. Les seuls incidents à noter dans ce laps de temps sont la mise en demeure (8 février) du gouvernement crétois d'avoir à se conformer aux capitulations sur le chapitre des tribunaux [2] ; l'avertissement (12 février) donné à la Crète que l'envoi de députés à Athènes serait le signal d'une réoccupation de l'île ; les élections à l'Assemblée nationale (20 mars), parfaitement calmes malgré toutes les craintes consulaires [3] ; les représentations de la Turquie (avril) au sujet du serment

---

[1] Les détails du « malentendu » méritent d'être contés.
Une compagnie de miliciens mutinés avait exigé le rétablissement du pavillon hellénique, couchant en joue ses officiers grecs qui cherchaient à la dissuader de ce geste. A peine le gouvernement était-il informé de cet incident qu'il adjurait les autorités de s'employer à faire disparaître le malencontreux emblème. Harangues du préfet et du métropolite. « Très bien, disent les mutins, nous amenons le pavillon pour aller l'arborer à la préfecture. — N'en faites rien, répartit un homme d'esprit voyant l'embarras du préfet ; ce drapeau est désormais une relique historique ; nous le conserverons sous verre avec un parchemin qui rappellera le grand événement d'aujourd'hui et dira à vos petits-fils avec quel héroïsme vous vous êtes sacrifiés pour leur liberté. » Acclamations et vivats : le pavillon est amené et enfermé dans une vitrine. Voici encore un sombre drame évité.

[2] Tout Européen comparaissant devant un tribunal doit être assisté d'un drogman de son consulat.

[3] Les élections en Crète présentent quelque particularité, non pas au point de vue de leur réussite assurée de la même façon que dans les autres pays (ou estime à 4,000 francs le prix moyen d'une campagne. Heureux pays !), mais par ce détail que les élus constituent la Chambre de 65 députés, tandis que les accessits complètent à 130 membres l'Assemblée nationale.
Autre aimable simplification, les ballotages et les invalidations sont peu usités en Crète. « L'élection de M. X... n'est peut-être pas très régulière ? — Soit, mais qui nous garantit que celle de M. Y... le sera davantage ? Risquer de l'agitation et des coups de fusil pour un bénéfice si douteux nous paraît bien superflu. »

de fidélité au roi de Grèce que veulent prêter une fois de pius les députés chrétiens; un nouvel affolement à propos du pavillon ottoman de l'ilot de la Sude; le remplacement (mai) des stationnaires par des bâtiments plus puissants ayant un corps de débarquement assez nombreux pour impressionner les Crétois[1]; la prestation du serment au roi de Grèce à l'ouverture de l'Assemblée (9 mai), prestation déconseillée mais non interdite par les représentants des Puissances; le retour de M. Vénizélos au gouvernement avec un programme (18 mai) prétendant entrer dans les vues de la diplomatie, maintenir la situation actuelle et conserver à la Crète la protection des Puissances et la décision prise à l'instigation de ce même Vénizélos (19 mai) de ne pas admettre — nous n'en sommes plus à une incohérence près — de ne pas admettre à participer aux travaux de l'Assemblée les députés musulmans suspects d'une politique de « contre-coup d'état »; la note (20 mai) des Puissances répondant à la Turquie et déclarant tenir le serment pour nul et non avenu[2]; la protestation de la Porte invitant les Puissances à intervenir pour remettre la question au point, leur demandant en même temps la définition du *statu quo*, la réintégration des députés exclus de l'Assemblée, la cessation des brimades envers les fonctionnaires musulmans[3], quelques autres menus détails enfin, qui ne sont pas sans embarrasser les protecteurs de la Crète.

Les choses en sont là pour l'instant; avant que se résolve le problème, on peut prendre le temps de jeter un coup d'œil sur quelques côtés de la situation.

---

[1] D'où remplacement provisoire du *Faucon* par le *Jules-Michelet* (3 mai), remplacement définitif par l'*Amiral-Charner* (14 mai) (commandant Allaire).

[2] Nul et non avenu un incident que depuis trois mois on travaille à éviter! L'optimisme de la diplomatie est incurable.

[3] Des fonctionnaires musulmans crétois ayant refusé de prêter serment au roi de Grèce auraient été destitués. Nullement, proteste le gouvernement crétois; ils peuvent continuer à remplir leur office; nous avons seulement supprimé leur traitement.

CHAPITRE VI.

Quelques faces de la question crétoise.

I. Attitude de l'Europe. = II. Aspirations diverses. = III. La situation
actuelle.

I.

L'Orient est le pays du paradoxe. Nous y connaissions déjà des
Arméniens sans Arménie, une Macédoine sans Macédoniens; il convient d'y joindre une question crétoise dont la solution reste à
trouver partout ailleurs qu'en Crète. Comment serait-elle dans l'île,
cette solution que les Puissances, errant à l'aventure depuis douze
ans, n'y ont jamais rencontrée? Ce nouveau nœud gordien se tran-
chera peut-être militairement en Thessalie, diplomatiquement... où
l'on voudra; mais, de toute façon, l'île elle-même est bien menacée
de ne peser qu'un atome dans la balance qui décidera de son sort.
Les plateaux en sont tellement encombrés d'articles divers qu'on n'y
distingue plus les poids et mesures, et les Crétois ont fort peu de
chances d'y être estimés à leur valeur réelle.

Admettons un instant pour établi ce point qu'un coup d'œil
rétrospectif mettra mieux en lumière; et au lieu de demander indis-
crètement ce que l'Europe compte faire de la Crète, rappelons-nous
plutôt ce pourquoi elle y est venue : arrêter les massacres, ramener
la paix dans l'île, doter celle-ci d'un régime autonome et privilégié.
Ces trois points sont-ils acquis? S'ils le sont, les Puissances peu·
vent sans remords abandonner la Crète à elle-même. Or, les massacres sont dès longtemps terminés[1]; l'île a connu la paix pendant
plusieurs années; l'autonomie, quand elle a été loyalement acceptée,
a commencé de conduire le pays vers le bien-être. L'épreuve paraît
donc concluante. Et pourtant, sans que l'on puisse comprendre
pourquoi, l'Europe s'attarde ici en un rôle qui n'est ni glorieux ni
enviable.

---

[1] Laissons aux imaginations maladives le souci de calculer le pourcentage de meurtres
qui n'ont, en général, rien de politique ni de confessionnel, d'établir gravement qu'en
un an il a été « massacré » 0,0170 p. 100 de musulmans contre 0,0165 p. 100 de chrétiens..., à moins que ce ne soit l'inverse.

Il faut bien en effet reconnaître que la ligne de conduite des Puissances protectrices a été sujette à quelques variations. L'affaire crétoise de 1898 se réglait par un déni d'annexion à la Grèce, avec promesse à la Turquie de faire respecter ses droits suzerains sur la Crète. Rien n'obligeait à cette époque l'Europe à conserver dans l'île le pavillon ottoman en même temps qu'elle choisissait pour haut commissaire un prince trop jeune de caractère, dont les antécédents et jusqu'à la nationalité assuraient les Puissances de complications prochaines. Mais ne discutons pas ici le bien-fondé de cette décision ; contentons-nous de la noter.

Notons-la vite, car nous en pourrions douter par la suite, à voir l'Europe profiter de toutes les occasions pour oublier sa promesse à la Turquie en tolérant, en encourageant toutes les étapes vers l'union rêvée, en tempérant toujours par quelque restriction ses refus successifs de l'annexion « impossible pour le moment », « impossible dans les conjonctures actuelles... » L'Europe a si souvent répété son regret « de ne pouvoir faire plus dans les circonstances présentes », que les Crétois sont fondés à croire à un consentement inavoué des Puissances, d'autant plus que chaque mesure prise pour prolonger l'autonomie a, en fait, rapproché l'annexion. La plus flagrante de ces mesures est celle qui, au lendemain de la faillite du prince Georges en Crète, donnait au roi de Grèce le droit de choisir lui-même dorénavant le haut commissaire des Puissances, mesure qui se complétait peu après du remplacement des officiers italiens par des officiers grecs. C'était cependant pour l'Europe, soucieuse de sa parole, l'occasion ou jamais de reconnaître une erreur commise, de chercher ailleurs qu'en Grèce son mandataire, de ne pas confier du moins son choix au roi Georges, d'assainir et de renforcer par des éléments étrangers une gendarmerie dont le loyalisme venait de fléchir[1]. Mais non, les Puissances continuaient leur double jeu, et M. Zaïmis pouvait appeler son harmostie « la dernière étape vers l'annexion »

Le coup d'état du 7 octobre 1908 ne déplaisait pas outre mesure

[1] Bien au contraire, les gendarmes déserteurs de 1905 ont été réintégrés en 1909. Il est vrai qu'en 1910, la Grèce accorde trois ans de congé à solde entière au lieutenant de vaisseau Typaldos et à ses complices, coupables d'une rébellion à main armée qui a fait tuer 5 hommes et aurait eu des conséquences autrement graves partout ailleurs qu'en Grèce.

aux protecteurs de la Crète, à en juger par la complaisance avec laquelle ils restaient en relation avec ceux qui venaient de trahir leur mandat. Les sentiments philhellènes entraînaient peut-être l'Europe un peu plus loin qu'il n'eût été désirable pour sa bonne réputation.

Hélas! Ce philhellénisme devait s'évanouir comme fumée devant les considérations utilitaires. Averties par un boycottage magistrale-lement mené [1], soucieuses de conserver l'amitié des Jeunes-Turcs et le débouché de leurs capitaux chez eux, les Puissances n'hésitaient pas un instant à modifier leurs sentiments à la suite de la révolu-tion du 13 avril 1909. Avec une force nouvelle, la Turquie récupérait du jour au lendemain toutes les sympathies de l'Europe. D'où l'affaire du pavillon (18 août) ; d'où la mise en demeure aux tribu-naux crétois de se conformer aux capitulations (8 février) ; d'où la note des Puissances proscrivant l'envoi de députés crétois à l'Assemblée grecque (12 février); d'où la pression diplomatique pour éviter de voir se renouveler le serment au roi Georges, et l'envoi d'urgence de bâtiments puissants (mai 1910) à la place des stationnaires peut-être suffisants pour leur rôle [2]. Les Puissances, il faut bien l'avouer, semblent avoir suivi en Crète depuis douze ans, la voie de l'opportunisme de préférence à toute autre.

A quoi ont-elles abouti? Au *statu quo* dont elles parlent volontiers aujourd'hui et d'autant plus librement que personne n'est d'accord sur la portée de ce terme.

« Le style pondéré de la diplomatie, dit un ancien ambassadeur [3], les euphémismes traditionnels de son langage se prêtent toujours assez bien à des explications plus ou moins restrictives soit des intentions, soit des termes. » Parmi ces termes employés pour ne rien dire, figure au premier rang l'expression *statu quo*. Et pour n'en citer qu'un exemple, quel sens convient-il de lui attribuer dans

---

[1] L'Autriche a perdu des centaines de millions avant de payer à la Turquie une indem-nité de 70 millions pour la Bosnie-Herzégovine. Ce boycottage était doublement agréable aux Ottomans, s'opérant sur le dos des négociants hellènes (le Turc est très peu commer-çant et les hammals ou portefaix, seuls musulmans engagés dans l'affaire, étaient faciles à indemniser). Détail curieux mais non pittoresque : le fez rouge répudié pendant le boycottage (made in Austria) était remplacé par une horrible coiffure de nuance isabelle fabriquée en... Bulgarie.

[2] Les bâtiments puissants n'ont pas empêché la réédition du serment.

[3] Souvenirs du comte de Mouy, p. 167

la note des Puissances du 13 juillet 1909 [1] ? Ces mots complaisants, usités pour la plus grande commodité des diplomates, signifient à volonté blanc ou noir, modifiés d'un petit adverbe qu'on néglige insidieusement. Le *statu quo ante* et le *statu quo* pur et simple ne diffèrent généralement que du fait litigieux lui-même. Les deux interlocuteurs sont comme les adversaires un jour d'émeute : à la même barricade, mais non du même côté. Chacun fait son siège en conséquence, et l'on discute à loisir. Dans l'affaire de l'annexion, les Turcs sont évidemment pour le *statu quo ante,* les Crétois pour le *statu quo;* les Puissances demeurent incertaines et la Porte réclame leur opinion.

Même indécision concernant les droits de la Turquie sur la Crète : « souveraineté », avance la Porte; « suzeraineté », « droits suprêmes », répétent les Puissances. Y a-t-il une nuance entre ces mots; quelle est-elle ; et pourquoi rester dans le vague depuis douze ans ?

II.

L'Europe paraissant incertaine de la voie à suivre, les aspirations et les arguments des divers compétiteurs jetteront peut-être quelque lumière sur la solution à intervenir. La Grèce, la Crète et la Turquie sont en présence.

Il existe entre les Hellènes et leurs amis un léger malentendu. Après l'indépendance que leur ont valu les souvenirs de l'antiquité et la sympathie méritée par leurs souffrances sous le joug des Turcs, les Grecs désirent recueillir encore des bénéfices tangibles de l'admiration que les philhellènes accordent bien volontiers à leurs ancêtres. Tandis que nous songeons au siècle de Périclès, ils nous laissent à entendre que leurs victoires de jadis ont été mal payées. « L'Europe ne nous est pas assez reconnaissante d'avoir arrêté l'invasion des Perses », disait récemment un officier grec qui eut volontiers ajouté : « et Salamine devrait bien nous valoir Constantinople ».

---

[1] « Le présent *statu quo* ne pouvant être considéré comme une solution définitive, les gouvernements des quatre Puissances protectrices n'en continueront pas moins de s'occuper avec bienveillance de la Crète, en se réservant de saisir un moment plus opportun pour négocier avec la Sublime Porte au sujet du régime futur de l'île. » Les rédacteurs de cette note ont-ils eu connaissance du coup d'état crétois de 1908? On peut se le demander.

Telle est, en effet, la divergence de vues : nous parlons d'Athènes et ils rêvent de Byzance. En attendant ils prendraient volontiers la Crète[1].

De même les Crétois, après avoir pâti de l'oppression turque, estiment que l'Europe n'a pas assez fait pour eux en les délivrant de cet esclavage ; il leur faudrait encore la réalisation de la grande Idée, réalisation exigée par les sentiments comme par les intérêts. Remarquons d'abord que jamais la Crète et la Grèce n'ont été réunies, qu'elles ne se sont pas vivement intéressées l'une à l'autre jusqu'au jour où ce rêve les a hantées à la suite de la proclamation de l'indépendance hellénique. La similitude de religion et de langue est certes un puissant facteur de rapprochement, mais, à ce compte, il faudrait que les deux millions et demi de Grecs s'annexent les six à sept millions d'Hellènes disséminés dans le Levant et ailleurs.

Le noble sentiment qui rapproche Grecs et Crétois n'en est pas moins respectable ; il serait plus touchant encore s'il n'était sujet à des éclipses fréquentes. On est surpris de voir avec qu'elle facilité nombre de patriotes crétois ont, en 1905, levé l'étendard de la révolte contre un prince de la famille de Grèce, avec quelle ardeur ils ont travaillé au départ d'un fils du souverain auquel ils juraient fidélité ; surpris encore de constater avec quelle aisance la population, la milice et la gendarmerie crétoises ont insulté, bafoué, menacé des officiers grecs leur donnant quelques conseils de modération au nom du Roi. La passion de l'île pour la nation sœur est plus profonde peut-être que celles des Crétois pour leurs frères hellènes.

Les intérêts en jeu réclament-ils plus impérieusement l'annexion ? Ils existent, ces intérêts, mais ils diffèrent sensiblement suivant le point de vue duquel on les examine. Pendant que la Crète voit dans la fusion la création prochaine de routes, de voies ferrées, de ports, la richesse pour l'île, l'ouverture d'une carrière plus vaste à la

---

[1] Pour cela, il faudrait non seulement négliger les conseils des Puissances, ce qui est facile, mais encore écarter le péril turc, ce qui est moins aisé. Aussi les Hellènes, décidés à passer outre aux recommandations de l'Europe, le sont plus encore à s'abriter derrière elle au moindre péril. « Nous ferons l'annexion malgré les Puissances ! — Très bien, mais vous vous mettrez les Turcs sur le dos. — Pas du tout ! Les Puissances sont là pour les arrêter. » Incroyable, mais exact !

A vivre dans le rêve de la plus grande Grèce, les Hellènes perdent le sens des réalités, comptant que leurs amis se sont réjouis avec eux du pronunciamiento du camp de Goudi, de la dictature de la Ligue militaire, du règne du colonel Zorbas, du crime de Typaldos. Il serait cruel d'insister.

valeur de ses hommes politiques, les Grecs de leur côté, résument la situation en disant : « La Crète nous coûte aujourd'hui près de 500 millions [1]; il est temps de rentrer dans nos avances. » D'où pour la Crète le bénéfice très immédiat de prendre sa quote-part des charges de la Grèce [2]. Où donc l'île, qui crie misère, trouvera-t-elle le moyen de faire face à ces nouvelles et sérieuses dépenses ? Les optimistes ne voient là aucune dfficulté, persuadés que l'ouverture du marché grec aux vins, aux huiles, aux fruits et aux légumes crétois marquera l'heure de la prospérité pour l'île. Un essai loyal préalable de cette combinaison serait des plus intéressants, mais les annexionnistes redoutent également sa réussite et son échec.

Il convient d'ajouter encore quelques mots sur la question économique qui constitue, au point de vue crétois, un des points faibles de l'annexion. L'île autonome, bien administrée, peut jouir d'une situation très acceptable à ce point de vue; sa dette modeste s'éteindrait rapidement; les deux années d'administration de M. Zaïmis en font foi. Depuis lors, la sollicitude de chacun pour son clan a vidé les caisses publiques, mais le mal n'est guère qu'un retard et peut se réparer. D'autre part, la comparaison des budgets nous montre la situation de la Crète avant et après l'annexion : en 1907, le budget de l'île [3] est d'environ 6 millions de drachmes, soit moins de 20 francs par habitant [4]; le budget de la Grèce est voisin de 200 millions de drachmes soit 80 francs par tête. La différence est appréciable, tellement appréciable qu'encore une fois les annexion-

---

[1] Y compris les 200 millions d'indemnité de la guerre gréco-turque. Les 300 autres paraissent comptés un peu largement.

[2] Cette contradiction des intérêts en présence n'est pas sans gêner un peu les annexionnistes les plus convaincus. Ils aplanissent élégamment cette difficulté en décidant qu'il ne saurait être question pour la Crète annexée de payer le moindre impôt supplémentaire pendant dix ans. Les Grecs ne paraissent pas être à l'unisson sur ce point.

[3] Voir appendice XI un aperçu succinct de ce budget et de la situation financière de l'île.

Il peu probable qu'après l'annexion la Crète puisse s'offrir des fonctionnaires à aussi bon compte qu'aujourd'hui (sans compter que les nouveaux venus seront Grecs, en partie du moins, ce qui sourira très peu aux insulaires). A part le haut commissaire à 100,000 drachmes par an et les conseillers ou membres du Comité exécutif à 500 drachmes par mois (le tarif de Grèce), les autres postes sont vraiment pour rien : un préfet, 350 drachmes; un président du tribunal, 330; un trésorier, 175; un administrateur des douanes, 250; un lieutenant de gendarmerie, 250. L'indemnité d'un député est d'un millier de francs pour la session. Et combien de menus emplois à 50 et 100 drachmes par mois!

[4] Plus de 114 francs en France.

nistes n'aiment pas beaucoup s'attarder sur ce point. Le doute n'est
pas permis ; la Grèce a de pressants besoins d'argent et l'union sera
le signal d'une forte augmentation d'impôts dans l'île. Pour qui
connaît le caractère crétois, il est aisé de prévoir comment elle sera
reçue : par l'insurrection des insulaires contre les frères hellènes.

Comment du moins, au point de vue militaire et politique,
la Crète s'est-elle préparée à la réalisation du vœu qui lui est cher ?

La Crète a pensé devenir forte par la création et l'augmentation
de sa milice. Le goût inné du Pallikare pour la guerre devait faire
de lui un soldat incomparable : le gouvernement crétois voyait déjà
dans ses 2,000 miliciens une petite armée suffisant à intimider le
Turc. Hélas ! l'amour du fusil et de la fusillade ne crée pas un
soldat, et la réalité est loin du rêve. La milice crétoise a belle apparence, mais elle ignore trop la discipline ; les incidents de 1909 l'ont
démontré. Bien mieux, le Crétois belliqueux a horreur de la vie
militaire ; nombreux sont les jeunes gens qui s'expatrient, en Amé-
rique de préférence, pour ne pas accomplir un service de quelques
mois ; nombreux les déserteurs [1]. Le Crétois est un parfait insurgé ;
il ne fait qu'un piètre soldat. Il n'y a d'ailleurs qu'un minime courant de sympathie entre les chefs et les hommes. Le Crétois, repro-
chant à l'officier grec de se montrer dédaigneux et cassant, lui refuse sa confiance ; la cohésion fait défaut entre l'officier et le soldat.
La Crète paraît s'être fourvoyée dans l'organisation de cette milice
dont l'utilisation contre un ennemi est pure fanfaronnade. Les
2,000 miliciens présents sous les drapeaux servent tant bien que
mal à renforcer le millier de gendarmes insuffisants pour leur
tâche ; ils sont disséminés dans l'île, et l'on ne trouverait pas
1,000 hommes à opposer à un assaillant sans désorganiser la force
publique. Ce joujou inutile et coûteux doit être abandonné. Le million d'économies annuelles ainsi réalisé serait beaucoup mieux
employé à renforcer la gendarmerie convenablement encadrée par
des officiers compétents, plus compétents que des officiers grecs
d'infanterie ou d'artillerie. Quant aux ennemis du dehors, c'est
affaire aux Puissances protectrices de les écarter en garantissant
l'inviolabilité de l'île. Un engagement formel dans ce sens pourrait
être la récompense du retour des Crétois à la raison. Ce leur serait

---

[1] 12 déserteurs à la Canée le 21 février 1910.

un atout plus sérieux que les 2,000, les 5,000, les 10,000 partisans qu'ils pourraient opposer aux Turcs.

En politique, le pays a commencé son éducation, mais il en est encore aux rudiments. Les dèmes sont la base de l'organisation avec leur régime d'intérêts de clocher, de vues étroites et de jalousies mesquines. La conséquence immédiate est qu'il ne faut pas moins de 65 députés pour représenter l'île [1] ; qu'il ne se constitue pas un gouvernement qui ne comprenne un membre de chaque province importante. En 1898, le siège du gouvernement provisoire se déplaçait pour ne pas favoriser telle ou telle région de l'île au détriment des autres ; en 1910, le siège est devenu fixe, les hommes mobiles. Après un séjour de quelques mois aux affaires, les membres du Comité exécutif entendent des voix et comprennent qu'il est temps de se retirer. Investis de pouvoirs presque nuls par la confiance de leurs concitoyens, ils n'ont pu étudier aucune loi intéressante, établir aucun projet de travaux [2], faire progresser en aucune façon la fortune publique. Ils ont dû se contenter de distribuer à leurs amis quelques places à 50 francs par mois ; il n'en faut pas davantage pour allumer la convoitise et c'est au tour du voisin d'être servi. Le gouvernement démissionne donc et la prébende passe à d'autres villages. Le méfiance du Crétois en politique ne lui permet pas de reconnaître une tête qui mène l'île vers ses destinées. Si l'accord s'est fait aux élections de 1910 sur le nom de M. Michelidakis, c'est que le grand âge de ce chef de parti écarte les craintes de le voir s'implanter solidement au pouvoir. L'insulaire partage d'ailleurs ce sentiment avec son frère le Grec : plutôt appeler chez eux un étranger qui les gouvernera que de donner la suprématie à l'un des leurs. Pas plus que jadis l'île ne semble mûre pour une émancipation complète.

Reste à considérer la Turquie, la Turquie dont les droits suzerains sur l'île ne sauraient être douteux depuis que les Puissances protectrices lui ont promis de les faire respecter, la Jeune-Turquie amputée déjà de la Bulgarie, de la Bosnie-Herzégovine, et qui ne peut sans péril grave consentir cette nouvelle concession. Entendons-nous bien ; il ne saurait être question pour les Ottomans de rentrer en

[1] A ce taux, 8,000 députés représenteraient la France.

[2] Un emprunt de 14 millions gagé sur la surtaxe douanière, prêt à être conclu en fin 1908, est resté en souffrance depuis vingt mois.

possession de la Crète; il faudrait pour cela une inconséquence de l'Europe qui passe toute prévision; l'île est perdue et bien perdue pour eux. Il ne semble d'ailleurs pas que cette perte soit capitale, tout au moins au point de vue de la Tripolitaine, sur la route de laquelle elle ne constitue nullement une relâche obligatoire[1]. Il faut distinguer ici le fait et le mot; le premier se trouve moins grave que le second. La conservation de la Crète serait pour la Turquie une victoire à la Pyrrhus; elle s'en rend parfaitement compte, mais il est des choses que l'on ne peut avouer. Passe encore l'autonomie, mais l'annexion serait d'un fâcheux exemple pour les îles turques, Rhodes, Samos, Chio, Métélin. Et c'est un peu à cause de ceci, beaucoup à cause du discrédit que jetterait sur elle l'abandon officiel de l'île, que la Jeune-Turquie cherche à sauver la face. Abdul-Hamid a perdu la Crète; Mehmet V ne peut ratifier ouvertement ce sacrifice, et, très logiquement, réclame le respect de ses droits de suzeraineté[2]. Question de mots et rien de plus. Les Puissances peuvent bien avoir la correction de tenir leur promesse vis-à-vis de la Turquie. La loyauté est parfois de l'habileté; l'Europe a maintenant toutes les prévenances pour un gouvernement jeune qui prétend sortir l'empire ottoman de la barbarie; un respect scrupuleux de la parole donnée lui fournira de sérieux arguments pour résister à la turbulence prochaine du mouvement essentiellement nationaliste qu'est l'avènement de la Jeune-Turquie, aux tendances xénophobes des Ottomans ayant la prétention très louable, encore que prématurée, de rester seuls maîtres chez eux.

L'intérêt que les Turcs et les Crétois portent aux musulmans de l'île leur fournit des arguments contre et pour l'annexion. « Nos coreligionnaires sont molestés, déclarent les Ottomans; on les écarte des fonctions publiques en exigeant d'eux la connaissance de la langue grecque. — Le grec est la seule langue parlée dans l'île, par les chrétiens comme par les musulmans qui, à part les lettrés, ignorent le turc; — il est donc urgent que les Puissances les protègent comme elles s'y sont engagées, sous peine de nous obliger à inter-

---

[1] A part d'infimes caboteurs, les navires ont désormais les jambes assez longues pour aller de Turquie en Tripolitaine sans relâcher. Voici d'ailleurs douze ans que la Turquie se passe de l'escale de Crète. Au surplus, elle n'envoie guère de navires en Tripolitaine, desservie par des bateaux italiens.

[2] La Porte prononce « souveraineté ».

venir plus directement. » — « La vie des musulmans est menacée si l'union est différée, clament les meneurs annexionnistes; les chefs ne peuvent plus contenir le peuple, et le maintien de l'autonomie sera le signal du carnage. » Est-ce que vraiment les chrétiens seraient encore au degré de barbarie de leurs bourreaux de jadis? On ne saurait leur prêter, en tout cas, la naïveté nécessaire pour négliger dans cet aimable projet l'existence des Hellènes répartis dans l'empire ottoman, et les conséquences pour eux d'un massacre de musulmans en Crète[1]. Faut-il tenir pour réel le danger qui provoquerait de terribles représailles? N'a-t-on pas affaire plutôt à des enfants terribles, menaçant à la moindre contrariété de briser le jouet qu'ils ont sous la main? Le doute est pour le moins licite, mais, si cette menace est à prendre au sérieux, si la persuasion ne suffit pas à calmer les énergumènes, le mieux serait de revenir à la solution préconisée par l'amiral Pottier, de leur retirer ce jouet. Aussi bien, les musulmans quittent déjà la Crète; que l'Europe favorise leur exode en facilitant la vente de leurs propriétés, l'Europe qui, si ce massacre est à craindre, ne peut faire autrement que de réoccuper l'île pour présider à cette évacuation. Si plus de 40,000 musulmans ont déjà quitté l'île, le départ des 28,000 derniers ne peut présenter de difficulté majeure, et ce serait un jeu pour les économistes de trouver la solution de ce problème par la voie d'un emprunt. Le gouvernement achèterait les propriétés et les mettrait en location ou en fermage dont le prix gagerait l'emprunt à contracter[2]. Le geste des Puissances ne sera d'ailleurs bien accueilli ni de la Porte qui exprimera la crainte de voir ses droits disparaître avec ses coreligionnaires (il est facile de la rassurer si l'on agit loyalement), ni des Crétois qui n'auront plus personne à menacer d'un massacre. Mais,

---

[1] Nous assistons, dès maintenant, à un début de boycottage des Grecs en Turquie appelé à faire réfléchir les plus incrédules.

[2] La combinaison n'est pas nouvelle, renouvelée du duché de Posen et de l'Irlande. Les douanes seraient appelées à parfaire les intérêts au début de l'opération. Ne les prévoyait-on pas suffisantes pour l'emprunt de 11 millions prévu en 1908. La somme nécessaire ne serait pas effrayante car dès maintenant, sans y être forcés, les musulmans liquident leurs biens à des prix raisonnables. Cette liquidation s'accompagne d'un morcellement dont profite le chrétien et qui ne peut qu'attacher celui-ci à la terre en l'éloignant des agitations stériles. « La Crète, écrivait M. Bérard en 1897, ne sera pacifiée que le jour où le peuple aura plus d'intérêt à travailler son champ qu'à faire des insurrections. » Ce jour arrivera-t-il? L'affirmation serait imprudente, mais s'il doit venir, il est plus proche maintenant que jamais.

depuis douze ans que l'Europe cherche à satisfaire les deux partis, à quoi est-elle arrivée? Les protestations effarouchées des annexionnistes, à l'idée même de cette solution, prouvent combien elle les gênerait pour la suite de l'agitation à entretenir. Quand il n'y aura plus de musulmans en Crète, la question aura fait un grand pas et l'Europe pourra se retirer de l'île où ne devront pas rentrer les Turcs. Si les annexionnistes désirent alors vivre leur rêve, pourquoi s'y opposer davantage? Le problème sera à traiter entre la Crète, la Turquie et la Grèce; il n'en coûtera guère à celle-ci que la Thessalie; à elle de voir s'il lui convient de tenter l'aventure.

III.

L'annexion crétoise ne se justifie ni en droit ni en fait; l'île n'a jamais fait partie de la Grèce, n'a pas cessé depuis 1669 d'appartenir au sultan qui l'a confiée en 1897 aux Puissances promettant d'y faire respecter ses droits suprêmes. Si la Grèce s'est imposé des sacrifices en vue de cette annexion, elle a fait œuvre de conquérant, et les conquêtes se règlent par le sort des armes. Aucune considération de justice, d'humanité, de sympathie pour la Crète ne plaide en faveur d'une union qui ne s'annonce pas comme une progression vers le bien-être de l'île. Combien, d'ailleurs, de vrais patriotes crétois déplorent en secret de voir leur pays engagé dans cette voie! La surenchère électorale a fait de cette question un point de snobisme difficile à désavouer, à peine de passer pour faux frère; mais au fond... Ce serait faire injure à l'esprit délié de cette race intelligente que de supposer qu'ont été perdues pour elle les leçons de la guerre gréco-turque, celles plus récentes des aventures helléniques de 1909, du pronunciamiento du camp de Goudi, de la Ligue militaire, de la mutinerie de Typaldos. Non, les écoles faites par la nation sœur n'ont pas été sans profit; il n'est pas douteux que, depuis un an, la cause de l'annexion a perdu nombre de partisans en Crète dont les habitants hésiteraient à confier leurs intérêts à des frères qui gèrent si mal les leurs. Mais les autonomistes gardent un silence prudent, et l'on n'entend que les discours enflammés des politiciens réclamant l'annexion.

Il est temps que l'Europe prenne position, qu'elle sache ce qu'elle veut et le veuille avec fermeté. Elle a affaire à des enfants, et l'on n'élève pas des enfants en les consultant à chaque pas sur ce qui leur sera bon ou mauvais, ni en se bornant à des conseils. Il faut parfois donner des ordres et formuler des défenses. Un ordre donné doit être exécuté, une défense ne peut être impunément transgressée. Pour avoir agi autrement, l'Europe a eu, depuis un an seulement, l'affaire du pavillon, la prestation du serment. Si dans les deux cas, au lieu de conseiller à leurs agents diplomatiques de s'employer, d'user de toute leur influence..., les quatre Puissances protectrices avaient donné un ordre net à un gouvernement heureux de pouvoir céder devant la force, responsable tout au moins de son attitude, il en serait advenu comme des capitulations, comme de l'envoi des députés en Grèce [1]; tout serait rentré dans l'ordre. Au lieu de cela, la Crète a fait deux fausses manœuvres, mettant la Grèce en mauvaise posture; les Puissances protectrices ont perdu de leur prestige et se sont fait rappeler à l'ordre par la Jeune-Turquie, forte de son bon droit (et des avances de l'Europe), qui leur demande avec une aimable insistance de vouloir bien tenir leurs promesses. L'Europe en manifeste de l'humeur; elle ne peut vraiment s'en prendre qu'à elle-même. Qu'est-elle allé faire en Crète; que veut-elle y faire encore? Intervenue dans un but d'humanité, elle a tenu son rôle. Si elle voulait donner un jour ou l'autre l'annexion aux Hellènes, il ne fallait pas se barrer la route à elle-même. Fort heureusement pour la Crète, ses protecteurs s'en sont tenus à l'autonomie; qu'ils y persistent et cessent une fois pour toutes de jouer double jeu; ce sera probablement rendre service aux Hellènes de Grèce comme à ceux de Crète.

Telle est, du moins, la conclusion à laquelle aboutit l'examen de la question crétoise, limité aux trois compétiteurs en présence. Mais il est sans doute d'autres faces à un problème qui fait hésiter l'Europe depuis si longtemps. Lesquelles? On les chuchote discrètement : question des Balkans, crise dynastique en Grèce, intégrité de l'empire ottoman, intérêts des puissances islamiques [2]... Ces grands mots ne font que montrer quelle menue monnaie constitue la Crète dans l'affaire qui la concerne; ils ne présentent rien de bien

---

[1] Tout s'enchaîne; voici que le gouvernement crétois prétend maintenant reprendre la discussion sur ce point.

[2] Il n'y a plus que les Crétois à redouter sans cesse des compétitions européennes se disputant la base navale de la Sude; ces visées ont existé mais ne sont plus de mode.

lumineux, de bien satisfaisant comme explication, et l'on serait tenté de croire qu'il existe là quelque secret de l'Europe, si les mystères étaient encore de notre temps.

Mais voici qu'un diplomate prend soin de nous enlever cette dernière illusion. L'article vigoureux dans lequel l'éminent rédacteur politique d'un grand journal résumait une fois de plus, ces jours derniers, la situation est à citer presque intégralement[1].

La question crétoise a toujours été compliquée. Mais les complications intrinsèques qu'elle recèle sont peu de chose à côté de celles qu'on y a introduites artificiellement. En 1898, on avait conçu et réalisé une combinaison, qui n'était pas parfaite, mais qui pouvait, tant bien que mal, fonctionner. La souveraineté turque était maintenue. L'autonomie était garantie par les Puissances. Les sentiments étaient satisfaits par la personnalité du haut commissaire, fils du roi de Grèce. Seulement, pour que ce régime se développât, il aurait été nécessaire de rendre son action facile, et c'est de quoi jamais on ne s'est préoccupé. Les gouvernements protecteurs n'ont pas pris le soin d'étudier exactement la situation de l'île et de favoriser son développement économique.....

Dans une seconde phase, après la retraite du prince Georges, on a fait tout ce que l'on pouvait pour donner aux Crétois l'impression que le succès de leurs revendications n'était plus qu'une question de temps. On a confié au roi de Grèce le soin de désigner le successeur de son fils. Dès lors qu'on prétendait maintenir ce *statu quo* dont on parle tant depuis huit jours, c'était une imprudence que de procéder ainsi. Que le haut commissaire fût Grec, rien de plus naturel. Qu'il fût désigné par le roi de Grèce, c'était autre chose. Personne n'a paru s'en aviser, et quand il est devenu manifeste que les Crétois, du fait de cette désignation, pensaient avoir fait un pas de plus — et décisif — vers l'annexion à la Grèce, les gouvernements protecteurs ont manifesté le pudique étonnement de l'innocence menacée. Les Crétois pourtant étaient de bonne foi, et, d'ailleurs, la Turquie n'avait pas négligé d'attirer l'attention des Puissances par une formelle protestation sur le caractère d'une mesure qui modifiait indiscutablement le *statu quo*.

La leçon eût dû servir. Elle ne servit à rien. Dans une troisième phase, après les événements de l'automne 1908, les Crétois ayant proclamé l'union et s'étant dotés eux-mêmes d'un gouvernement illégal, les Puissances poussèrent la tolérance jusqu'à permettre que leur représentant, M. Zaïmis, fût purement et simplement supprimé et mis dans l'impossibilité de remplir sa fonction. Le haut commissaire, délégué des Puissances et désigné par le roi de Grèce, disparut sans que nul s'inquiétât de savoir ce qu'il était devenu.

Les compétiteurs ne sont pas plus désintéressés que jadis, mais les idées sur la guerre navale ont évolué et le « point d'appui » ne se traite plus à la légère. A ce point de vue, d'ailleurs, l'autonomie, avec la surveillance réciproque des Puissances qui l'accompagne, se prête moins encore que l'annexion à des menées personnelles.

[1] Les Puissances, la Crète et la Turquie (le *Temps*, 26 mai 1910).

Et malgré cela, quelques mois plus tard, les gouvernements protecteurs, comme si rien ne s'était passé, décidèrent de retirer les contingents internationaux. C'était créer de toutes pièces les incidents qu'il fallut ensuite réprimer. C'était la conclusion logique de plusieurs années d'incompétence et d'incohérence, un chef-d'œuvre de maladresse et d'incurie diplomatiques. Ce qui est arrivé il y a quinze jours à l'Assemblée crétoise se rattache directement à ces événements. Les Puissances seules en sont responsables.

M. Pichon et sir Edward Grey ont essayé de combiner un plan d'action qu'ils ont soumis à la Russie et à l'Italie. Aucune de ces deux Puissances n'a jusqu'ici répondu. Le programme serait le suivant : d'abord obliger les Crétois à laisser siéger les députés musulmans ; puis — mieux vaut tard que jamais — rétablir le *statu quo* de 1898. Mais ici commencent les difficultés. La première mesure qu'on compte prendre, c'est le rétablissement du haut commissariat. Pourquoi l'a-t-on laissé tomber en quenouille depuis deux ans? On espère que M. Zaïmis pourra retourner en Crète. Mais, consentira-t-il à y retourner dans la position diminuée que lui ont préparée deux années d'inertie internationale? S'il accepte, le gouvernement crétois actuel le laissera-t-il revenir? C'est douteux. Alors, on enverra des troupes de nouveau et..... on fera la conquête de la Crète. Comme résultat de l'évacuation, c'est admirable. Quand, en 1909, nous nous étonnions timidement de ce qu'on faisait, la bureaucratie internationale souriait avec suffisance de nos craintes ou bien nous adjurait de ne point faire tort aux Crétois. Les malheureux sauront d'ici peu ce qu'il en coûte d'être « protégés » par quatre chancelleries.

Qu'on nous permette d'ajouter que sir Edward Grey et M. Pichon ne sont pas personnellement visés par ces critiques, non plus que leur programme actuel. Ils ont, de leur mieux, cherché à résoudre le problème. Mais les habitudes qu'ils ont laissé naître depuis plusieurs années leur barrent la route. Quel admirable vaudeville constituerait la publication des correspondances officielles relatives à la Crète! Seulement, les vaudevillistes diplomatiques et consulaires, à l'inconscience subalterne de qui on doit ces documents, ont méconnu leur vocation et préparé à leur œuvre un dénouement de drame. Les ministres se décident enfin à intervenir et à dessaisir les bureaux anonymes qui ont noué cet imbroglio. En vérité, il n'est que temps, si même il n'est trop tard.

Eh bien, non, il ne doit pas être trop tard si les Puissances sont nettes de langage, d'attitude et de volonté. Mais à des situations nouvelles il faut des hommes nouveaux. Les mêmes diplomates qui ont assisté à la « marche à l'annexion » auraient plus de peine que d'autres à remettre les choses au point. Le haut commissaire qui n'a pu ou voulu remplir son mandat doit être écarté de la Crète où sa situation serait d'ailleurs impossible ; écartés aussi les officiers grecs qui — sans qu'on puisse leur en faire un reproche personnel — se sont trouvés être des facteurs de trouble. Il faut profiter de l'expérience faite ; puisque les errements suivis se sont manifestés si regrettables, il y a intérêt à ne plus confier au roi de Grèce la désignation du délégué des Puissances [1], à choisir celui-ci en dehors de la nation grecque. Il convient, en un mot, d'écarter de l'île toute ingérence hellénique pour lui laisser un temps durable de recueillement. Que sera l'avenir ? Les nations n'échappent pas à leurs destinées ; mieux que toute autre, la nation crétoise peut voir se prolonger une attente qui n'a rien de pénible.

Il ne faut pas perdre de vue, dans cet imbroglio, les sympathies méritées par un peuple qui a souffert. Qu'importe si ses visées ne furent pas toujours justes ? Son extrême jeunesse doit lui faire pardonner bien des erreurs. Ne confondons pas les politiciens travaillant pour le pays — et parfois pour eux — avec le pays lui-même ; ce peuple d'enfants possède, à côté d'imperfections, un fonds de qualités qui lui assure les sympathies de ceux qui le connaissent. Les protecteurs qu'il a trouvés ont des devoirs envers lui ; c'est à eux de permettre le développement économique et politique du pays en le dotant d'un gouvernement convenable, en écartant de lui les causes d'agitation, en lui promettant ce qu'ils pourront tenir, en tenant les promesses qu'ils auront faites. L'œuvre n'a pas été heureusement conduite jusqu'ici ; elle est à reprendre sur des bases nouvelles, sans que la population calme et laborieuse, la seule intéressante, ait à s'en inquiéter.

Il y a encore lieu d'espérer qu'en se montrant ferme l'Europe se tirera sans difficulté majeure de cette fondrière, où elle s'est enlisée comme à plaisir. Il n'en faudrait pas jurer d'avance, car, à trembler sans cesse devant des périls imaginaires, les consuls ont fini par donner à quelques agités l'illusion d'une force que ceux-ci ne possèdent pas, illusion dont il pourrait leur être cuisant de se séparer si elle les entraînait trop loin. Le résultat, en tout cas, paraît difficile à atteindre sans recourir à nouveau, pour la plus grande joie des commerçants et des travailleurs, à une occupation — occupation n'est pas forcément conquête — internationale. Reverrons-nous encore une flotte entière à la Sude ? Au moment où le ministre de la marine vient de redonner une vie nouvelle à nos forces navales,

[1] La formule convenable est déjà trouvée : M. Zaïmis invité à rejoindre son poste (après vingt mois d'absence !) ne pourrait le faire et les Puissances verraient là une renonciation du roi Georges à son privilège.

on risque de constater une lacune inattendue dans son œuvre qui n'a pas prévu l'escadre de Crète. Ce lapsus, bien excusable, est de ceux que l'on répare, et le ministre ne sera pas en peine de trouver au moment voulu des chefs et des hommes pour continuer là-bas les belles traditions de la marine française. Que ne pourra-t-il en même temps rendre à l'île leur modèle, le pacificateur de la Crète, l'amiral Pottier!

28 mai 1910.

APPENDICES

APPENDICE I.

Le siège de Vamos (18-30 mai 1896).

L'épisode de Vamos a été si curieusement controversé et déformé, qu'il est intéressant de le conter avec quelque détail, ne fût-ce que pour constater la fantaisie qui règne parfois dans les imaginations crétoises... et autres.

Certains insurgés se défendent vivement d'avoir reculé devant les Turcs qu'ils ne craignaient aucunement et qui n'ont pas dépassé Khalyvès; ils tenaient, disent-ils, les assiégés à leur merci et pouvaient facilement les exterminer; mais il survint une telle pluie qu'ils ne purent continuer le siège et partirent, laissant les Ottomans en faire autant de leur côté, sauf toutefois 70 soldats, oubliés dans un blockhaus, qui furent tués et jetés dans une citerne. Curieux effet d'une pluie d'orage qui, au dire d'autres témoins, n'a pas existé[1].

Le Livre jaune ne jette pas une lumière bien nette sur cette situation. Pendant que les insurgés prétendent tenir les Ottomans en échec à Khalyvès, les Grecs déclarent (28 mai) les chrétiens de ce village bloqués par les Turcs, le Vali assurant au contraire (29) que les troupes impériales veillent à la sécurité des habitants de Khalyvès. L'aventure est bien connue : « J'ai fait un prisonnier ! — Eh bien, amenez-le. — Mais c'est qu'il ne veut pas me lâcher ! »

Pour être fixé sur cet incident, le mieux paraît être d'adopter la version du docteur Mylonojeannakis (membre du comité exécutif en

---

[1] Il y a peut-être confusion dans la mémoire desdits insurgés avec l'orage qui, en juin 1905, permit la fuite aux gendarmes crétois bloqués à Vamos par leurs coreligionnaires révoltés. Quand on fait si souvent la guerre...

1898) présent à l'affaire de Vamos ; elle mérite tout le crédit que l'on peut accorder à un récit pondéré et vraisemblable.

Les insurgés de l'Apokorona avaient des vues sur le village de Vamos ; mais, impressionnés par sa forte garnison (1,200 Ottomans), insuffisamment armés et mal approvisionnés de munitions, ils différaient l'action contre ce boulevard des Turcs dans la province. L'intervention, fort mal accueillie, de deux évêques orthodoxes leur conseillant, sur l'invitation du Patriarche de Constantinople, de se disperser, mit le feu aux poudres. — « A Vamos ! A Vamos ! » — Le 18 mai, ils investissaient le village. Plus ou moins nombreux, de 500 à 1,500 suivant l'humeur du jour, ils n'avaient guère que 20,000 cartouches, attendant anxieusement un envoi de Grèce. Les Turcs, le sachant, multipliaient les fausses sorties et les escarmouches pour épuiser les munitions des chrétiens. L'artillerie ottomane, pour soutenir les assiégés, prenait position sur les hauteurs nord-ouest, entre Vamos et Khalyvès, appuyée par les troupes occupant ce village. Elle faisait pleuvoir aux environs de Vamos quelque 1,200 obus qui tuaient... un chien.

Dès son arrivée (28), Abdoullah-Pacha faisait diversion en attaquant les villages chrétiens de Kydonia ; les insurgés de cette région quittaient Vamos pour se porter à la défense de leurs biens. Ayant ainsi diminué le nombre des assiégeants, ayant reçu des renforts le 29, le vali lançait de Khalyvès une colonne, le 30 au matin. 4,000 soldats environ étaient sur pied pour cette opération, mais les détachements occupant Kkalyvès, Armenous..., réduisaient la colonne à 2,000 hommes. Ces troupes entraient sans résistance à Vamos, vers 2 heures de l'après-midi.

Les Turcs n'ayant pas pris la précaution de garder leurs flancs, n'ayant d'autre intention que de débloquer la garnison de Vamos, ne s'attardaient pas dans le village ; ils pétrolaient rapidement les maisons chrétiennes pendant que les familles musulmanes commençaient l'évacuation. Vers 4 heures les troupes battaient en retraite, laissant derrière elles leurs bagages et le village en feu. — Les chrétiens se chargèrent ensuite de brûler les édifices publics ; — elles se retiraient à Khalyvès sans être sérieusement inquiétées.

200 soldats turcs occupant un fortin sur une crête voisine, dans le sud-ouest de Vamos, avaient reçu indirectement d'Abdoullah-Pacha, resté à Khalyvès, l'ordre verbal d'évacuation. L'officier commandant

ce détachement demandait un ordre écrit pour abandonner son poste ;
la retraite commencée empêchait que le papier lui parvint. Vers
5 heures, le clairon des troupes descendant de Vamos prévint leurs
camarades d'avoir à se replier. Mais les insurgés qui se tenaient sur
les hauteurs. à l'ouest de Vamos, entendant la sonnerie, se déployè-
rent pour couper la retraite à ces 200 hommes qui périrent presque
tous ; les 150 premiers tombèrent en soldats, les derniers, affolés,
furent massacrés à coups de fusil et de bâton.

Le mois de mai est déjà chaud en Crète ; plutôt que de creuser des
tombes pour les cadavres, les chrétiens trouvèrent plus simple d'en
empiler la majeure partie dans une citerne.

L'imbroglio de Khalyvès paraît avoir été motivé par l'intention
prêtée aux Turcs de massacrer les chrétiens de ce village si les leurs
étaient étrillés à Vamos. Un Druse, déserteur de la garnison ottomane
de Vamos, aurait apporté cette agréable nouvelle à Khalyvès, d'où
elle aurait volé à l'Akrotiri, à Halépa, puis à Athènes, se déformant
un peu en route. On sait le reste.

APPENDICE II.

Règlement du 25 août 1896.

Art. 1er. — Le gouverneur général de la Crète sera chrétien et nommé pour cinq ans par le Sultan, avec l'assentiment des Puissances.

Art. II. — Le gouverneur général aura le droit de veto sur les lois votées par l'assemblée, à l'exception de celles qui visent des changements aux règlements constitutionnels de l'île (statut organique, pacte de Halépa et ses modifications), lesquels seront soumis à S. M. I. le Sultan. Le droit de veto s'exercera dans un délai de deux mois, passé lequel les lois seront considérées comme sanctionnées.

Art. III. — Le gouverneur général pourra, en cas de troubles dans l'île, disposer, pour le rétablissement de l'ordre, des troupes impériales qui, en dehors de ce cas, se tiendront dans leurs garnisons ordinaires.

Art. IV. — Le gouverneur général nommera directement aux emplois secondaires dont la liste sera ultérieurement fixée. Les employés supérieurs resteront à la nomination du Sultan.

Art. V. — Les fonctions publiques seront confiées pour les deux tiers aux chrétiens et pour un tiers aux musulmans.

Art. VI. — Les élections à l'Assemblée générale et les sessions de cette assemblée auront lieu tous les deux ans. Ces sessions dureront de 40 à 80 jours. L'Assemblée votera le budget biennal, vérifiera les comptes, discutera et votera à la majorité des membres présents les projets de lois et propositions qui lui seront soumises par le gouverneur général et les députés.

Les propositions relatives à des modifications à introduire dans les règlements constitutionnels de l'île devront être votées à la majorité des deux tiers. Aucune loi nouvelle ne sera applicable si elle n'a pas été votée par l'assemblée.

Art. VII. — Les propositions tendant à une augmentation des dépenses du budget ne peuvent faire l'objet d'une discussion de l'assemblée que si elles sont introduites par le gouverneur général, le conseil administratif ou les bureaux compétents.

Art. VIII. — 1. Les dispositions du firman de 1887, accordant à la Crète la moitié du revenu des douanes de l'île, seront remises en vigueur.

2. L'impôt sur l'importation du tabac appartiendra à l'île.

3. La Sublime Porte prendra à sa charge les déficits provenant des budgets non votés par l'assemblée, déduction faite des sommes avancées à l'île par le Trésor impérial.

Art. IX. — Une commission comprenant des officiers européens procédera a la réorganisation de la gendarmerie.

Art. X. — Une commission comprenant des juristes étrangers étudiera les réformes à opérer dans l'organisation de la justice, sous la réserve la plus expresse des droits résultant des capitulations.

Art. XI. — La publication des livres et journaux, la fondation d'imprimeries et celle de sociétés scientifiques seront autorisées par le gouverneur général, conformément à la loi.

Art. XII. — Les émigrés originaires de la Cyrénaïque ne pourront s'installer en Crète sans autorisation du gouverneur général. Ce fonctionnaire aura le droit d'expulser tout individu qui ne pourra justifier de moyens d'existence, ou dont la présence lui paraîtra dangereuse pour l'ordre public, sous la réserve des droits acquis aux étrangers.

Art. XIII. — Dans les six mois qui suivront la sanction des présentes dispositions, l'Assemblée générale sera convoquée, et les élections seront ordonnées conformément à la loi de 1888. Jusqu'à la réunion de l'Assemblée, le gouverneur général, d'accord avec le conseil administratif, réglera par des ordonnances provisoires l'exécution des présentes dispositions.

Art. XIV. — Les Puissances s'assureront de l'exécution de toutes ces dispositions.

APPENDICE III.

Expédition de Paraspori (21 février 1897).

———

*Rapport de M. le capitaine de frégate Pivet, officier en second,
à M. le Commandant du « Suchet ».*

Au retour de notre voyage à Paraspori, j'ai l'honneur de vous faire connaître dans quelles conditions s'est effectuée la mission que vous avez bien voulu me confier.

Sur la prière instante que les musulmans bloqués à Paraspori et à Roukaka vous avaient adressée le 19 février, vous aviez obtenu des chefs de la province, qu'en reconnaissance du service que vous veniez de rendre à leur parti en faisant relâcher leurs 300 coreligionnaires bloqués à Hiérapétra, ils feraient rendre la liberté aux musulmans de Paraspori et de Roukaka s'ils consentaient à déposer les armes. Mais ceux-ci, connaissant la cruauté de leurs ennemis, avaient déclaré qu'ils préféraient mourir les armes à la main que de courir le risque d'être égorgés dès qu'ils les leur auraient rendues.

Toutefois, ils ajoutaient que, pleins de confiance dans la protection du pavillon français, ils se remettraient, eux et les leurs, à l'officier que vous enverriez les chercher, et lui livreraient leurs armes.

C'est dans ces conditions que je suis parti ce matin à 8 h. 30 de Sitia, emmenant avec moi le capitaine d'armes et huit marins armés du *Suchet*, Ibrahim-Effendi adjoint au caïmacan de Sitia, et deux notables de la ville. M. Saounazzo, notre agent consulaire à Réthymno, avait bien voulu m'accompagner, et m'a rendu comme interprète et comme conseil les plus grands services.

A 9 h. 15 nous arrivons à Piskokephalo où nous sommes reçus par tous les habitants armés de fusils Gras, de l'adulte au vieillard. En raison de sa proximité de Sitia qui est le centre musulman de beaucoup le plus important de la région, ce village est le poste avancé du parti chrétien. {C'est là que se sont réfugiés les commerçants crétois de la ville de Sitia et que se tiennent les assises du comité insurrectionnel de la province.

Ainsi qu'il a été convenu hier avec les chefs chrétiens, M. Stephanidis, démarque, et M. Dernitzakis, notable à Piskoképhalo, se joignent à nous. Un de leurs hommes portant un pavillon blanc marche en tête de notre groupe, à côté du marin qui porte le pavillon français.

Vers 10 heures, en approchant du village chrétien d'Akladia, nous voyons surgir autour de nous des hommes armés qui semblent placés en avant-postes et qui, tout en se défilant par habitude, arrivent jusqu'à nous. Au moment où nous atteignons les premières maisons, les habitants en armes sortent de tous côtés. Ils ont été prévenus de notre passage et ne font rien pour nous arrêter; mais il est facile de voir à leur mine renfrognée que notre mission n'a pas leur sympathie. Autant ils avaient mis de nonchalance à venir nous recevoir, autant ils mettent d'empressement à nous suivre lorsque nous sortons du village. Ce cortège ne pouvant qu'effrayer les femmes et les enfants que nous allons chercher, je tâche de m'en débarrasser en les remerciant d'abord de leur conduite, et, ce procédé n'ayant pas réussi, en les invitant fermement à rester chez eux.

A 11 heures, nous arrivons à l'entrée de Paraspori et je fais rallier auprès de moi mon petit détachement, tandis que, sur ma demande, le démarque et M. Dernitzakis s'efforcent de retenir derrière nous les montagnards d'Akladia, de Skopi et de Paraspori dont l'aspect est franchement mauvais. Je traverse avec les notables turcs tout le village que les habitants ont abandonné pour se réfugier ensemble à l'autre extrémité, dans un groupe isolé de 2 ou 3 maisons où la défense leur était sans doute plus facile.

J'avais tenu, pour leur inspirer confiance, à me présenter aux musulmans dans les conditions qu'ils nous avaient eux-mêmes indiquées, c'est-à-dire avec notre pavillon entouré de quelques marins armés et accompagné seulement d'autorités turques qui devaient les décider à se fier à nous et leur dire que le mouchavir Ismaïl-Bey leur ordonnait de suivre vos instructions. Fort heureusement, nous pûmes arriver jusqu'à la porte derrière laquelle ils se tenaient les armes à la main avant que les chrétiens, qui gagnaient peu à peu du terrain, se fussent sensiblement rapprochés, car il était à craindre que des ennemis aussi fanatiques les uns que les autres se trouvant pour ainsi dire face à face, les fusils partissent tous seuls. Et non seulement nous aurions été pris entre deux feux, mais notre mission eût été complètement manquée et la situation des prisonniers rendue plus périlleuse encore.

Quelques Turcs sortent sans armes et, couverts par les pavillons blanc et tricolore, ils prennent courage, m'expriment toute leur reconnaissance et se disent prêts à m'apporter leurs armes. Pendant ce colloque, les chrétiens se sont avancés, et j'ai beau leur dire que leur vue va empêcher les femmes de sortir, les prier de s'éloigner, les menacer mêmes, tout est inutile; ils veulent voir les armes, les compter et s'assurer que les Turcs n'emportent sur eux, ni couteau, ni pistolet. Ils sont furieux que les chefs chrétiens de Piskokephalo aient consenti à ce que les armes soient remises à mon entière disposition. Ils voudraient que, suivant l'usage, elles leur fussent données, moins peut-être pour ce qu'elles valent que parce qu'elles attesteraient leur victoire. Cependant le va-et-vient commence. Tandis qu'on dépose auprès de moi un tas de vieux fusils à pierre ou à piston, qu'on remplit un sac de pistolets, sabres et poignards, et que l'attention des chrétiens est tout entière absorbée par cette opération, les femmes voyant que personne ne fait attention à elles, se disposent à partir. Elles emportent tout ce qu'elles ont sauvé de chez elles quand elles se sont refugiées dans cette maison, vêtements, matelas, couvertures, etc..., et se glissant dans un champ voisin du chemin où nous nous tenons, elles vont se grouper dans un endroit écarté où nos marins chargent avec elles des sacs et des couvertures sur les cinq ânes que j'ai amenés de Sitia, et installent par-dessus les vieillards et les enfants.

Les Turcs placent sur leurs épaules les objets les plus lourds et vont rejoindre le convoi. Je fais décharger et amarrer sur un âne les 24 fusils qu'on m'a remis; mais le sac contenant les petites armes a disparu et les chrétiens ne le réclament pas! En revanche, ils prétendent que leurs ennemis possédaient 7 fusils Martini et 3 revolvers qu'ils n'ont pas vu passer.

Maintenant que la maison est évacuée, je les autorise à les y chercher. Mais les chrétiens n'ont pas attendu cette autorisation pour se jeter à la curée; ils fouillent partout et emportent tout ce que les Turcs ont pu oublier.

A midi 15, notre colonne se met en route pour Sitia par un che-

min plus direct que celui que nous avons pris à l'aller. En tête
marche avec nos pavillons le démarque de Piskoképhalo qui servira
de guide et assurera notre passage dans les villages chrétiens que
nous devons traverser. Je me tiens avec le capitaine d'armes et
4 marins à l'arrière-garde pour protéger les 217 malheureux dont
nous avons pris charge contre un retour offensif toujours possible
de la part de leurs ennemis et pour veiller à ce qu'aucun d'eux ne
reste à la traîne.

Alors commence notre voyage de retour, exode biblique en miniature à travers la montagne, par des sentiers scabreux où les vieillards, les femmes et les enfants avancent péniblement, s'arrêtant
souvent au bord du chemin pour déposer le fardeau qui écrase leurs
épaules et se reposer un instant. Mais ils sont si heureux d'avoir
échappé au danger qui les menaçait nuit et jour qu'aucune fatigue
ne leur coûte. Ils s'excitent les uns les autres, les mères abandonnent leurs enfants à nos marins, les vieillards s'appuient sur
leur bras, et au moindre signe de ma part chacun se remet en
marche. Ils ont en nous une telle confiance qu'ils n'hésitent pas
à suivre notre pavillon dans le village chrétien de Skopi dont
ils savent pourtant combien les habitants leur sont hostiles. Ils
pénètrent serrés les uns contre les autres dans ces ruelles étroites,
au milieu de tous ces gens en armes qui n'auraient qu'à étendre le
bras pour les frapper et assouvir sur eux leur haine ou leur vengeance.

Lorsque toute la colonne est sortie du village, je m'arrête au milieu de la population qui remplit le chemin et couvre les terrasses
des maisons et je la remercie par l'intermédiaire de M. Saounazzo
de nous avoir laissé librement passer.

Je lui rappelle que, grâce à vous, Commandant, 400 de ses coreligionnaires bloqués par les musulmans à Hiérapétra ont été relâchés.
J'exprime le ferme espoir que ceux qui s'honorent du nom de chrétiens ne se montreront pas moins humains que les fanatiques disci-
ples de Mahomet. Je les exhorte à déposer les armes, et s'ils trouvent quelque musulman égaré ou caché dans la montagne à nous
l'amener loyalement à Sitia.

Nos paroles ont été comprises et nos sentiments bien interprétés,
car la population manifeste l'intention de suivre nos conseils, et, en
témoignage de confiance et d'amitié, des femmes nous apportent du

vin, de l'eau-de-vie et remplissent nos poches de citrons et d'oranges.

A 4 h. 15 nous arrivions à Sitia et nous remettions à la population musulmane accourue au-devant de nous les 217 prisonniers de Paraspori.

En terminant, Commandant, je dois dire combien j'ai été satisfait de la conduite de mes 8 marins et du zèle apporté par le capitaine d'armes à me seconder. Tous ont rivalisé de dévouement, aidant les vieillards à marcher, portant les enfants, prenant sur leurs épaules une partie du bagage des femmes et gagnant par leur gaîté et leur entrain la confiance de tous.

Je tiens à vous exprimer ma reconnaissance pour l'obligeance extrême de M. Saounazzo qui par sa parfaite connaissance des Crétois et son empressement à traduire mes pensées a largement contribué au succès de ma mission.

PIVET.

APPENDICE IV.

Expédition de Roukaka (23-24 février 1897).

Rapport de M. le capitaine de frégate ADAM, *officier en second,
à M. le Commandant du « Chanzy ».*

J'ai l'honneur de vous adresser ce rapport, pour vous rendre compte de la mission que vous m'avez confiée le 23 février.

Il s'agissait de se porter le plus rapidement possible à Roukaka, à six heures de marche, pour essayer de sauver environ 500 musulmans dans ce village, tout en agissant pacifiquement. C'était une mission purement humanitaire et sans aucun caractère belliqueux.

Je me suis mis en route le 23, à midi, accompagné de M. Giran, lieutenant de vaisseau du *Chanzy*, de M. da Pazzo, aspirant de marine du cuirassé italien le *Doria*, et d'un détachement armé de 26 marins français. Un interprète, Nicol, et le sous-gouverneur de Sitia, Ibrahim-Effendi, nous servant de guide, étaient avec nous.

A peine sortis de Sitia, l'interprète m'informe qu'on ne nous laissera pas passer au village chrétien de Piskokephalo, éloigné de 5 ou 6 kilomètres, et qu'il vaut mieux s'arrêter tout de suite. Je vois en effet un chrétien que l'on me désigne comme le maire de ce village, et qui est venu nous porter cette nouvelle pour nous arrêter dans notre route. Je lui exprime le désir d'aller jusqu'à son village, lui disant que je dois remettre une lettre de mon commandant à l'évêque de Marounia, et que je veux causer avec les chefs chrétiens de Piskokephalo. Il craint des disputes, mais enfin se joint à moi après avoir voulu s'éloigner seul.

En arrivant, je trouve de nombreux groupes de chrétiens en armes. Je descends de cheval; puis le maire, quelques chefs et moi, nous commençons à palabrer. Je montre la lettre que je dois remettre à l'évêque; je leur dis que les Français ont arraché à la mort 400 chrétiens bloqués par des musulmans, et qu'aujourd'hui, remplissant une semblable mission humanitaire, je viens demander aux chrétiens de faire pour les musulmans ce que des musulmans ont fait pour des chrétiens. Les chefs s'inclinent. L'un d'eux m'explique que si je passe par Marounia j'allonge beaucoup mon chemin ; il portera la lettre à l'évêque. J'hésite un instant, mais devant l'affirmation formelle de tous que la lettre va être portée de suite, je la leur confie et me remets en route pour Roukaka.

Vers 4 heures, j'arrive avec l'avant-garde au village musulman de Daphni. Il est entièrement détruit par le feu. Dans les maisons, on trouve des cadavres, les uns carbonisés, d'autres saignant encore. Je fais halte pour masser la colonne très allongée à cause des mauvais chemins où l'on ne peut passer qu'un à un, à cause des ânes, plus ou moins récalcitrants, que nous amenons avec nous, pour servir à rapporter les malades, les blessés, les femmes, les enfants.

Vers 6 heures, le guide me signale l'évêque chrétien à cheval avec son escorte armée, sur une autre route rejoignant celle que je suis à quelques centaines de mètres plus loin. Je fais hâter un peu le pas et, au croisement de route, l'évêque se joint à nous et se dirige sur Roukaka, où nous arrivons à 6 h. 15. Il a reçu votre lettre et est monté de suite à cheval. Il me déclare que sa mission n'est pas facile. Les chrétiens, me dit-il, sont aussi brigands que les musulmans et ne reconnaissent pas mon autorité.

Nous sommes reçus par un peloton d'une quarantaine de chrétiens en armes et alignés. L'évêque reste avec eux ; j'entre dans le village quelques minutes après, accompagné d'un quartier-maître portant le pavillon français, de l'interprète et de deux hommes. Je trouve la rue pleine de chrétiens armés, embusqués derrière les portes, aux fenêtres. Ils me saluent, mais conservent leur attitude offensive à l'égard d'un ennemi que je ne vois pas et qui se trouve établi dans des maisons plus loin. Je leur demande de se retirer en arrière et de faire trêve pendant que je vais parler aux musulmans.

Un premier coup de feu part alors du côté musulman, une balle siffle ; je fais aussitôt masquer les trois hommes qui m'accompagnent et je continue à discuter avec les chrétiens pour leur faire cesser toute hostilité momentanément. Deux autres balles sifflent ; je montre alors le pavillon français et je m'avance dans la rue, escorté de l'interprète et de mes trois hommes. Deux musulmans sortent d'une maison dont les issues sont fermées par une barricade de pierres. Une quinzaine d'hommes étendus sur la terrasse veillent les chrétiens. J'essaie de parler aux deux chefs musulmans, mais je suis aussitôt prévenu qu'ils ne répondent pas de moi; les chrétiens ont avancé, profitant de ma marche en avant qu'ils supposaient devoir détourner l'attention de l'ennemi. « Nous allons tirer, me dit un musulman, les chrétiens vont riposter, vous allez vous trouver pris entre deux feux ». J'envoie un homme dire aux chrétiens de se retirer et je le laisse en faction; mais ils cherchent à se faufiler en avant. Je me retire alors en déclarant aux musulmans que je les verrai le lendemain matin.

Le soir, l'évêque fait appeler les chefs chrétiens. Ces gens, après l'avoir écouté, hésitent à laisser sortir les musulmans qu'ils sont sûrs de prendre et de massacrer. Je leur répète que déjà les Français ont sauvé 400 chrétiens que les musulmans ont consenti à laisser partir et qu'il ne serait ni humain ni généreux de massacrer surtout des vieillards, des femmes et des enfants.

Ils ont enfin consenti à laisser les musulmans se retirer sous notre protection, mais ils devront rendre leurs armes aux Français.

Le lendemain matin, 24 février, vers 6 heures, l'évêque étant présent, j'envoie chercher les chefs musulmans, leur déclarant qu'ils n'ont rien à craindre. Ils se rendent à mon appel et un nouveau conseil se réunit. Je leur demande s'ils veulent se mettre sous ma protection et venir avec moi à Sitia. Ils acceptent de me rendre leurs armes sans aucune difficulté et me demandent si, une fois désarmés, je réponds d'eux et de leurs familles; sur mon affirmation, ils se déclarent prêts. Nous nous rendons aussitôt devant leurs maisons, les hostilités cessent. Un cordon de marins empêche les chrétiens d'approcher. Les musulmans déposent leurs armes; c'est le moment le plus dangereux, car le moindre coup de fusil mettra le feu aux poudres, me dit l'évêque.

Enfin, malgré quelques cris et quelques vociférations de la part des chrétiens, tout se passe très bien. Les familles sortent; quelques vieillards, femmes et enfants, sont installés sur des ânes et, vers 8 h. 45, la caravane se met en marche, la tête de la colonne dirigée par M. le lieutenant de vaisseau Giran, l'arrière-garde par M. l'aspirant italien da Pazzo, avec ordre de ne laisser aucun traînard en arrière, et moi, me tenant tantôt à la tête, tantôt à la queue.

Cette colonne, composée de 600 personnes, dont la plupart chargées de colis, a été très difficile à conduire à cause de son étendue de plus d'une lieue, dès que la fatigue a commencé à se faire sentir. Les marins de l'arrière-garde ont montré beaucoup de cœur, ils portaient des bagages de femmes ou de vieillards retardataires ; ils ont porté pendant une vingtaine de kilomètres une vieille femme estropiée qui ne pouvait supporter le cheval.

C'était navrant de voir le spectacle de cette caravane. Une pauvre petite fille de 6 ans a longtemps porté sur son dos sa sœur plus jeune. Les gens se traînaient péniblement sur ces sentiers presque impraticables, tombaient, se relevaient, essayant de marcher quand même sur un signe d'encouragement. A plusieurs reprises j'ai pris des enfants sur ma selle.

Il y avait ainsi de 25 à 30 kilomètres à faire. Un peu avant d'arriver à Piskokephalo, j'ai fait arrêter la colonne pour la rassembler complètement. L'on venait de me prévenir que tous les musulmans redoutaient ce village. J'ai dû rester plus d'une heure pour attendre les traînards, masser tout le monde, et pouvoir protéger efficacement ces malheureux. J'ai envoyé l'interprète informer le maire de Piskokephalo que nous allions traverser le village et que j'espérais que ses administrés se montreraient bons et compatissants envers des malheureux sans armes, des femmes et des enfants. Le maire me fit répondre que je pouvais passer, ma caravane serait respectée. Je mis dix marins sous les ordres de M. Giran pour ouvrir la marche ; les seize autres fermaient la marche. Je me mis à l'avant-garde. A notre arrivée, tous les chrétiens de Piskokephalo étaient réunis en armes sur notre passage. Je m'arrêtai alors avec deux marins et laissai défiler devant moi la caravane, me tenant au milieu des chefs chrétiens, prêt à tout événement autant que possible. L'arrière-garde se montra peu de temps après ; je continuai alors ma route. Les chefs chrétiens ont été très aimables à mon égard.

Une heure plus tard, nous arrivions à Sitia, de nouveau débandés, mais tout mon monde au complet.

Avant de terminer ce rapport, je dois vous dire, Commandant, que je n'ai eu qu'à me louer de M. Giran, dont le caractère ferme et énergique m'a été d'un grand secours dans la formation et la marche de cette caravane, composée de 573 personnes, d'après l'évêque de Marounia.

M. l'aspirant italien da Pazzo, qui a tout le temps dirigé l'arrière-garde a exécuté consciencieusement mes ordres et a aussi montré beaucoup d'entrain et de cœur. Il a donné son cheval pour porter des bagages que les malheureux, n'en pouvant plus, jetaient sur la route.

Enfin les hommes d'escorte ont fait preuve de discipline et d'un réel dévouement.

Je suis heureux, Commandant, d'avoir pu exécuter vos ordres et d'avoir contribué dans la mesure de mes moyens au succès de la mission humanitaire que vous avez bien voulu me confier, et dans laquelle j'ai été fortement aidé par l'évêque chrétien de Marounia.

ADAM.

APPENDICE V.

Expédition de Ziro (1er-2 mars 1897).

————

Rapport de M. le capitaine de frégate PIVET, *officier en second,*
à M. le Commandant du « Suchet ».

J'ai l'honneur de vous rendre compte de la façon dont s'est
effectuée, pendant les journées des 1er et 2 mars, la mission dont vous
m'aviez confié la direction. Cette mission avait pour but de rechercher les musulmans cachés dans différents villages de la province,
de les amener à Sitia, et de compléter ainsi l'œuvre humanitaire et
pacifique commencée sur la prière des autorités turques et avec
l'assentiment des chrétiens par la libération des musulmans bloqués
à Paraspori et à Roukaka.

Le 1er mars à 8 heures du matin je me suis mis en route avec un
détachement composé de :

1 sous-officier et 4 marins anglais commandés par M. Penny,
paymaster de la *Nymph*.

4 sous-officiers et 6 marins italiens commandés par M. Megera,
guardiamarina de l'*Etna*.

2 sous-officiers, 23 marins et 1 clairon français.

En tête marchaient 4 hommes portant les pavillons anglais, français, italien, et le drapeau blanc parlementaire,

J'étais accompagné de M. Saounazzo, agent consulaire à
Réthymno, dont le concours m'avait été déjà si précieux dans notre
voyage à Paraspori.

Tout le personnel était à terre depuis plus d'une heure, mais c'est
avec beaucoup de peine, et seulement en m'en rendant responsable,
que j'avais obtenu des habitants de Sitia trois chevaux et huit ânes
qui devaient porter à l'aller les officiers, les couvertures et les vivres
des hommes, et, au retour, les femmes et les enfants musulmans.

J'aurais désiré emmener deux ou trois notables musulmans,
comme je l'avais fait à Paraspori, pour être nos intermédiaires avec

leurs coreligionnaires et les convaincre, s'il le fallait, qu'ils pouvaient se fier à nous. Mais les chrétiens m'en avaient empêché,
disant qu'ils vengeraient sur les premiers musulmans qui paraî-
traient dans leur village leur ami Papadaki, disparu depuis deux
jours, et qu'ils affirmaient avoir été assassiné à Sitia.

A 8 h. 45, nous sommes reçus à Piskokephalo par toute la population du village, et, jusqu'à 9 h. 30, il nous faut entendre les plaintes
des uns et des autres relativement à la surveillance des magasins de
Sitia, au meurtre de Papadaki, à la recherche des chrétiens restés
dans l'île de Dragonera... Suivant vos ordres, Commandant, je leur
dis les mesures militaires prises pour la sécurité de leurs propriétés,
l'enquête faite au sujet de Papadaki, dont la mort n'est nullement
prouvée, l'envoi de la *Nymph* à Dragonera et la mise d'un navire de
guerre à leur disposition pour transporter à Syra les familles chrétiennes.

Nous allons visiter un officier des insurgés qui a reçu, il y a une
quinzaine de jours, une balle dans le genou, et nous lui proposons
de le faire transporter à Sitia, où il recevra dans l'ambulance chrétienne les soins de nos médecins. Mais il craint que, même dans
cette ambulance, des musulmans ne viennent lui faire un mauvais
parti.

Nous allions nous remettre en route lorsqu'un courrier arrive de
Kandra et jette un véritable effroi dans la population massée autour
de nous. Un vapeur a mouillé sur la côte sud, dit-il, dans le canal de
Koupho, et débarque à Atherinolako de nombreux bachi-bouzoucks.
J'ai beau leur dire que le fait est impossible, une dépêche des Amiraux reçue la veille affirmant qu'aucun bachi-bouzouck ne serait
débarqué. Ce mot de bachi-bouzouck circule dans toutes les
bouches, et je ne puis les rassurer qu'en leur promettant d'aller voir
moi-même de Ziro ce qu'il en est, et de vous en informer immédiatement si le fait est exact.

De Piskokephalo nous emmenons le démarque, M. Stephanidis,
qui jouit d'une grande influence dans toute la province, et, comme
guide, le nommé Héraclis, notre fournisseur du bord.

Nous descendons jusqu'au fond de la vallée et nous suivons pendant une heure le lit d'un torrent actuellement à sec, mais qui,
durant l'hiver et à l'époque de la fonte des neiges, se remplit abondamment et roule jusqu'à la baie de Sitia les eaux qui descendent

des montagnes environnantes. A 10 heures, nous nous arrêtons sur le bord de la rivière, entre Apano-Piskopi et Præsos, au joli petit village de Marounia, résidence de Mgr Ambroise, évêque orthodoxe de Sitia et Hiérapétra.

Là encore, toute la population vient au-devant de nous, mais le courrier de Kandra a traversé le village, et, bien qu'assez éloignés de la côte sud, tous redoutent l'arrivée prochaine des bachi-bouzoucks.

A 11 h. 15, nous prenions congé de l'évêque que l'affolement des habitants empêche de nous accompagner; mais deux notables, MM. Vadsakis et Dernikakis, se joignent à nous. Jusqu'au village de Tourtouli où nous arrivons à midi, nous franchissons par un sentier très difficile plusieurs collines abruptes et absolument stériles. Puis la route gagnant la plaine s'embellit, et, à midi 40, nous arrivons à Sikia où nous nous arrêtons pour déjeuner et prendre un peu de repos. Contrairement à ce qu'on m'avait dit, ce village ne comprend que quelques misérables maisons que nous visitons rapidement pour contrôler le dire des habitants, et nous assurer qu'elles ne renferment aucun musulman. Dans le même but, je fais sonner par le clairon dans toutes les directions, et, personne ne répondant à notre appel, nous nous mettons en route à 2 h. 20.

Nous longeons les villages de Vori et de Lithinès, où je fais entendre le clairon sans nous y arrêter, tous les chrétiens qui nous accompagnent affirmant qu'il n'y a plus depuis longtemps aucun musulman. A 3 heures, nous passons à Papaianadès, grand village uniquement chrétien, dont la population nous barre aimablement la route pour nous offrir du vin, de l'eau et du fromage.

A 3 h. 20, nous arrivons à Éthia qui, avant les troubles d'il y a trois semaines, possédait d'assez nombreux musulmans. Il n'y reste plus aujourd'hui que des chrétiens qui nous arrêtent devant les grandes ruines vénitiennes du Séraïon, et nous renouvellent le gracieux accueil du village voisin. Bien que nous ne soyons pas encore dans la plaine, déjà le sol devient moins aride, la nature s'embellit et les mœurs des habitants sont plus douces. Ils ont mis leurs armes de côté et, n'ayant plus de musulmans auprès d'eux, ils semblent avoir oublié leurs fusillades du mois dernier.

A 3 h. 45, passant à deux kilomètres du couvent d'Agia-Sophia, j'y envoie voir si les deux musulmans dont on nous a parlé à Sitia s'y trouvent encore. Il y a effectivement deux femmes, mais ce sont deux chrétiennes, servantes des moines du couvent. L'erreur vient sans doute de ce que c'est dans ce couvent que s'étaient réfugiées les femmes des musulmans d'Éthia; elles l'ont quitté pour aller dans des familles amies d'Armenous, et c'est là que nous allons les reconnaître.

L'une d'elles est une jeune et très jolie femme, hanoum Salis Scarvelakis. Sa mère était chrétienne; sa tante, Despina Covoyorkakis, qui l'a recueillie ici l'est également. Elle ignore encore où est son mari; peut-être est-il mort. Dans tous les cas elle refuse de nous suivre et veut rester, dit-elle, avec ceux qui l'ont sauvée.

L'autre, Fatméh Hamed Smarlakis, est ici comme sa compagne depuis 22 jours. Elle vivait à Éthia chez son père, mais elle ne sait pas ce qu'il est devenu, pas plus que sa sœur mariée dans un village voisin. Nicolas Kasanarakis, qui lui a donné l'hospitalité, me dit vouloir la garder dans sa famille; et malgré l'insistance avec laquelle je l'engage à venir à Sitia où elle retrouvera probablement tous les siens, elle déclare avoir toute confiance dans son protecteur et ne plus vouloir le quitter.

Il en de même d'une fillette de 11 à 12 ans, Fatmé Nosiphi Psimocrisarakis, qui s'attache à un vieillard nommé Yanni Remondakis et crie, à la grande joie des chrétiens qui nous entourent, qu'elle les aime et ne partira pas.

Je ne puis que les féliciter des bons soins qu'ils ont eus pour ces malheureuses dont la reconnaissance éclate d'une façon si vive et si sincère.

Enfin, devant toute la population remplissant la rue et couvrant les terrasses des maisons, on nous amène deux enfants, l'une, Nayette, fille de Retzep Effendi Kotzaki, âgée de 6 à 7 ans, recueillie par Nicoulis Agoustinakis, l'autre, Hatiké Moula Gallipi, de 3 ans environ, adoptée par Manoli Cristozoulakis. Ces deux enfants ont entendu dire que leurs parents qui habitaient Éthia sont partis pour Sitia; mais elles se cramponnent à leurs pères adoptifs et ne veulent pas s'en séparer. Ceux-ci s'engagent d'ailleurs publiquement à rendre leur enfant si un parent quelconque, dûment autorisé, vient la leur réclamer.

En arrivant à Sitia nous avons eu la preuve que la confiance de ces cinq musulmans était bien placée. Les parents étant accourus me demander si je les avais vues, je leur ai dit chez qui et dans quelles conditions elles étaient et ils ont avoué qu'elles ne pouvaient être en meilleures mains.

A 5 h. 30, nous arrivions à Kandra où nous devions passer la nuit. La population de ce grand village (800 à 900 habitants) un des plus importants et des plus riches de l'île, était prévenue de notre arrivée et nous fit le plus cordial accueil. Les chevaux et mulets étaient à peine débarrassés des bagages, que les habitants se disputaient à qui les logerait chez soi. Et comme nos marins avaient l'ordre de ne pas s'en séparer, ce fut une joie dans la foule quand on sut que les montagnards de Roukaka ayant fait payer leur hospitalité d'une partie de nos montures, nous n'accordions plus aisément notre confiance à nos hôtes.

Des maisons avaient été préparées pour nous. L'une reçut les détachements anglais et italien, une autre le français et leurs façades portèrent immédiatement nos pavillons; une troisième les sous-officiers et une quatrième les officiers.

Suivant l'usage, nous nous rendîmes au café où, grâce à l'obligeance extrême de M. Saounazzo, nous pûmes entretenir les habitants de la situation du pays, leur remettre la proclamation des Amiraux, ce que j'avais fait du reste dans tous les villages que nous avions traversés, et les féliciter d'avoir indiqué à leurs compatriotes la véritable voie à suivre, celle de déposer les armes et de s'en rapporter aux grandes Puissances du soin de donner à la question crétoise une solution conforme à leurs vœux. Tous affirmèrent qu'ils n'auraient pas songé à s'armer si, vers le mois de septembre, ils n'avaient constaté que les musulmans avaient avec la ville des rapports plus fréquents, qu'ils envoyaient à la côte tous leurs produits et laissaient entendre avec des airs menaçants que jamais les Crétois n'obtiendraient les réformes promises et qu'on verrait en février de quelle façon les Turcs traiteraient ceux qui oseraient les réclamer.

C'est alors qu'ils avaient fait venir des fusils Gras et que tous ceux qui disposaient de 50 francs s'étaient armés. Ils ajoutèrent qu'il en manquait encore 1,500 pour compléter l'armement de la province et qu'ils ne tarderaient pas à les avoir. D'ailleurs, bien qu'ayant déposé les armes, ils étaient toujours prêts à les reprendre, témoin ce qui s'était passé le matin même : à la nouvelle qu'un bâtiment turc avait débarqué des bachi-bouzoucks à Atherinolako, la cloche de l'église avait sonné le rappel, et 500 hommes de Kandra et des environs avaient couru à la côte.

Cette nouvelle qui avait tant effrayé les villages du Nord était absolument inexacte. Il ne s'agissait que du petit bateau à vapeur grec le *Knossos*, venu pour prendre un chargement, et nullement d'un navire grec.

Le lendemain, à 7 heures du matin, les habitants nous amenaient toutes nos montures en parfait état, les marins les chargeaient des bagages, et, à 7 h. 30, nous adressions à la population qui nous avait accompagnés jusqu'en dehors du village nos vifs remerciements pour la cordialité avec laquelle elle nous avait reçus et pour l'empressement loyal et généreux qu'elle mettait à favoriser l'accomplissement de notre mission.

A 8 h. 30, nous arrivons à Ziro après une ravissante promenade dans une vallée riche et bien cultivée, la première que nous voyons depuis que nous parcourons la province de Sitia. A l'entrée du village nous passons entre les rangs des habitants qui, au commandement d'un ancien officier de gendarmerie au service ottoman, présentent les armes à nos trois pavillons et nous conduisent jusqu'à la maison de cet officier, M. Michel Skouloudis. Au clocher de l'église flotte la bannière bleue à croix blanche de l'église orthodoxe, et, près de la porte, est planté le drapeau grec que gardent quelques hommes qui présentent les armes à notre approche.

Bientôt, sous la conduite de M. Skouloudis qui sait chez qui les musulmans du pays ont trouvé asile, arrivent six femmes et onze enfants. Toutes tremblent de frayeur en traversant dans des ruelles étroites une foule d'hommes armés qui, il y trois semaines, combattaient contre les musulmans et qui n'auraient qu'à étendre le bras pour venger sur elles le meurtre d'un des leurs.

M. Antoine Catheklakis me conduit chez lui où il a recueilli deux femmes et quatre enfants. Il sait que le mari de l'une d'elles a succombé dans la mosquée, mais après avoir tué un chrétien, et il n'ose faire sortir ses protégées avant que tout notre cortège soit formé et prêt à partir. Devant nous, ces deux femmes expriment en pleurant toute leur reconnaissance envers leur bienfaiteur qui, non content de les avoir sauvées, va leur louer un âne pour porter à Sitia les quatre petits enfants.

A 10 heures, pendant que nos marins vont déjeuner, je monte à Lamnoui avec les deux officiers anglais et italien, M. Saounazzo, les hommes qui portent nos pavillons, le clairon et quelques Crétois de Ziro. Après une ascension difficile, nous arrivons au village que les habitants, tous musulmans, avaient abandonné le 6 ou le 7 février pour rejoindre leurs coreligionnaires dans la mosquée de Ziro. Bâti sur un pic escarpé, il domine une riante vallée qu'entourent du N.-E. au S.-O. de très hautes montagnes. C'est là, dit-on, que les musulmans qui ont échappé à l'incendie de la mosquée ont cherché un refuge, mais nul ne peut dire où ils sont.

Nous plantons nos pavillons sur l'endroit le plus apparent du village, et le clairon sonne en faisant le tour de l'horizon. Bientôt, des enfants qui nous ont accompagnés distinguent au loin quelque chose qui bouge. Le clairon sonne de nouveau dans la direction indiquée, et nous apercevons effectivement deux femmes qui, par instinct ou par curiosité, cherchent d'où vient cet appel, puis, saisies de frayeur, rentrent dans leur cachette. Notre guide et un Crétois de Ziro courent vers elles et nous les amènent. L'une est une jeune fille d'une quinzaine d'années, l'autre une femme jeune encore mais épuisée de fatigue, qui porte dans ses bras un bébé de quelques mois et que suit un enfant de 4 à 5 ans. En arrivant à nous, cette malheureuse, toute tremblante d'émotion, jette son enfant à terre et se précipite en rampant pour baiser nos pieds. Lorsqu'elles peuvent parler, elles nous racontent que, depuis vingt jours elles vivent dans la montagne, ne se nourrissant que d'herbes, craignant, le jour, d'être massacrées, la nuit, de mourir de froid ou d'être mordues des bêtes. Il y a trois jours, le mari est parti pour chercher du pain, mais il n'est pas revenu et sans doute, dit la mère, il a été tué par quelque chrétien. Nous leur donnons du pain, qu'elles trempent dans de l'eau, mais leur gorge est tellement serrée qu'elles ne peuvent plus avaler.

Elles nous disent que plusieurs familles ont fui comme elles dans la montagne, mais elles ne savent de quel côté; ceux qui étaient avec eux les ont abandonnés. La mère montre un coup qu'elle a reçu sur la figure, d'une femme musulmane, parce que les cris de son enfant allaient révéler leur cachette et les faire tuer par les chrétiens.

A 11 h. 40, après avoir fait inutilement de nouveaux appels au clairon, nous mettons la mère et ses deux enfants sur un mulet et nous regagnons Ziro, où nous trouvons notre déjeuner préparé par la famille de M. Skouloudis. Celui-ci nous raconte qu'à la fin de janvier beaucoup de musulmans du pays étaient partis pour Sitia et que, le 5 février, les fanatiques de Ziro et Lamnoui s'étaient enfermés dans la mosquée, d'où ils avaient commencé à tirer sur les chrétiens. Comme on les menaçait de les détruire tous s'il ne voulaient se rendre, ils demandèrent le démarque et, au moment où il entrait dans la cour, quatre coups de fusil partaient à la fois, mais heureusement sans l'atteindre. Cette sauvagerie exaspéra les chrétiens qui, après les avoir encore une fois sommés de se rendre, lancèrent contre eux une cartouche de dynamite qui abattit un pan de la mosquée et fit une quarantaine de victimes. C'est alors que beaucoup de musulmans, qui y étaient enfermés, se sauvèrent affolés, les uns par les rues du village, où quelques-uns furent recueillis, les autres vers la montagne. Les fanatiques montèrent sur le minaret, où ils furent bientôt tués, mais après avoir tué eux-mêmes deux chrétiens et blessé grièvement un troisième.

Au moment où nous nous préparions à partir, on nous amène encore deux hommes, deux femmes et sept enfants qui étaient cachés en dehors du village, et qui arrivent à nous tremblant et pleurant de peur et de joie. Ceux-là, comme les autres, n'ont pour se couvrir que des lambeaux de vêtements; ils sont affamés et dévorent le pain que nous leur donnons.

A 1 heure, nous formons notre convoi devant toute la population qui remplit les rues et couvre les toits des maisons. Les marins placent les enfants sur les ânes, mais il nous faut prendre par la main les malheureuses femmes qui, tremblantes de frayeur, se blottissent les unes contre les autres et n'osent avancer. Et pourtant, nous le constatons avec bonheur, dans cette foule émue, pas une parole de haine, pas un murmure, pas un geste menaçant. Il semble que, dans tous ces cœurs, il n'y a plus de place que pour la pitié.

Nous voyons des femmes embrasser en pleurant des enfants qu'elles cherchent même à garder auprès d'elles, pleines de compassion pour ces petits êtres voués si jeunes à la misère; d'autres apportent des couvertures et des vêtements. J'exprime en partant tous mes remerciements à M. Skouloudis, pour les nobles sentiments que manifeste la population de Ziro. Je le remercie lui-même et toute sa famille pour leur aimable accueil et je lui promets de vous signaler le zèle avec lequel il s'efforce de rétablir l'ordre — « Je ne fais que mon devoir, me dit-il simplement; j'ai accepté la présidence du comité de la paix du district de Ziro, et j'espère qu'avant peu tous nos mauvais souvenirs seront oubliés. »

A 1 h. 25, nous sortons du village, M. Penny allant en tête avec nos pavillons et le guide pour régler l'allure de la colonne, M. Megera se tenant vers le milieu, et moi fermant la marche pour veiller qu'aucun des 38 malheureux dont nous avons pris la charge ne reste à la traîne.

A 2 h. 20, nous atteignons Kandra, et là nous sommes arrêtés par un incident que je prévoyais mais que je n'ai pu éviter. Tous les habitants sont venus sur notre passage, remplissant les ruelles étroites que nous sommes obligés de suivre.

Dans ce défilé se fait un bruit assourdissant; tout le monde cause, on s'appelle, les enfants crient, les femmes pleurent et deux de nos musulmanes prises de peur s'évanouissent. Je les fais jeter sur des mulets et j'arrive, non sans peine, à sortir du village. Quand on songe qu'il y a trois semaines à peine des atrocités étaient commises des deux côtés, que tous ces gens, habitant les mêmes villages se connaissent, et que rien n'est plus facile que de frapper au passage la femme ou l'enfant de celui qui a égorgé l'un des vôtres, on comprend tout le danger que présente ce contact, et avec quelle rapidité recommenceraient les massacres.

Aussi, je donne l'ordre au guide d'éviter dorénavant les villages. Il en résulte malheureusement un grave inconvénient, celui de quitter les chemins ordinaires, qui laissent déjà beaucoup à désirer, pour ne plus prendre que des sentiers de chèvre, par des ravins scabreux, presque impraticables aux piétons, à plus forte raison aux mulets. Mais le calme est revenu; les femmes qui n'avaient pas osé confier leurs enfants aux marins, les leur abandonnent. Une des femmes qui s'étaient trouvées mal à Kandra s'appuie sur deux marins qu'elle ne veut plus quitter. On voit des groupes de Babel où une musulmane donne le bras à un marin italien, tandis qu'auprès d'eux des marins français et anglais portent des bébés dans leurs bras; et tout ce monde rit et cause joyeusement.

A 2 h. 45, nous longeons le village de Voïla, où les riches musulmans venaient jadis passer l'été, et qui est maintenant complètement abandouné. De là, nous nous dirigeons en ligne droite sur les

ruines de Præsos, l'ancienne capitale de la province, où une colline déserte que les archéologues ont fouillée est encore couverte de
débris et de traces antérieures à la civilisation hellénique.

C'est vers cet endroit que s'est passé un acte de sauvagerie qui,
sans l'énergie du second maître italien Latanza Giacomo, aurait
sans doute coûté la vie à un de nos enfants. Un chrétien qui depuis
quelques minutes avait pris rang dans la colonne, lui demanda l'enfant qu'il tenait dans ses bras et le marin le lui donna, pensant qu'il
ne voulait que le défatiguer un instant. Mais à peine le tenait-il
qu'il sortait un couteau de sa gaine et allait évidemment le frapper
si le second maître, qui fort heureusement suivait ses mouvements,
n'avait immédiatement braqué sur lui son revolver. Il jeta l'enfant à
terre et se sauva dans la brousse. Ce fanatique n'était sans doute
pas seul, car, vers 5 h. 30, alors que nous remontions de Marounia
vers Piskokephalo, deux coups de fusil tirés sur la queue de la
colonne partirent derrière nous et j'entendis des balles siffler dans
les arbres voisins de la route.

De Præsos, nous avions gagné le fond de la vallée et suivi le lit
du torrent. A 4 h. 45, nous arrivions à Marounia où Monseigneur
Ambroise avait eu la généreuse idée de faire préparer un souper
pour les voyageurs. Pendant un arrêt d'un quart d'heure, les habitants donnèrent à boire et à manger aux marins et aux musulmans.

A 6 heures, notre colonne traversait sans la moindre difficulté le
village de Piskokephalo, et, à 7 heures, nous avions la joie de
remettre entre les bras des musulmans de Sitia, accourus au-devant
de nous, leurs femmes et leurs enfants. Deux de ceux-ci, une fillette
à laquelle un coup de fusil avait enlevé deux doigts de la main
gauche, et un bébé qui avait reçu un coup de couteau à la tête,
furent portés à l'ambulance où ils reçurent immédiatement les soins
de nos médecins.

En terminant, je tiens à vous dire, Commandant, combien j'ai été
heureux d'avoir auprès de moi M. Penny, de la *Nymph*, et M. Megera,
de l'*Etna*, qui se sont multipliés, et, veillant avec un soin minutieux
à tous les détails de notre expédition, m'ont été du plus grand concours dans l'accomplissement de ma mission.

Je manquerais à mes devoirs en ne renouvelant pas près de vous
l'expression de ma reconnaissance pour l'aide intelligente et

empressée que m'a donnée M. Saounazzo, sans lequel il m'eût été impossible non seulement de mener à bien la recherche des musulmans, mais encore de m'entretenir avec les chrétiens de leurs projets et des intentions des Amiraux. Vous m'obligerez personnellement en appuyant auprès de notre gouvernement la demande qu'il a faite, de changer son titre de protégé français contre un acte de naturalisation. C'est depuis longtemps son plus vif désir, et je ne doute pas que, par ses services comme agent consulaire et par ceux qu'il vient encore de nous rendre, il n'ait acquis tous les droits possibles à la faveur qu'il ambitionne [1].

Quant aux marins, ils ont été comme toujours au-dessus de tout éloge, se pliant avec douceur et intelligence à toutes les situations, aidant les femmes à marcher, portant les enfants, conduisant les mules et gagnant, par leur attitude simple et cordiale, la confiance de tous les habitants.

Il me reste à m'excuser, Commandant, de vous avoir fait lire un aussi long rapport. Si je suis entré dans tous ces détails, veuillez croire que c'est beaucoup moins pour ajouter à l'intérêt du récit que pour vous faire connaître la situation du pays que nous avons traversé et, si je puis m'exprimer ainsi, l'état d'âme passé et présent de ses habitants.

Pivet.

---

[1] Cette demande fut entendue et M. Saounazzo, descendant d'une des familles vénitiennes autrefois installées en Crète, fut naturalisé Français. Son fils accomplissait son service militaire en 1908 au bataillon du 84ᵉ d'infanterie détaché à la Canée. (*Note de l'auteur.*)

APPENDICE VI.

Expédition de Kandano (7-10 mars 1897).

Rapport de M. le capitaine de frégate ADAM, *officier en second,
à M. le Commandant du « Chanzy ».*

Conformément à vos ordres, je me suis placé, le 6 mars 1897,
sous les ordres de M. le capitaine de vaisseau anglais John H. Rainier, commandant le cuirassé *Rodney*, pour prendre les fonctions de
commandant en second dans la colonne des détachements internationaux de marins qui allait se porter au secours des musulmans de
Kandano, bloqués par les chrétiens.

Le 6 mars, je reçois l'ordre d'aller avec 10 officiers (2 Français,
2 Russes, 2 Anglais, 2 Autrichiens, 2 Italiens) faire une reconnaissance jusqu'aux avant-postes turcs de Spaniako, afin d'examiner s'il
serait possible d'y installer de l'artillerie de montagne, au cas où
celle-ci paraîtrait nécessaire. Partie à midi 45 de Selino, la reconnaissance était de retour à 4 h. 30. Les officiers la composant avaient
déclaré l'artillerie transportable à dos de mulet, et qu'elle pourrait
être utile pour protéger en cas d'attaque la retraite de la caravane
composée d'hommes, de femmes et d'enfants que nous devions
ramener de Kandano.

Le 7 mars, à 7 h. 50 du matin, je descends à terre avec un canon
de 65% du *Chanzy*. Sur la plage, je trouve le consul général d'Angleterre en Crète et le commandant du croiseur anglais *Scout*, capitaine de frégate Francis C.-M. Noël. Je fais charger le canon et son
matériel sur quatre mules; il se dirige, sous les ordres du maître
canonnier du bord, sur le fortin turc de Spaniako. Je l'accompagne
jusqu'au pied de la montagne que surmonte ce fortin et je continue
ma route, avec le consul anglais et le commandant du *Scout*, sur
Kakodichi où nous devons rencontrer les chefs chrétiens. Nous arrivons dans ce village vers 1 heure de l'après-midi.

Après de longues discussions entre eux, les chefs chrétiens acceptèrent de laisser partir les musulmans à la condition :

1º Que les soldats turcs et les indigènes musulmans de tout le district déposeraient les armes.

Cette première condition est refusée par nous. La guerre n'étant pas déclarée, il n'est pas possible, disons-nous, de désarmer des soldats réguliers. Ils doivent se retirer avec armes et bagages. Il n'est pas davantage possible de désarmer les indigènes de tout un district; seuls, ceux de Kandano seront désarmés, mais seulement à leur embarquement à bord des bâtiments de guerre internationaux. Les chefs chrétiens se rangent à notre avis.

2º Que les indigènes et soldats turcs seront embarqués aussitôt arrivés à Selino.

Accepté par nous.

3º Que l'on empêchera ceux qui seront transportés à la Canée d'aller piller les troupeaux des chrétiens qui pourront se trouver dans les environs.

Accepté par nous.

Cette conférence finit vers 6 heures du soir, et nous nous remettions aussitôt en route pour Selino où nous arrivâmes vers 9 heures du soir.

Là, nous apprenions que le corps expéditionnaire avait débarqué et s'était porté sur Spaniako.

Le consul, le commandant anglais et moi nous nous remettons aussitôt en route et arrivons au cantonnement des troupes vers 11 heures du soir. Le consul anglais rend compte au commandant supérieur, captain Rainier, de notre mission.

Le lundi 8 mars, après une nouvelle conférence avec les chefs chrétiens à Kakodichi, à laquelle assistent le commandant supérieur, plusieurs officiers et moi, et sur la demande du commandant supérieur, le consul général d'Angleterre se rend à Kandano pour savoir si les musulmans acceptent les conditions posées par les chrétiens.

Le captain Rainier et les officiers parlementaires reviennent à Kakodichi à midi. Les officiers des détachements, consultés, déclarent à l'unanimité que si les Turcs n'acceptent pas les conditions qui sont très douces, l'expédition n'a plus qu'à rentrer à Selino.

A 1 heure de l'après-midi, le commandant supérieur donne l'ordre du départ en laissant à Spaniako un quart de l'effectif. La colonne arrive à Kakodichi vers 4 heures. Elle cantonne. Le consul anglais nous porte la réponse des indigènes. Ils acceptent les conditions de désarmement à bord.

Le mardi 9 mars la colonne se met en marche à 5 heures du matin sur Kandano où elle arrive à 7 h. 30[1]. La caravane se forme immédiatement; les divers postes turcs des environs se rallient sous la protection des matelots français qui, fermant la marche et protégeant la retraite, se mettent en route à 8 h. 30.

En passant devant Spaniako on fait rallier les hommes qui y ont été laissés.

A 4 h. 30 le captain Rainier me remet le commandement et se rend à Selino.

Tout le long de la route, des bandes plus ou moins nombreuses de chrétiens ont accompagné la colonne en se tenant sur ses flancs[2], ce qui fait craindre une attaque sur Selino, les chefs ne nous ayant pas caché qu'ils ne pouvaient compter sur la discipline de leurs bandes. Ils craignent que l'on ne tire sur notre colonne.

A l'arrivée devant Selino, je masse les troupes dans la plaine pour protéger ce village pendant l'embarquement des musulmans. Voyant augmenter le nombre des chrétiens sur les hauteurs et surtout au débouché de la route de Kandano, je fais porter une partie des troupes en avant et leur fais prendre la formation de combat. Un parlementaire fait savoir aux chrétiens que la plaine leur est interdite et que tous ceux qui y pénétreront seront reçus à coups de fusil.

Nous restons ainsi jusqu'à l'approche de la nuit; je fais alors replier les troupes sur leurs réserves et les mets en marche pour

[1] « ... Je trouve dans le fort un musulman à l'agonie, avec plaie pénétrante du poumon et dont le transport est impossible. Je m'adresse alors au principal chef chrétien qui m'envoie deux médecins parlant français. Je leur recommande ce malade et ils m'assurent que sous leur protection il ne lui sera fait aucun mal.

« ... Pendant ce temps, aux alentours du fort et dans la vallée, se passe un spectacle épouvantable. La lie de la populace chrétienne s'est jetée sur les troupeaux, a envahi les maisons du village encore debout. C'est une mêlée indescriptible. Les troupeaux affolés beuglent et bêlent dans une course folle, les pillards hurlent et se disputent la proie, les coups de fusil éclatent de toutes parts. Ce spectacle de la curée est horrible et les matelots français manifestent hautement leur dégoût. » (Rapport du docteur Seguy, médecin de 1re classe de la marine attaché à la colonne.)

[2] « Des pillards chrétiens filent le long de la colonne et, tels des chacals affamés, se ruent sur les moins valides, enlevant leurs fusils, leurs animaux chargés, leurs ballots et leurs dernières ressources. » (Rapport du docteur Seguy.)

couvrir le village. A ce moment, la plaine se trouvant en partie dégagée, les chrétiens l'envahissent, et, suivant au pas de course le pied des montagnes, se dirigent sur Selino. Aussitôt, les troupes faisant face en arrière se déploient très vivement et arrêtent la marche des chrétiens qui, surpris par ce brusque mouvement, se retirent.

Un moment après, je fais continuer la retraite, et, à 6 h. 30 du soir, la plaine est complètement abandonnée et les troupes sont formées en ordre de combat devant Selino qu'elles protègent complètement.

Vers 8 h. 30, les chrétiens placés sur les collines en face de nous ouvrent le feu et quelques balles viennent siffler au-dessus de nous. Nous ripostons aussitôt par un feu nourri qui dure environ une minute. Le reste de la nuit est tranquille.

A 9 heures, un poste turc, fort de 30 hommes, placé sur une montagne en face de nous, traverse la plaine et se met à l'abri derrière nos lignes.

A 5 heures du matin, le 10, je fais abandonner les positions des troupes et occuper des maisons à demi détruites d'où les hommes peuvent facilement surveiller la plaine, tout en étant défilés du feu ennemi. Au jour, nous apercevons des bandes descendant des montagnes débouchant de la vallée de Kandano. Ayant l'ordre de ne pas laisser envahir la plaine, je fais ouvrir le feu pour refouler les bandes. Les navires canonnent par-dessus nos têtes. Le feu est intermittent et reprend toutes les fois que les chrétiens tentent un mouvement sur la plaine.

Vers 8 heures, un officier turc m'informe qu'un poste de 30 soldats est bloqué sur une des montagnes en face de nous sur le côté est de l'entrée de la vallée de Kandano. Comme nous devons évacuer la localité vers midi, il faut sauver le poste. Je fais mettre la baïonnette au canon, car pas mal de chrétiens se sont embusqués derrières des murs en pierres sèches. Je lance des troupes qui, balayant la plaine en faisant une dizaine de prisonniers, arrivent au pied de la montagne sur le sommet de laquelle se trouve le poste.

Au moyen de signaux faits par le clairon turc, nous apprenons que les soldats sont étroitement bloqués et qu'un des leurs est blessé. Les Autrichiens occupent alors des sommets pour surveiller les chrétiens sur notre gauche. Je masse les Italiens et les Russes sur

les hauteurs à l'entrée du défilé de Kandano pour empêcher les
chrétiens de renforcer les assaillants par la route intérieure du défilé,
et je donne l'ordre aux Anglais de monter par le sentier qui fait face
à la mer, sur lequel ils sont protégés par les canons des navires et
la compagnie française que je fais placer devant ce sentier. Les
Anglais arrivent rapidement sur la hauteur. Quelques feux de salve
exécutés par eux dégagent le poste, et, en moins de trois quarts
d'heure, les Turcs nous rejoignent, portant leur blessé.

Les troupes se replient de nouveau sur Selino et occupent leurs
emplacements précédents.

A midi 50, les différents détachements embarquent, et, l'évacuation de Selino étant complète, ils regagnent leurs navires respectifs [1].

Permettez-moi, Commandant, avant de terminer ce rapport, de
vous signaler la discipline et la bonne tenue du détachement français placé sous les ordres de M. le lieutenant de vaisseau du
Couédic, officier dont le sang-froid et l'énergie m'ont rendu de
réels services, tant dans la marche sur Kandano et le retour que
dans la plaine de Selino, lorsque j'ai eu à faire manœuvrer les
troupes pour m'opposer à l'envahissement de cette plaine. Les
mêmes éloges doivent être adressées à M. l'enseigne de vaisseau
Chrétien.

ADAM.

[1] « Le pillage n'est pas le fait de quelques brigands isolés, il est général. Ce qui s'est
passé à Selino en est un exemple frappant.

« Pendant que la colonne opérait son retour de Kandano à Selino, elle avait été suivie par
une nuée de pillards qui s'est abattue sur la petite bourgade dès que le dernier marin a été
embarqué. Quelques heures avant, on avait parlementé avec un des chefs chrétiens les
plus influents, et comme on se plaignait à lui des pillards qui avaient harcelé la colonne,
il avait déclaré que les siens n'avaient rien de commun avec ces gens, que c'étaient des
bandits sur lesquels on ne devait avoir aucun scrupule de tirer. Quel ne fut pas l'étonnement de nos officiers quelques heures après, de voir ce même chef quitter Selino avec
deux des plus belles mules volées aux musulmans. A peine les marins partis, il y reve-
nait enlever encore des bestiaux ayant la même provenance. » (Amiral Pottier.)

APPENDICE VII.

Proclamation des Amiraux aux habitants de l'île de Crète (18 mars 1897).

Les soussignés, commandants en chef des forces navales d'Allemagne, d'Autriche-Hongrie, de France, de Grande-Bretagne, d'Italie et de Russie dans les eaux crétoises, agissant d'après les instructions de leurs gouvernements respectifs, proclament solennellement et font connaître aux populations de l'île que les grandes Puissances sont irrévocablement décidées à assurer l'autonomie complète de la Crète, sous la suzeraineté du Sultan. Mais, il est bien entendu que les Crétois resteraient entièrement libres de tout contrôle de la Porte en ce qui regarde les affaires intérieures.

Préoccupées avant tout de porter remède aux maux qui ont désolé le pays et d'en prévenir le retour, les Puissances préparent d'un commun accord un ensemble de mesures destinées à régler le fonctionnement du nouveau régime autonome, ramener l'apaisement, garantir à chacun, sans distinction de race ni de religion, la liberté, la sécurité de ses biens, faciliter par la reprise des travaux agricoles et des transactions le développement progressif des ressources du pays ; tel est le but que veulent atteindre les Puissances.

Elles entendent que ce langage soit entendu de tous. Une ère nouvelle s'ouvre pour la Crète ; que tous déposent les armes. Les Puissances veulent la paix et l'ordre, elles auront au besoin l'autorité nécessaire pour faire respecter leurs décisions. Elles comptent sur le concours de tous les habitants de l'île, chrétiens et musulmans, pour les aider dans l'accomplissement d'une œuvre qui promet d'assurer aux Crétois la concorde et la prospérité.

Les Commandants supérieurs des forces navales internationales :

Le Commandant allemand KOELLNER.
Le Contre-Amiral anglais HARRIS.
Le Contre-Amiral austro-hongrois HINKE.
Le Contre-Amiral russe ANDREEFF.
Le Contre-Amiral français POTTIER.
Le Vice-Amiral italien CANEVARO.

APPENDICE VIII.

Effectifs européens et ottomans en Crète

I. — Troupes ottomanes (22 mars 1897) (Livre jaune).

	INFANTERIE.	CAVALERIE.	ARTILLERIE de montagne.		ARTILLERIE de forteresse.	
	hommes	hommes	pièces	hommes	pièces	hommes
La Canée...............	5,400	200	18	290	17	300
Réthymno...............	1,900	20	3	55	8	100
Candie........	3,900	20	3	55	18	200
La Sude	»	»	»	»	28	300

Plus quelques pièces anciennes avec faibles détachements d'artilleurs à Kissamo, Grabusa, Hiérapétra, Spinalonga. Au total 11,800 hommes environ.

II. — Répartition pendant la guerre gréco-turque (28 avril 1897) des divers bâtiments venus dans les eaux crétoises.

FRANÇAIS.

Amiral-Charner (contre-amiral Pottier) (La Sude).
Latouche-Tréville (Phalère).
Chanzy (Sitia).
Suchet (revient le 3 mai) (Smyrne).
Bugeaud (Salonique).
Troude (Volo).
Forbin (Beyrouth).
Wattignies (réparations) (Toulon).
Bombe (Sitia).
Dague (Spinalonga).

ANGLAIS.

Revenge (contre-amiral Harris) (La Sude).
Trafalgar (Candie).
Camperdown (Candie).
Rodney (Candie).
Anson (La Canée).
Nile (Phalère).

Forte (La Sude).
Fearless (Kissamo).
Nymph (Sitia-Spinalonga).
Dryal (Volo).
Harrier (La Sude).
Bruizer (La Sude).
Boxer (La Canée).
Dragon (La Canée).
Banshee (Candie).
Torpilleur 90 (Candie).
    — *94* (La Sude).
    — *95* (La Canée).
    — *96* (La Sude).
Tyne (transport) service de la Crète à Malte.

ITALIENS.

Sicilia (vice-amiral Canevaro) (La Sude).
Sardegna (Phalère).
Re-Umberto (Phalère).

Morosini (contre-amiral Gualterio) à remplacer (Italie).
Ruggiero-di-Lauria (au bassin) (Tarente).
Andrea-Doria (Saloniqne).
Giovanni-Bausan (Smyrne).
Stromboli (Hiérapétra).
Etna (Hiérapétra).
Vesuvio (Phalère).
Liguria (Candie).
Urania (La Sude).
Euridice (Patras).
Montebello (Volo).
Caprera (croisière au sud de l'île).
Nibbio (La Sude).
Sparviero (La Canée).
Avoltoio (La Sude).
Falco, Aquila (à remplacer) (Italie).

RUSSES.

Alexandre-II (contre-amiral Andreeff) (La Sude).
Nicolas-I (Phalère).
Navarin (Réthymno).
Sissoi-Veliky[1] (réparations) (Toulon).
Zaporojetz (La Sude).

Groziastchy (La Canée).
Posadnick (La Sude).
Torpilleurs *119, 120* (La Sude).

ALLEMANDS.

Kaiserin-Augusta (part le 29) (La Sude).

AUTRICHIENS.

Maria-Theresia (c.-amiral Hinke) (La Sude).
Princesse-Stephanie (Salonique).
Tiger (Kissamo).
Leopard (La Sude).
Sebenico (La Sude).
Satellit (Kissamo).
Blitz (Kissamo).
Elster (La Canée).
Kibitz (Kissamo).
Sperber (La Sude).
Krache (La Sude).
Stare (La Canée).
Komet
Harpie
Marabu } arrivent le 28.
Flamingo

III. — Répartition des troupes européennes et ottomanes (11 juillet 1897).

La Canée et dépendances. — Capitaine de vaisseau italien AMORETTI : 2,070 hommes.

La Canée	Français	2 compagnies d'infanterie de marine	350	
	Italiens	3 compagnies de bersagliers	350	
		1 compagnie de marins	90	1,190
		carabiniers	15	
	Autrichiens	1 compagnie d'infanterie	175	
	Russes	»	0	
	Anglais	2 compagnies de highlanders	200	
	Allemands	marins	10	

[1] Une mise de feu accidentelle s'est produite à l'un des canons de 305 ℞ (15 mars), entraînant le déculassement, l'enlèvement de la coupole de la tourelle et faisant plus de 20 victimes.
L'imagination enfantine des Crétois n'a pas manqué de voir dans cette catastrophe le

Halépa	Français ...	1/2 compagnie d'infanterie de marine	75	155
	Italiens.....	2 canons, 1 section d'artillerie, de montagne	80	
Kenouria Kora.	Français ...	1/2 compagnie d'infanterie de marine	75	
Nero-Kouro...	Russes.....	2 compagnies avec colonel...	300	
Akrotiri	Français....	1/2 compagnie d'infanterie de marine	75	170
	Italiens	1/2 compagnie de bersagliers.	75	
		Artillerie de montagne, 2 canons	20	
Soubachi	Français ...	1/2 compagnie d'infanterie de marine	75	180
	Italiens.....	1/2 compagnie de bersagliers.	75	
		Artillerie de montagne, 2 canons	30	

La Sude. — Colonel austro-hongrois GUXELD : 525 hommes.

Arsenal	Français ...	Marins	10	360
	Autrichiens.	2 compagnies d'infanterie....	350	
Izzeddin.....	Autrichiens.	1 compagnie d'infanterie.....	150	
Ilôt de la Sude.	Italiens.....	Marins	10	

Réthymno. — Colonel russe : 1,295 hommes.

Russes	1 bataillon d'infanterie avec colonel	675	1,295
	1/2 bataillon d'infanterie....	360	
	1 batterie de montagne, 2 canons	260	

Candie. — Colonel anglais CHERMSIDE : 1,435 hommes.

Anglais	3 compagnies de highlanders.	400	1,435
	1 bataillon d'infanterie welche, 4 mitrailleuses	520	
	1 batterie de montagne, 6 canons	190	
Italiens	2 compagnies d'infanterie....	325	

doigt de Dieu s'appesantissant sur la Russie qui, oublieuse de ses devoirs, a protégé le Turc et opprimé le chrétien. Peut-être les largesses ultérieures du Tsar (100,000 francs de farine en 1898, reconstruction de la cathédrale de la Canée en 1899, ...) sont-elles en partie destinées à combattre cette légende qu'une imagerie naïve a popularisée dans toute l'île.

Sitia. — Lieutenant-colonel français DESTELLE : 880 hommes.

Sitia........	Français....	1 bataillon d'infanterie de marine.................. 600 — 1 compagnie de marins...... 150 — 3 canons de 65 de débarquement.................. 30	780
Spinalonga ...	Français....	1 compagnie de marins...... 100	

Hiérapétra. — 365 hommes.

Italiens..................	2 compagnies d'infanterie.... 325 — 2 canons de débarquement... 25 — Carabiniers............... 15	365

Total		
	Français........................... 1,540	
	Russes............................ 1,595	
	Italiens........................... 1,440	6,570
	Anglais............................ 1,310	
	Autrichiens........................ 675	
	Allemands......................... 10	

TROUPES OTTOMANES (11 juillet 1897).

	INFANTERIE.	CAVALERIE.	ARTILLERIE de montagne.	ARTILLERIE de forteresse.
Kissamo	1 bataillon 1/2	»	»	»
La Canée	4 bataillons	1 escadron	20 pièces	1 bataillon
La Sude....	1/2 bataillon	"	"	"
Izzeddin	»	»	»	»
Réthymno.......	3 bataillons	1/2 escadron	2 pièces	»
Candie................	3 bataillons 1/2	1/2 escadron	2 pièces	1 bataillon
Spinalonga	»	»	"	10 artilleurs
Hiérapétra	1 bataillon 1/2	»	"	1 bataillon

Soit environ 10,800 hommes dont 4,500 à la Canée et autant à Candie. De nombreux mouvements de troupes ont eu lieu depuis le mois de mars (voir § 1).

IV. — *Situation des bâtiments de guerre (18 juillet 1897).*

FRANÇAIS.	ANGLAIS.
Amiral-Charner, Troude (La Canée).	*Royal-Oak, Revenge, Dryad, Sybille, Ardent, Banshee, Dragon* (La Canée).
Suchet, Bombe (Sitia).	
Forbin, Dague (rentrent en France).	

Forte (La Sude).
Harrier (Rethymno).
Cambrian (Candie).

ITALIENS.

Re-Umberto, Fa'co, Partenope, tor-
pilleur *64-S* (La Canée).
Liguria, Pagano (citerne) (Candie).
Vesuvio, Iride (Hiérapétra).

RUSSES.

Alexandre-II, Groziastchy, Posad-

nick, torpilleurs *119, 120* (La
Canée).
Zaporojetz (La Sude).
Navarin (Rethymno).

AUTRICHIENS.

Maria-Theresia (La Canée).
Blitz, Flamingo. Cyclope (La Sude).
*Tiger, Satellit, Komet, Krache, Ma-
rabu, Star* (Kissamo).

V. — *Situation des bâtiments de guerre (28 décembre 1897).*

FRANÇAIS.

Amiral-Charner, Faucon (La Sude).
Galilée (Spinalonga).

ANGLAIS.

Revenge, Hebe, Hazard, Astræa (La
Sude).
Sybille (La Canée).
*Hood, Empress - of - India, Scylla,
Forte* (Candie).

ITALIENS.

Sicilia, Aretusa (La Sude).
Volta (Hiérapétra).

RUSSES.

*Nicolas-I, Alexandre-II, Navarin,
Groziastchy, Posadnick*, torpilleurs
119, 120 (La Sude).

AUTRICHIENS.

*Wien, Franz-Joseph, Leopard, Ti-
ger, Magnet, Cyclop* (La Sude).

VI. — *Situation des bâtiments de guerre (12 mars 1898).*

FRANÇAIS.

Amiral-Charner (La Sude).
Wattignies (La Sude).

ANGLAIS.

Hood (La Sude).
Anson, Hazard (Candie).
Forte (La Sude).

ITALIENS.

Sardegna, Aretusa, Tevere (La Sude).

AUTRICHIENS.

Wien, Franz-Joseph, Tiger, Magnet
(La Sude).

RUSSES.

Nicolas-I, torpilleurs *119, 120, Posadnick* (La Sude).

ALLEMAND.

Oldenburg (La Sude).

VII. — *Bâtiments de guerre présents au 14 octobre 1898.*

Français............ *Amiral-Charner, Vautour, Faucon, Condor, Léger.*
Anglais .... *Revenge, Illustrious, Camperdwn, Venus, Thetis,
Astræa, Hazard, Alcyon.*

Italiens............... *Morosini, Affondatore, Castelfidardo, Etruria, Lombardia, Caprera, Archimede.*

Russes............. *Alexandre-II, Groziastchy, Donetz, Posadnick,* torpilleurs *119, 120.*

VIII. — *Effectifs européens en Crète au 26 septembre 1898.*

Secteur international.   1,350 Français, 1,400 Italiens, 150 Russes, 150 Anglais, 40 gendarmes français, 10 gendarmes italiens, 25 gendarmes monténégrins. Total : 3,125 hommes dont 450 aux avant-postes.

Secteur italien ......   400 hommes.

Secteur russe ....   2,550 hommes.

Secteur anglais......   2,800 hommes (5,000 le 5 octobre).

Secteur français.....

Spinalonga : 70 marins...............	70	
San-Nicolo : 20 marins, 5 gendarmes...	25	
Sitia : 135 soldats, 15 marins, 5 gendarmes.......................	155	610
Tourloti : 15 soldats..............	15	
Hiérapétra : 325 soldats, 10 marins, 10 gendarmes....................	345	

IX. — *Répartition des troupes du secteur international pour la période d'évacuation (20 octobre 1898).*

Galata...............	2 compagnies d'infanterie italienne............	
Soubachi...	2 compagnies d'infanterie de marine, 2 canons italiens, 2 canons français...............	Commandant de Froissard-Brossia (infanterie de marine).
Nerokouro.........	2 compagnies d'infanterie de marine...........	
Tsicalaria....	2 compagnies de bersagliers..............	
Arsenal de la Sude...	1 compagnie d'infanterie italienne, 1/2 compagnie d'infanterie de marine................	Lieutenant-colonel Campi (bersagliers).
La Canée..	2 compagnies d'infanterie de marine, 25 fantassins russes. 3 compagnies d'infanterie italienne............	Colonel Spitzer.

Halépa.............. { 6 compagnies d'infanterie de marine, 7 compagnies d'infanterie italienne............... 1 compagnie de highlanders, 1 canon français, 1 canon russe........ } Colonel Spitzer.

Izzeddin........... 1 compagnie d'infanterie italienne.

APPENDICE IX.

La marine crétoise (1867).

Durant l'insurrection de 1867 fut créée de toutes pièces une marine crétoise. En voici du moins le décret organique qui ne semble pas avoir été suivi du moindre arrêté ministériel :

Considérant de toute nécessité et de toute utilité de montrer sur mer aussi le pavillon de la révolution crétoise, afin d'empêcher par le blocus de l'île les renforts que reçoit l'armée ennemie d'y arriver, et de mettre un terme à la dévastation et à la ruine de cette grande île chrétienne, l'Assemblée générale des Crétois décrète :

1º Une escadre composée de 4 goélettes, de 6 grands bateaux à rames, d'un certain nombre de vaisseaux de toute grandeur, sera formée ponr bloquer étroitement la Crète ;

2º Cette escadre pourra être augmentée, si les circonstances ou les besoins du blocus l'exigent, par la vigilance et les soins du gouvernement provisoire ;

3º Les vaisseaux de blocus de la révolution crétoise porteront un pavillon blanc avec bandes rouges au milieu dessinant une croix sur laquelle on lira le mot « Crète » en grandes lettres helléniques ;

4º Le gouvernement provisoire est chargé de la prompte exécution du présent décret et de la nomination du commandant de l'escadre de blocus.

Donné à Alilampo d'Apokonora... .

APPENDICE X.

Occupation militaire de la Canée (4 novembre 1898).

Rapport du colonel commandant supérieur.

.... Le 4 novembre, à 4 heures du matin, les troupes françaises désignées entrent en ville et occupent successivement le bastion des pavillons, l'ancien hôpital, la caserne de cavalerie, la place de la grande mosquée, le konak et Calicut.

Vers 4 h. 30, les troupes italiennes occupent aussi leur secteur : douane, bureaux de poste français, autrichien, turc, place Sandrivan [1], porte de la Sude, caserne et forteresse Topana, jardin public.

Les deux compagnies russes, dès 4 heures, ont une forte patrouille dans la rue Topana et occupent le rempart ouest de Topana à la porte de la Sude.

Cette occupation se fait sans incident, sauf à la caserne Topana, près de Firka, où se trouvent les bureaux du général Chakir-Pacha. Le chef d'état-major du commandant supérieur était présent quand la compagnie italienne du 93e régiment, désigné pour ce poste, s'y présenta. La porte de la caserne Topana était fermée ; l'officier italien en demanda l'ouverture, ce qui fut accordé de suite par l'officier turc de garde. La compagnie entra dans la cour et sur le bastion où se trouve la batterie de salut. Le chef d'état-major fit des recommandations expresses au capitaine italien pour qu'aucun soldat ne fût placé dans la maison où se trouvent les bureaux du commandant des troupes ottomanes; il n'en fut mis aucun. Le général, dans l'après-midi, fit demander que la compagnie italienne fût retirée de la caserne Topana, alléguant que l'occupation de cette caserne, encore habitée et voisine de ses bureaux, froissait l'amour-propre de ses soldats; le commandant supérieur l'accorda.

A la même heure, dans chaque secteur, les troupes occupèrent les

---

[1] La place Sandrivan est devenue la place des Monténégrins.

poudrières, au fort Topana, sur le front ouest de la ville, sur le front est et sur le front de mer.

La compagnie française placée à Calicut détachait un petit poste à l'hôpital militaire sur un ordre spécial du commandant supérieur pour assurer la garde et la protection des militaires turcs malades qui pouvaient s'y trouver, et du matériel. Cette mesure de précaution fut dans l'après-midi l'objet d'une réclamation indirecte du général Chakir-Pacha qui fit dire au médecin chef de refuser un local pour loger ce poste jusqu'à ce que le commandant supérieur lui ait envoyé un ordre à ce sujet.

Dans la matinée également, de très bonne heure, les troupes italiennes et françaises occupant les avant-postes à Tsicalaria, Nérokouro et Koukounara sous les ordres de M. le lieutenant-colonel Campi, du 12e bataillon de bersagliers, se portaient sur la route de la Sude, s'installaient aux points les plus importants et mettaient à l'abri de toute insulte de la part des chrétiens, au moyen de patrouilles incessantes, les troupes ottomanes qui évacuaient la Canée, se rendant à la Sude.

Un seul incident à signaler, sans importance d'ailleurs : un chef de patrouille italien exécutant trop à la lettre un ordre mal interprété avait cru devoir désarmer quelques soldats turcs qui malgré les instructions données étaient armés de fusils. Les armes furent remises de suite au commandant ottoman de la caserne Medjidié. Ce fait donna lieu à une réclamation au commandant supérieur de la part des autorités militaires ottomanes.

Dès 5 heures du matin, le colonel commandant supérieur et le chef d'état-major, chacun de leur côté, visitent toutes les positions occupées et constatent que partout les ordres ont été parfaitement exécutés. De légères erreurs, commises sur le premier moment, sont aussitôt corrigées.

A 8 heures, sur la place du konak, les pavillons des quatre Puissances ainsi que le pavillon ottoman sont hissés dans l'ordre alphabétique, de droite à gauche : anglais, français, italien, russe, turc ; une compagnie française rend les honneurs. L'ancien gouverneur, Ismaïl-Bey, qui assiste à cette cérémonie, paraît très heureux des honneurs rendus au pavillon ottoman comme aux autres et ne le cache pas. Partout ailleurs, sauf sur les mosquées, le pavillon turc est rentré. Le plus grand calme règne dans toute la ville où, cependant, on remarque une plus grande affluence de population. Les magasins sont ouverts en plus grand nombre.

Les soldats turcs paraissent se résigner avec satisfaction à partir ; quelques officiers, au lieu de saluer comme d'habitude les officiers internationaux, affectent de les regarder un peu insolemment.

A partir de 8 heures, on peut être certain qu'aucun incident fâcheux ne se produira. L'occupation, si rapidement menée, de tous les points importants, l'ordre qui règne dans les troupes, les patrouilles nombreuses, ont enlevé à ceux qui pouvaient avoir envie de protester toute idée de le tenter. Partout les fonctionnaires nouveaux ont pris possession, à l'heure dite, des différentes administrations. La nouvelle municipalité s'installe à la mairie. Le service de l'hôpital civil est assuré. Le télégraphe et la poste ottomane sont seuls laissés à la disposition de l'ancien gouvernement.

Dans l'après-midi, M. le vice-amiral Pottier, doyen des Amiraux, qui a tenu à venir s'assurer par lui-même que tout marche à souhait et qui le constate, ordonne que l'occupation militaire cessera à 6 heures du soir. L'ordre est donné à 4 heures ; à 6 heures, le mouvement s'exécute rapidement et sans incident. Les points importants en ville et les poudrières restent gardés par des postes pris en majeure partie dans le détachement anglais qui n'a pas eu à fournir de service dans la journée.

SPITZER.

APPENDICE XI.

Situation financière et budget de la Crète [1].

I. — *Situation financière.*

Dette publique. — La dette publique comprend, en 1907 :

1° L'emprunt accordé de 1898 à 1902 par les quatre Puissances protectrices, de 4 millions à intérêt annuel de 3 p. 100, remboursable en trente et un ans par annuités constantes de 200,000 francs. Les Puissances ayant ajourné jusqu'en 1911 le début du versement des annuités, cette dette reste intégrale;

2° Le capital de la quote-part de la Crète dans la dette publique ottomane, estimé à 1,500,000 francs au moment de la séparation.

L'administration co-intéressée du monopole du sel a été instituée en 1901 pour rembourser en vingt ans ce capital et ses intérêts à 3,5 p. 100, au moyen d'un droit perçu de 8 centimes par kilogr. de sel — chaque kilogr. de sel vendu paye en réalité 15 centimes, mais l'État crétois conserve 7 centimes à son bénéfice — avec autorisation de maintenir ce monopole rémunérateur pendant vingt ans, même si le remboursement de la dette est terminé avant cette échéance.

Cette partie de la dette est ainsi réduite à 1,189,000 francs en 1907.

La dette publique de la Crète est donc d'environ 5,200,000 francs en 1907.

Surtaxe douanière de 3 p. 100. — La surtaxe de 3 p. 100 à l'importation, établie en 1896 pour dix ans, était destinée à indemniser les victimes des troubles de 1896-1898. Elle a été prolongée *sine die* en 1906 et son produit reste, jusqu'à nouvelle décision des Puissances, consigné dans la caisse spéciale de la surtaxe, dans le but présumé de servir à gager un emprunt projeté (9 millions en

---

[1] La plupart des données de cet aperçu sont puisées dans le rapport sur le budget général de l'État crétois, 1907.

1906, 11 millions en 1908) pour travaux publics, mais non contracté encore en 1910.

Le produit net annuel de cette surtaxe a été de 520,000 francs en 1906-1907.

Avances et prêts. — L'État crétois a consenti en 1901, à la Banque d'utilité publique, un prêt de 2 millions à intérêt annuel de 3 p. 100, remboursable par annuités constantes de 100,000 francs qui seront versées en même temps que l'État remboursera les annuités de 200,000 francs aux Puissances protectrices.

L'État a, en outre, prêté 42,000 francs à 9 p. 100 à la Caisse conventuelle de la Canée.

On voit par cet aperçu combien est légère la dette crétoise. Un exposé succinct du budget montrera quelles sont les charges courantes de l'île, et comment elle y peut aisément pourvoir si elle complète ce budget de l'emprunt, en suspens depuis si longtemps, destiné à subvenir aux travaux publics, et dont l'urgence est indiscutable.

II. — *Budget.*

Recettes.

	Revenu en 1907 (en francs).
Impôts directs. — 1° Impôts perçus dans les caisses fiscales : 6 p. 100 sur les céréales récoltées, 10 p. 100 sur les légumes et fruits	460,000
6 catégories de patentes (de 1 à 30 francs)	10,000
Propriété bâtie, dans les villes : 6 p. 100 sur les immeubles loués, 3,5 p. 100 sur les autres	90,000
2° Droits de douane à l'exportation (ancienne dîme), variables de 8 à 13 p. 100, *ad valorem,* portant sur les fromages, les huiles et les olives (850,000), les grignons et savons (180,000), les vins (45,000), les alcools (10,000), les oranges et mandarines (60,000), les cocons, le miel et la cire, les vélanèdes, les raisins secs (140,000), les amandes (20,000), les caroubes (120,000), les laines et peaux (70,000)	1,540,000
Impôts indirects ou de consommation. — A l'entrée, 8 p. 100 *ad valorem* (plus la surtaxe de 3 p. 100 comptée à part) [1]	1,200,000
Droit sur le tabac, le tombac, les alcools (300,000, 30,000, 15,000)	345,000

[1] La Crète importe annuellement pour plus de 2 millions de farine.

Revenu en 1907
(en francs).

La vente du tabac et du tombac paye en outre un droit de	260,000
A la sortie, droit général de 1 p. 100	135,000
Droits d'enregistrement et de timbre	210,000
d'instruction publique	75,000
sur les actes de justice (35,000), les actes notariés (100,000), les hypothèques (7,000)	142,000
sur les coupons de banque	3,000
de postes (200,000), de mandats-poste (17,000), de télégraphes (10,000)[1]	227,000
de retardement	10,000
d'ancrage et de lest	120,000
Amendes et droits divers	30,000
Compensation du service militaire et amendes y relatives	15,000
Droits de monopole — Sel — 8 centimes par kilogr., remboursable à l'administration co-intéressée	180,000
7 centimes par kilogr., au profit de l'État	130,000
Papiers à cigarettes[2]	90,000
Revenus d'établissements d'État (16,000), d'établissements domaniaux (110,000), d'immeubles publics (17,000)	143,000
Aliénation du domaine	6,000
Recouvrement des dépenses du budget	172,000
Arriérés réalisables	200,000
TOTAL, avec les fractions négligées	5,930,382

Dépenses.

Direction supérieure de la justice. — Service central	20,000
Tribunaux (567,000), prisons (130,000)[3]	697,000
Direction supérieure de l'intérieur. — Service central	22,000
Administration départementale[4]	83,000
Hygiène publique (58,000 pour la léproserie)	87,000
Travaux publics	655,000
Postes et télégraphes	207,000
Subventions au cabotage	77,000

---

[1] Eastern Telegraph Company.

[2] Au bénéfice de la création d'un corps de gardes champêtres.

[3] L'entretien des prisonniers n'est pas très onéreux pour le gouvernement qui leur octroie une livre de pain par jour, à charge aux familles de compléter le menu si bon leur semble.

C'est pour généraliser cet entretien économique qu'est supprimé en 1907 le pénitencier d'Izzeddin, les détenus y coûtant un supplément de 0 fr. 20 par jour à l'État crétois. On y interne toutefois encore quelques prisonniers en 1910.

[4] Les budgets des 77 communes, indépendants du budget général, sont alimentés par des octrois et par les rachats de prestations.

Sécurité publique { Gendarmerie [1].....................	1,056,000
Milice [2] (plus un crédit extraordinaire de 600,000 francs)	637,000
Élections (pour mémoire) [3].....................	
Assistances, frais divers d'exercices clos.............	80,000
Direction supérieure de l'instruction publique. — Service central....................................	18,000
Cultes : orthodoxe (46,000), musulman et israélite (30,000)...	76,000
Service archéologique.....................	42,000
Instruction publique...........................	835,000
Direction supérieure des finances. — Service central, comptabilité...................................	152,000
Liste civile du Haut Commissaire.....................	100,000
Session du Corps législatif.........................	96,000
Pensions et engagements divers.....................	15,000
Perception, régie, exploitation, trésoreries...........	54,000
Douanes (215,000), manufactures (15,000)............	230,000
Agriculture, service vétérinaire.....................	80,000
Papier timbré, papier à cigarettes (30,000), timbre.....	37,000
Conservation du domaine........................	11,000
Remboursement des 8 centimes du sel (figure également aux recettes).....................	180,000
— à la caisse des travaux publics [4].......	150,000
— et indemnités diverses..............	50,000
Total, avec les fractions négligées.....	5,905,980

[1] 37 officiers, 252 sous-officiers, 966 gendarmes.

[2] 41 officiers, 414 sous-officiers, 1,000 soldats. L'effectif de la milice monte, en 1910, à environ 2,000 hommes faisant six mois de service. Elle coûte actuellement près d'un million par an.

[3] Les dépenses pour les élections sont essentiellement variables : 40,000 francs en 1901, 0 en 1903, 160,000 en 1905 (troubles).

[4] Indépendamment des 655,000 francs de crédits des travaux publics, une « caisse des travaux publics » est créée en 1907, alimentée par : la surtaxe qui montera peut-être de 3 à 5 p. 100, les droits d'ancrage et de lest, les droits de télégraphe.

A LA MÊME LIBRAIRIE

Ministère de la marine. — **Opérations maritimes de la Guerre russo-japonaise.** Historique officiel publié par l'Etat-major général de la marine japonaise. Iʳᵉ Partie, traduite par Henri **Rouvier**, enseigne de vaisseau. 1910. 1 vol. in-8 contenant 15 cartes en noir et en couleurs .... 5 fr.

Traduction publiée sous la direction de l'État-major de l'armée, 2ᵉ bureau. — **Guerre russo-japonaise.** Historique rédigé à l'État-major général de l'armée russe. Tome Iᵉʳ : *Événements d'Extrême-Orient avant la guerre et préparation à la guerre* (1ʳᵉ partie). 1910. 1 vol. gr. in-8, avec une gravure et deux cartes hors texte tirées en 3 couleurs .... 16 fr.

Manuel de droit international à l'usage des officiers. — *Litiges internationaux, Lois et coutumes de la guerre sur terre et sur mer;* par le lieutenant Eugène **Luca**, professeur adjoint d'administration et de législation à l'École militaire d'infanterie, licencié en droit. 1910. 1 vol. in-12 .... 2 fr. 50

L'aéroplane étudié et calculé par les mathématiques élémentaires; par le capitaine du génie **Duchêne**. 1910. 1 vol. in-8 avec 113 figures .... 5 fr.

Ce qu'il faut savoir de l'aviation. — *Son rôle aux armées;* par Léopold **d'Omezon**, lieutenant au 24ᵉ bataillon de chasseurs. 1910. Broch. in-8 avec 14 figures .... 1 fr. 50

L'aviation; par G. **Delage**, enseigne de vaisseau. 1909. Broch. in-8 contenant 8 figures et 4 schémas dont un hors texte .... 0 fr. 60

Le point sans l'horizon de la mer. Horizon gyroscopique de l'amiral **Fleuriais**, modèle de MM. **Ponthus** et **Therrode**, constructeurs; par M. L. **Favé**, ingénieur-hydrographe en chef de la marine. 1910. Broch. in-8 contenant 22 figures et graphiques, de nombreux tableaux et trois tables .... 2 fr. 50

La crise navale; par G. **Chaumet**, député de la Gironde, rapporteur du budget de la marine. 1909. 1 vol. in-12 avec cartes .... 3 fr. 50

La marine. — **Le haut commandement.** — *Ses fautes, sa réforme;* par L. M. V., officier de vaisseau et E. **Liron**, capitaine d'artillerie coloniale en retraite. 1909. In-8 .... 2 fr. 50

Quittons la Méditerranée et la mer de Chine. — *Routine et traditions navales;* par le capitaine **Sorb**. 1905. In-8 .... 3 fr. 50

La faillite du cuirassé; par Alfred **Duquet**. 1906. 1 vol. in-12 .. 3 fr. 50

Océanographie (statique); par M. J. **Thoulet**, professeur à la Faculté des sciences de Nancy. 1890. 1 vol. in-8 avec 103 fig. .... 10 fr.

Océanographie (dynamique). Iʳᵉ Partie; par M. J. **Thoulet**, professeur à la Faculté des sciences de Nancy. 1896. 1 vol. in-8 avec 62 fig. et 2 cartes en couleurs .... 5 fr.

Instruments et opérations d'océanographie pratique; par J. **Thoulet**. 1908. 1 vol. in-8 avec figures .... 5 fr.

Précis d'analyse des fonds sous-marins actuels ou anciens; par J. **Thoulet**. 1908. 1 vol. in-8 avec planches .... 5 fr.

Paris. — Imprimerie R. Chapelot et Cᵉ, 2, rue Christine.

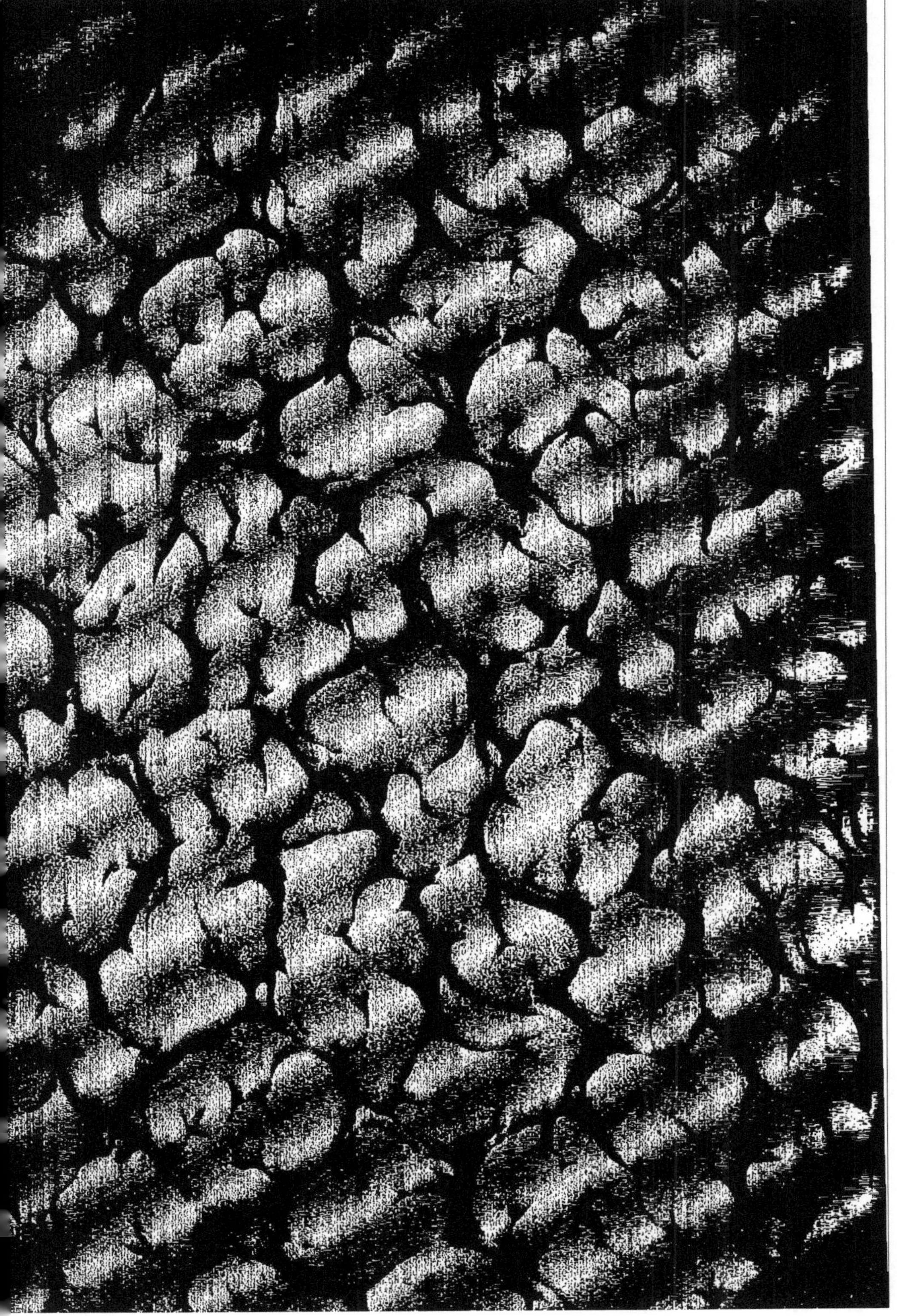

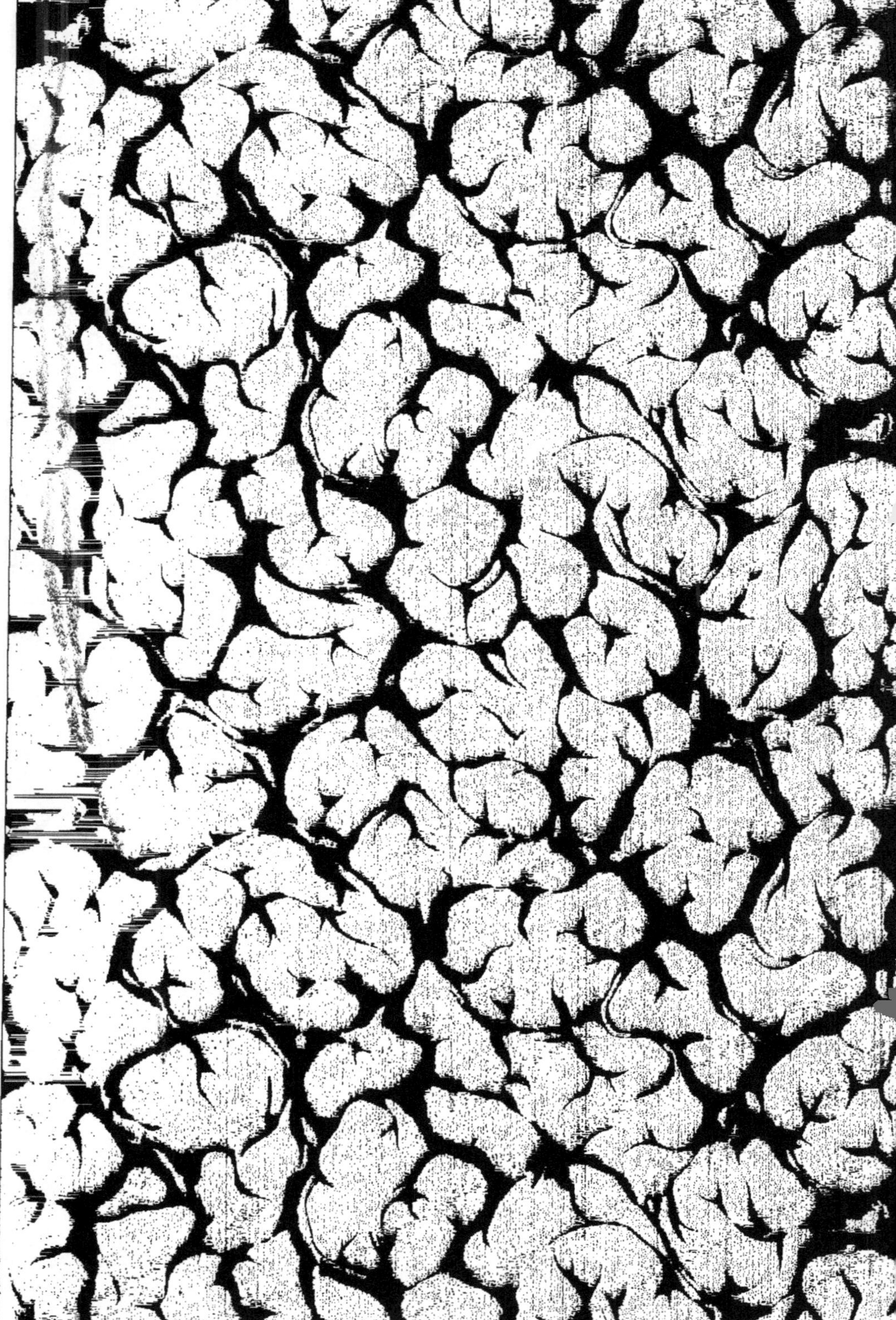